JN215444

尹秀鍾

広東深秀律師事務所
代表律師（代表弁護士）

中国
現地法人の
労務管理
Q&A

慶應義塾大学出版会

はじめに

　中国では「労働契約法」（2008年1月1日施行）という「労働者権利保護型」の立法をきっかけに労働者保護を重視した関連法規がその後続々と制定されています。

　これに伴い、昨今の中国の労働環境は、労働者が労働仲裁を申し立てやすい法律環境の整備、労働者の権利意識の向上に伴う労務紛争の急増、労働者の高い離職率・転職率といった特徴をますます強めてきています。

　しかし、このような労働環境の変化により中国の経済全般に及ぼす影響もますます深刻になってきていることから、中国政府としてもこれを当然憂慮せざるを得ない状況になりつつあり、使用者の利益保護をも考慮に入れた労働契約法の改正を主張する声も聞かれるようになりました。

　中国における労務紛争はその事件受理数が非常に多いだけでなく、近年の特徴として、会社移転や中国事業の再編・撤退などに伴う整理解雇または繰上解散など集団労務紛争事件の増加や、労務紛争における法律関係の複雑化と多様化が挙げられます。

　その一方で、日系の中国現地法人は専門スタッフの不足や中国現地の労働法律法規及び労働関連実務への知識・理解不足などから、数多くの人事労務問題を抱えており、その解決策に困っているのが実状と言えます。

　そこで、こうした日系現地法人が直面している様々な問題について、中国労働法務の第一線で多くの事例に対峙してきた筆者がこれまでの実務経験上よくある労務紛争相談事例をQ&A形式で具体的かつ簡潔にまとめたのが本書です。問題解決のためのヒントをひとつでも多く読者の皆様に提供できればと思っています。

ただし、中国の労働法務は各地の実施細則が必ずしも一致していません。従って、地域によってはその実務運用に若干の違いが出ることがありますので、この点には十分ご留意いただければと思います。

　なお今後、中国の「労働契約法」が改正された時には改訂版の発行に繋げていきたいと思っていますので、メールにて本書に対するご意見などをいただけますと幸いです（yin@shenxiulaw.com）。

　最後になりますが、慶應義塾大学大学院法学研究科在籍時から論文を掲載していただき大変お世話になってきた慶應義塾大学出版会から本書が出版できることをとても嬉しく思います。本書の執筆は、弊事務所の王君茜、周恵権と慶應義塾大学出版会の岡田智武氏の協力なしには実現できませんでした。記して感謝を申し上げます。

2018 年 3 月
中国深圳・南山后海にて

広東深秀律師事務所　代表律師

尹 秀 鍾

目次

第1章　労働契約の締結

第2章　試用期間

第3章　労働報酬と福利待遇

第4章　**有給休暇**

第5章　**医療期間**

第6章　**労働災害**

第10章　**労務派遣**

第11章　**その他よくある労務管理相談事例**

第12章　**外国人の中国における就労**

本書で引用する関連法律法規の略語・説明

（邦訳名称）	（中国語名称）	（公布・施行時期等）	（本書の略語）
国家規定			
中華人民共和国労働法	中华人民共和国劳动法	1995 年 1 月施行、2009 年 8 月改正	労働法
中華人民共和国労働契約法	中华人民共和国劳动合同法	2008 年 1 月 1 日施行、2012 年 12 月改正	労働契約法
中華人民共和国労働契約法実施条例	中华人民共和国劳动合同法实施条例	2008 年 9 月 18 日施行	労働契約法実施条例
中華人民共和国労働争議調解仲裁法	中华人民共和国劳动争议调解仲裁法	2008 年 5 月 1 日施行	労働争議調解仲裁法
中華人民共和国社会保険法	中华人民共和国社会保险法	2011 年 7 月 1 日施行	社会保険法
中華人民共和国労働組合法	中华人民共和国工会法	1992 年 4 月 3 日施行 2009 年 8 月第二次改正	労働組合法
中華人民共和国刑法	中华人民共和国刑法	1980 年 1 月施行 1997 年 3 月改正、1999 年 12 月第一次修正から 2017 年 11 月第十次修正に至る	刑法
中華人民共和国刑事訴訟法	中华人民共和国刑事诉讼法	1980 年 1 月 1 日施行 1996 年 3 月、2012 年 3 月改正	刑事訴訟法
中華人民共和国民事訴訟法	中华人民共和国民事诉讼法	1991 年 4 月 9 日施行 2007 年 10 月、2012 年 8 月、2017 年 6 月改正	民事訴訟法
中華人民共和国立法法	中华人民共和国立法法	2000 年 7 月 1 日施行 2015 年 3 月改正	立法法
最高人民法院による労働紛争事件の審理における法律適用の若干問題に関する解釈	最高人民法院关于审理劳动争议案件适用法律若干问题的解释	法釈［2001］14 号、2001 年 4 月 30 日施行	労働紛争審理解釈（2001）
最高人民法院による労働紛争事件の審理における法律適用の若干問題に関する解釈（二）	最高人民法院关于审理劳动争议案件适用法律若干问题的解释（二）	法釈［2006］6 号、2006 年 10 月 1 日施行	労働紛争審理解釈（二）
最高人民法院による労働紛争事件の審理における法律適用の若干問題に関する解釈（三）	最高人民法院关于审理劳动争议案件适用法律若干问题的解释（三）	法釈［2010］12 号、2010 年 9 月 14 日施行	労働紛争審理解釈（三）
最高人民法院による労働紛争事件の審理における法律適用の若干問題に関する解釈（四）	最高人民法院关于审理劳动争议案件适用法律若干问题的解释（四）	法釈［2013］4 号、2013 年 2 月 1 日施行	労働紛争審理解釈（四）
最高人民法院による「全国民事審判工作会議紀要」の印刷・発行に関する通知	最高人民法院关于印发《全国民事审判工作会议纪要》的通知	法弁［2011］442 号	最高法院会議紀要（2011）
最高人民法院による労働報酬支払拒絶の刑事案件審理における法律適用の若干の問題に関する解釈	最高人民法院关于审理拒不支付劳动报酬刑事案件适用法律若干问题的解释	法釈［2013］3 号	最高法院解釈（2013）

（邦訳名称）	（中国語名称）	（公布・施行時期等）	（本書の略語）
最高人民法院民一廷による法定退職年齢に達したまたは法定退職年齢を超過した労働者（農民の季節労働者を含む）と使用者の間における労働関係終了の確定基準の問題に関する回答	最高人民法院民一庭关于达到或者超过法定退休年龄的劳动者（含农民工）与用人单位之间劳动关系终止的确定标准问题的答复	［2015］民一他字第6号	最高法院民一廷回答（2015）
女性従業員の流産・早産予防のための休息や病気休暇が6か月を超えた後の出産時の待遇問題に関する上海市労働局への回答書	国家劳动总局保险福利司关于女职工保胎休息和病假超过六个月后生育时的待遇问题给上海市劳动局的复函	［1982］劳险字2号、1982年3月27日	保胎休息回答（1982）
「労働法」の若干条項に関する説明	关于＜劳动法＞若干条文的说明	劳弁发［1994］289号、1994年9月5日	労働法説明（1994）
企業従業員の疾病または非労災負傷による医療期間の規定	劳动部关于发布《企业职工患病或非因工负伤医疗规定》的通知	劳部发［1994］479号、1995年1月1日	医療期規定（1995）
「企業従業員の疾病または非労災負傷による医療期間の規定」の徹底実施に関する通知	劳动部关于贯彻《企业职工患病或非因工负伤医疗期规定》的通知	劳部发［1995］236号、1995年5月23日	医療期規定通知（1995）
「労働法」の徹底的実施にあたっての若干の問題に関する意見	关于贯彻执行＜中华人民共和国劳动法＞若干问题的意见	劳部发［1995］309号、1995年8月4日施行	労働法意見（1995）
『「同一使用者における連続勤務時間」と「現使用者における勤務年数」をどのように捉えるかという伺い書』に対する回答書	劳动部办公厅对《关于如何理解"同一用人单位连续工作时间"和"本单位工作年限"的请示》的复函	劳弁发［1996］191号、1996年9月16日	勤続年数理解問題（1996）
労働関係確定の関連事項に関する通知	劳动和社会保障部关于确定劳动关系有关事项的通知	劳社部发［2005］12号、2005年5月25日	労働関係確定関連通知（2005）
広東省			
広東省高級人民法院の労働紛争事件審理における若干の問題に関する指導意見	广东省高级人民法院关于印发＜广东省高级人民法院关于审理劳动争议案件若干问题的指导意见＞的通知	粤高法发［2002］21号、2002年9月15日	広東高院指導意見（2002）
広東省高級人民法院、広東省労働紛争仲裁委員会による「労働争議調解仲裁法」、「労働契約法」適用の若干の問題に関する指導意見	广东省高级人民法院、广东省劳动争议仲裁委员会关于适用＜劳动争议调解仲裁法＞、＜劳动合同法＞若干问题的指导意见	粤高法发［2008］13号、2008年6月23日	広東高院指導意見（2008）
広東省高級人民法院、広東省労働人事紛争仲裁委員会による労働人事紛争事件審理における若干の問題に関する座談会紀要	广东省高级人民法院、广东省劳动人事争议仲裁委员会关于印发《广东省高级人民法院、广东省劳动人事争议仲裁委员会关于审理劳动人事争议案件若干问题的座谈会纪要》的通知	粤高法［2012］284号、2012年7月23日	広東高院座談会紀要（2012）
広東省高級人民法院による労働紛争事件審理における難解な問題に関する解答	广东省高级人民法院关于审理劳动争议案件疑难问题的解答	粤高法［2017］147号、2017年8月1日	広東高院解答（2017）

（邦訳名称）	（中国語名称）	（公布・施行時期等）	（本書の略語）
広州市			
広州市中級人民法院の民事審判若干問題についての解答	广州市中院民事审判若干问题的解答	2012 年	広州中院解答（2010）
広州市労働紛争仲裁委員会、広州市中級人民法院による労働争議事件に関する検討会会議紀要	广州市劳动争议仲裁委员会、广州市中级人民法院关于劳动争议案件研讨会会议纪要	穂労仲会紀［2011］2号、2011 年 10 月 25 日	広州中院会議紀要（2011）
広州市中級人民法院による労働人事紛争事件審理の若干の問題に関する検討会紀要	广州市中级人民法院关于审理劳动人事争议案件若干问题的研讨会纪要	穂労人仲発［2014］11号、2014 年 5 月 26 日	広州中院紀要（2014）
佛山市			
佛山市中級人民法院の労働紛争事件の審理に関する若干の意見	佛山市中级人民法院关于审理劳动争议案件的若干意见	2005 年 9 月 22 日	佛山中院意見（2005）
佛山市中級人民法院、佛山市労働紛争仲裁委員会による労働紛争事件審理の若干の問題に関する指導意見	佛山市中级人民法院、佛山市劳动争议仲裁委员会关于审理劳动争议案件若干问题的指导意见	2011 年 2 月 25 日	佛山指導意見（2011）
佛山市中級人民法院による労働紛争事件審理における法律適用の若干の問題に関する指導意見（二）	佛山市中级人民法院关于审理劳动争议案件适用法律若干问题的指导意见（二）	2015 年 2 月 27 日	佛山中院指導意見（2015）
中山市			
中山市中級人民法院による労働紛争事件審理における若干の問題に関する参考意見（2011）	中山市中级人民法院关于审理劳动争议案件若干问题的的参考意见（2011）	2011 年	中山中院参考意見（2011）
深圳市			
深圳経済特区和諧労働関係促進条例	深圳经济特区和谐劳动关系促进条例	2008 年 11 月 1 日施行	深圳労働関係促進条例（2008）
深圳経済特区企業技術秘密保護条例	深圳经济特区企业技术秘密保护条例	1996 年 1 月 1 日施行、2009 年 5 月 21 日改正	深圳技術秘密保護条例（2009 改正）
深圳市中級人民法院による労働紛争事件審理に関する裁判手引き	深圳市中级人民法院关于审理劳动争议案件的裁判指引	2015 年 9 月 2 日	深圳中院裁判手引き（2015）
深圳市中級人民法院による「労働紛争事件審理に関する裁判手引き」についての説明	深圳市中级人民法院《关于审理劳动争议案件的裁判指引》的说明	2015 年 9 月 2 日	深圳中院裁判手引きの説明（2015）
北京市			
北京市高級人民法院、北京市労働紛争仲裁委員会による労働紛争事件の法律適用問題に関する検討会会議紀要	北京市高级人民法院、北京市劳动争议仲裁委员会关于劳动争议案件法律适用问题研讨会会议纪要	2009 年 8 月 17 日公布	北京高院会議紀要（2009）
北京市高級人民法院、北京市労働紛争仲裁委員会による労働紛争事件の法律適用問題に関する検討会会議紀要（二）	北京市高级人民法院、北京市劳动争议仲裁委员会关于劳动争议案件法律适用问题研讨会会议纪要（二）	京高法発［2014］220 号、2014 年 5 月 7 日公布	北京高院会議紀要（2014）

（邦訳名称）	（中国語名称）	（公布・施行時期等）	（本書の略語）
北京市高級人民法院による「2014年一部の労働紛争事件の法律適用に関する難解な問題についての検討会会議紀要」の印刷・発行に関する通知	北京市高级人民法院关于印发《2014年部分劳动争议法律适用疑难问题研讨会会议纪要》的通知	2015年1月5日公布	北京高院会議紀要（2015）
北京市高級人民法院、北京市労働人事紛争仲裁委員会による「労働紛争事件審理における法律適用問題に関する解答」の印刷・発行に関する通知	北京市高级人民法院、北京市劳动人事争议仲裁委员会关于印发《审理劳动争议案件法律适用问题的解答》的通知	京高法发[2017]142号、2017年4月24日公布	北京高院解答（2017）
上海市			
上海市高級人民法院による労働紛争事件審理における若干の問題に関する解答	上海市高级人民法院关于审理劳动争议案件若干问题的解答	沪高法民一［2006］17号	上海高院解答（2006）
上海市高級人民法院による労働紛争事件審理における若干の問題に関する意見	上海市高级人民法院关于审理劳动争议案件若干问题的意见	沪高法民一［2007］7号、2007年3月21日公布	上海高院意見（2007）
上海市高級人民法院による「労働契約法」適用の若干の問題に関する意見	上海市高级人民法院关于适用《劳动合同法》若干问题的意见	沪高法［2009］73号、2009年3月3日公布	上海高院意見（2009）
上海市労働人事紛争の若干の問題処理についての指導意見（調解仲裁管理処）	上海市劳动人事争议若干问题处理指导意见（调解仲裁管理处）	2010年4月1日公布	上海市労働人事争議指導意見（2010）
上海高級人民法院民一廷調研指導	上海高级人民法院民一庭调研指导	［2010］34号	上海高院調研指導（2010）
上海市高級人民法院行政審判廷による労災認定行政事件の法律適用における若干の問題に関する解答（一）	上海市高级人民法院行政审判庭关于工伤认定行政案件法律适用若干问题的解答（一）	2010年6月22日公布	上海高院労災認定解答（2010）
上海市高級人民法院による労働紛争事件の審理要件の手引き（一）	上海市高级人民法院劳动争议案件审理要件指南（一）	2013年	上海高院審理要件手引き（2013）
上海高院民事審判廷2014年第3四半期廷長例会検討紀要民一廷調研及び参考	上海高院民事审判庭2014年第三季度庭长例会研讨纪要民一庭调研与参考	［2015］11号	上海高院民事審判廷紀要（2015）
江蘇省			
江蘇省高級人民法院、江蘇省労働紛争仲裁委員会による「労働紛争事件の審理に関する指導意見」の印刷・発行に関する通知	江苏省高级人民法院、江苏省劳动争议仲裁委员会关于印发《关于审理劳动争议案件的指导意见》的通知	苏高法审委［2009］47号、2009年12月14日公布	江蘇高院指導意見（2009）
蘇州市中級人民法院、蘇州市労働紛争仲裁委員会による労働紛争検討会紀要（一）	苏州市中级人民法院、苏州市劳动争议仲裁委员会劳动争议研讨会纪要（一）	2010年5月31日公布	蘇州中院紀要（2010）

（邦訳名称）	（中国語名称）	（公布・施行時期等）	（本書の略語）
江蘇省高級人民法院、江蘇省労働人事紛争仲裁委員会による「労働人事紛争事件の審理に関する指導意見（二）」の印刷・発行に関する通知	江苏省高级人民法院、 江苏省劳动人事争议仲裁委员会关于印发《关于审理劳动人事争议案件的指导意见（二)》的通知	蘇高法審委［2011］14号、2011 年 11 月 8 日公布	江蘇高院指導意見（2011）
浙江省			
浙江省高級人民法院民一廷の労働紛争事件審理における若干の問題に関する意見	浙江省高级人民法院民一庭关于审理劳动争议案件若干问题的意见	浙法民一［2009］3 号、2009 年 4 月 16 日公布	浙江高院意見（2009）
浙江省労働紛争仲裁委員会による「労働紛争事件処理における若干の問題に関する指導意見（試行）」の印刷・発行に関する通知	浙江省劳动争议仲裁委员会关于印发《关于劳动争议案件处理若干问题的指导意见(试行)》的通知	浙仲［2009］2 号、2009 年 8 月 21 日公布	浙江労仲指導意見（2009）
浙江省労働仲裁院、浙江省高級人民法院民一廷による労働紛争事件審理における若干の難解な問題に関する解答	浙江省劳动仲裁院、浙江省高级人民法院民一庭关于审理劳动争议纠纷案件若干疑难问题的解答	浙劳仲院［2012］3 号、2012 年 12 月	浙江高院解答（2012）
浙江省高級人民法院民事審判第一廷、浙江省労働人事紛争仲裁院による「労働紛争事件審理における若干の問題に関する解答（二）」	浙江省高级人民法院民事审判第一庭、浙江省劳动人事争议仲裁院关于审理劳动争议案件若干问题的解答（二）	浙高法民一［2014］7号、2014 年 4 月 14 日公布	浙江高院解答（2014）
浙江省高級人民法院民事審判第一廷、浙江省労働人事紛争仲裁院による「労働紛争事件審理における若干の問題に関する解答（三）」の印刷・発行に関する通知	浙江省高级人民法院民事审判第一庭、浙江省劳动人事争议仲裁院关于印发《关于审理劳动争议案件若干问题的解答(三)》的通知	浙高法民一［2015］9号、2015 年 9 月 29 日公布	浙江高院解答（2015）
浙江省高級人民法院民事審判第一廷、浙江省労働人事紛争仲裁院による「労働紛争事件審理における若干の問題に関する解答（四）」の印刷・発行に関する通知	浙江省高级人民法院民事审判第一庭、浙江省劳动人事争议仲裁院关于印发《关于审理劳动争议案件若干问题的解答(四)》的通知	浙高法民一［2016］3号、2016 年 12 月 30 日公布	浙江高院解答（2016）
四川省			
四川省高級人民法院民事審判第一廷による「労働紛争事件審理における若干の難解な問題に関する解答」の印刷・発行に関する通知	四川省高级人民法院民事审判第一庭关于印发《关于审理劳动争议案件若干疑难问题的解答》的通知	川高法民一［2016］1号、2016 年 1 月 15 日公布	四川高院解答（2016）

労働契約の締結

Chapter ① 労动合同的签订

Q 1-1　労働契約の種類

労働契約にはどのような種類がありますか？

> **A** 　中国法上、固定期間労働契約（期間の定めのある労働契約）、無固
> 定期間労働契約（期間の定めのない労働契約）、一定の業務上の任
> 務の完成を期限とする労働契約といった一般的な労働契約のほか、集団契
> 約と非全日制労働契約があります。

解　説 ||||||||||||||||||||||||||||||||||||||||||||||||||||||||||||||||||||||||||||||||||||||||||||||

労働契約の種類

　労働契約法第 12 条によると、労働契約は固定期間労働契約、無固定期間労
働契約及び一定の業務上の任務の完成を期限とする労働契約に分けられます。

　上記の一般的な労働契約のほか、労働契約法は集団契約（労働契約法第 5 章第
1 節）と非全日制労働契約（同第 3 節）を定めています。

⑴　固定期間労働契約

　固定期間労働契約とは、使用者が労働者と契約終了日を約定する労働契約を
指します（労働契約法第 13 条）。

　使用者は 3 か月未満の短期間の労働契約を締結することは可能ですが、3 か
月未満の労働契約期間の場合、試用期間を約定することは許されません（労働
契約法第 19 条 3 項）。

⑵　無固定期間労働契約

　無固定期間労働契約とは、使用者と労働者が約定する確定的な終了日のない
労働契約を指します（労働契約法第 14 条 1 項）。

使用者はその必要に応じて労働者との合意を経て当該労働者の入社日から期間を固定しない労働契約を締結することも可能ですが、以下に掲げる事由のいずれかに該当し、かつ労働者が労働契約の更新、締結を申し出たり、労働契約の更新、締結に同意した場合は、労働者が固定期間労働契約の締結または更新を申し出た場合を除き、無固定期間労働契約を締結しなければなりません（労働契約法第 14 条 2 項）。

① 労働者が当該使用者のもとにおいて、勤続満 10 年以上である場合
② 連続して固定期間労働契約を 2 回締結し、かつ労働者が労働契約法第 39 条（**使用者による一方的な労働契約の解除事由**）及び第 40 条（**使用者による労働契約の予告解除事由**）1 号、2 号に定める事由に該当せずに、労働契約を更新する場合

　上記のように、同じ使用者のもとで勤続満 10 年となる場合や固定期間労働契約を連続して 2 回締結した場合は、無固定期間労働契約を締結しなければならないとされることから、実務上、第 1 回目と第 2 回目の労働契約の期間をどのように設定した方がいちばん望ましいか、といった質問をよく受けます。

　例えば、1 年期間の労働契約を締結し、期間満了後、同じ契約期間で第 1 回目の労働契約の更新をした場合、使用者は早くも雇用開始から起算して 3 年目から無固定期間労働契約の締結を強いられることがあるため、労働契約期間の設定には注意をする必要があります（➡ Q1-2 参照）。

　実務上、最長で 2 か月の試用期間を設定することが可能な 2 年以上 3 年未満の労働契約か、または最長で 6 か月の試用期間を設定することが可能な 3 年以上の労働契約の締結をお勧めすることが大半です。

　なお、無固定期間労働契約は労働者の定年退職時までこれを絶対に解除できないというものではなく、使用者と労働者いずれも法定解除事由に該当する場合、無固定期間労働契約を解除することができます（➡ Q9-2、9-3 参照）。

⑶ 一定の業務上の任務の完成を期限とする労働契約

　一定の業務上の任務の完成を期限とする労働契約とは、使用者が労働者との間である業務の完成をもって契約期間として約定する労働契約を指します。

　ただし、一定の業務上の任務の完成を期限とする労働契約の場合、試用期間

を約定することは許されません（労働契約法第 19 条 3 項）。

　特定のソフトウェア開発プロジェクトの完成などを期限とする労働契約を締結する際は、完成品の要求と完成の判断基準並びに附帯サービス、ソフトウェア著作権の帰属や職務開発などについて明確に約定しておくべきでしょう。

⑷　集団契約

　集団契約とは、労働者側と使用者が平等な協議を通じて、労働報酬、勤務時間、休憩休暇、労働安全衛生、保険福利厚生等の事項について締結する契約を指します。

　労働組合を結成している使用者の場合、労働組合が従業員側を代表して使用者と集団契約を締結しますが、労働組合を結成してない使用者の場合、上級の労働組合の指導のもと労働者の推薦する代表者が使用者と集団契約を締結します。

　ただし、集団契約は使用者が労働組合または前述の代表者と必ず締結しなければならない契約ではありません。

　労働契約法第 51 条によれば、集団契約の草案は、従業員代表大会に提出し、または従業員全体の討論を経て、承認（可決）されなければなりません。

　また、集団契約は締結後労働行政部門に届出をしなければならず、労働行政部門が集団契約文書を受領した日から 15 日以内に異議を提出しない場合に発効されます（労働契約法第 54 条）。

　なお、集団契約の履行により紛争が生じた場合、労働組合の仲裁申立てと訴訟を提起する権限を認めています（労働契約法第 56 条。➡ Q8-3 参照）。

⑸　非全日制労働契約

　非全日制労働契約とは、通常、労働者の同一の使用者のもとにおける 1 日当たりの平均労働時間が 4 時間を超えず、1 週間の労働時間が累計で 24 時間を超えないという時給制の労働契約を指します（労働契約法第 68 条）。

　非全日制労働契約は口頭による形式[注1]でもよく、双方当事者はいずれも相手方に随時通知することにより契約を終了させることができ、雇用終了に伴う経済補償金の支払義務を使用者に課していません。ただし、試用期間を約定す

ることは禁じられています（労働契約法第 69 条〜 71 条）。

　非全日制雇用の場合、時間給は使用者所在地の最低賃金基準を下回ってはならず、労働報酬の精算支払周期は、最長でも 15 日間を超えてはなりません（労働契約法第 72 条）。

　実務上、1 日 4 時間、1 週間 24 時間という労働時間と労働報酬の精算支払周期に関する規定を厳格に遵守[注2)]しなかったとして、労使双方間の労働関係を「全日制雇用関係」と認定した事例があるため、使用者はこれに注意する必要があります。

　複数の使用者と非全日制労働契約を締結した労働者の場合、どの使用者が社会保険（労災保険を除く）への加入義務を負うべきか、必ずしも明確でないところがあり、使用者は事前に所在地の労働行政部門または社会保険部門に問い合わせを行うことが必要でしょう（➡ Q11-4 参照）。

⚖️

注 1)　口頭による形式ではこれを証明することが難しいため、書面による形式を採用することをお勧めします。

注 2)　実務上、1 日の労働時間が 4 時間超、または 1 週間の労働時間が 24 時間超の期間が含まれている一定期間の労働時間を割り振って、1 日平均 4 時間以下、または 1 週間平均 24 時間以下といった計算結果となるケースや、月毎に労働報酬を精算したケースにおいて、これを「非全日制雇用」とみなさない仲裁判断が下される可能性がありますので、注意が必要です。

地方規定に注目！

〈広東〉

Q 無固定期間労働契約を締結する条件に合致する労働者は何時までに無固定期間労働契約を締結するよう使用者に要求すべきか？

A 深圳中院裁判手引き（2015）第 77 条及び深圳中院裁判手引きの説明（2015）第 17 条
➡無固定期間労働契約を締結する条件に合致する労働者は、固定期間労働契約が満了する前に無固定期間労働契約を締結するよう使用者に申し出をしなければならず、そうでない場合、労働者は無固定期間労働契約を締結する権利を放棄したとみなされる。

固定期間労働契約の期間をどのように設定した方が望ましいでしょうか？　労使双方間で約定済の契約期間を延長することは可能ですか？

A 最長で2か月の試用期間を設定することが可能な2年以上3年未満の労働契約か、または最長で6か月の試用期間を設定することが可能な3年以上の労働契約の締結をお勧めします。労使双方間で合意の上、約定済の契約期間を延長することはできますが、一部地方の規定により労働契約の更新とみなされる場合がありますので注意が必要です。

解　説

実務上、初回の固定期間労働契約の期間設定に関する質問をよく受けますが、使用者と労働者の事情がケースによってそれぞれ異なるため、一概に結論付けることはできません。

ただし、いずれの場合においても、「新入社員の能力を見極めることが可能な適切な判断期間とは？」「試用期間を効率的に活用するためにはどの程度の試用期間が必要なのか？」といった視点や、無固定期間労働契約の締結責任を回避する視点が不可欠でしょう。

そこで、試用期間の上限に関する規定注1)を効率的に活用する形で、少なくとも2年または3年以上の労働契約の締結をお勧めしています。

実務上、使用者が労働者の業務遂行能力の再考察などの理由により、労使双方間で約定済の試用期間を延長することを検討することがありますが、使用者には一方的に試用期間の延長を決める権限はありません（➡ Q2-2 参照）。

また、無固定期間労働契約の締結責任を回避する目的で、労使双方間で約定済の労働契約の期間延長を労働者に提案することもありますが、労働契約の期

第一章　労働契約の締結

間の延長は、労働契約の変更に該当することから、労使双方間の書面合意によらなければなりません（労働契約法第 35 条）。

　なお、労使双方間で労働契約の期間延長に関し書面合意ができたとしても、関連規定（下記「地方規定」参照）により労働契約を更新したものとみなされる場合がありますので、注意が必要です。

⚖️

注 1）　労働契約法第 19 条 1 項によれば、労働契約の期間が 3 か月以上 1 年未満の場合、試用期間は 1 か月を超えてはならず、労働契約の期間が 1 年以上 3 年未満の場合、試用期間は 2 か月を超えてはならず、3 年以上の固定期間労働契約及び無固定期間労働契約の試用期間は、6 か月を超えてはならないとされます。

 **地方規定に注目！**

〈広東〉
深圳労働関係促進条例（2008）第 18 条 2 項
➡使用者と労働者が、合意の上、<u>延長した労働契約の期間が累計で 6 か月を超えた場合、労働契約を更新したものとみなす。</u>

〈北京〉
北京高院会議紀要（2014）第 42 条
Ⓠ 固定期間労働契約の履行過程において、使用者と労働者が合意の上労働契約の終了時間について変更した場合、労働契約を 2 回締結したものとみなすべきか否か？

Ⓐ 使用者と労働者が、合意の上、固定期間労働契約の終了時間を変更した場合、変更後の終了時間が元の契約の終了時間より遅くなり、契約全体の履行期間が長くなるときは、使用者と労働者間で労働契約を 2 回締結したものとみなす。<u>初回締結した固定期間労働契約の期間を変更した場合、固定期間労働契約を連続して 2 回締結したことに関する規定により処理し、2 回及びそれ以上締結した固定期間労働契約の期間を変更した場合、無固定期間労働契約を締結したことに関する規定により処理する。</u>変更後の終了時間が元の契約の終了時間より早くなり、契約全体の履行期間が短くなるときは、元の契約の終了時間についての変更のみとみなす。

〈江蘇〉
江蘇省労働契約条例（2013）第 17 条
➡使用者と労働者間の約定により、労働契約の期間が満了した後自動で更新された場合、労働契約を連続して締結したものとみなす。使用者と労働者が、合意の上、<u>延長した労働契約の期間が累計で 6 か月を超えた場合、労働契約を連続して締結したものとみなす。</u>

> 使用者は労働者との間で何時までに書面による労働契約を締結しなければなりませんか？

A 使用者は雇用開始日から1か月以内に労働者と書面による労働契約を締結しなければならず、雇用開始日から1か月を超え1年未満の間に書面による労働契約を締結していない場合、雇用開始日から1か月が経過した日の翌日から1年が経過した日の前日までの間、労働者に対し毎月2倍の賃金[注1]を支払わなければなりません。

また、労働者の雇用開始日から1年が経過しても書面による労働契約を締結していない場合、使用者は労働者との間で無固定期間労働契約を締結したものとみなされます。

解　説

(1)　使用者の書面による労働契約の締結責任

労働契約法第10条によれば、労働関係を確立するときは、書面による労働契約を締結しなければなりません。既に労働関係を確立しているが、書面による労働契約を締結していない場合は、雇用開始日から1か月以内に書面による労働契約を締結しなければなりません。

使用者が雇用開始日から満1年になっても労働者と書面による労働契約を締結しない場合、使用者と労働者は既に無固定期間労働契約を締結したものとみなされます（労働契約法第14条3項）。

使用者は雇用開始日から1か月超1年未満の間[注2]に労働者と書面による労働契約を締結していない場合、労働者に対し毎月2倍の賃金を支払わなければなりません（労働契約法第82条1項、労働契約法実施条例第6条）。

使用者が雇用開始日から満1年が経過しても労働者と書面の労働契約を締結

していないときは、直ちに労働者と書面による労働契約を補充的に締結しなければなりません（労働契約法実施条例第7条）。

⑵　実務上の留意点

　上記の規定のように、労働契約は口頭ではなく書面で約定することが極めて重要です。労働契約は使用者と労働者の間に労働関係が成立したことを証明する重要な書類であり、労働紛争が生じた場合、労働契約は使用者と労働者の双方にとって最も直接でかつ有効な法的証拠となります。

　実務上、使用者が、賃金の支給及び社会保険への加入に関する証拠などをもって書面による労働契約の未締結責任の回避を主張するケースがよくみられます。

　しかし、使用者が雇用開始日から1か月が経過しても労働契約を締結せず、雇用を継続したという客観的事実が存在すれば、労働契約未締結の責任が使用者と労働者のどちらにあるかを問わず、使用者による労働関係の適時終了責任の不履行と、使用者による上記の一定期間における2倍賃金の支払責任のみが強調されることになります。

　すなわち、使用者は、雇用開始日から1か月超1年未満の間に、労働者が正当な理由なく労働契約の締結を拒否するなど、使用者が契約未締結の責任は労働者側にあると証明できる場合においても、書面により労働関係の終了を通知し、労働者に法定の経済補償金を支払わなければなりません（➡ **Q9-6** 参照）。

　ただし、前記の労働契約法第14条3項に該当する場合、労働者は使用者に対して雇用開始日から1年が経過した後の2倍の賃金を主張することはできません（下記「地方規定」参照）。

　実務上、①雇用開始日から1か月以内に労働者と書面による労働契約を締結すること、②雇用開始日から1か月超1年未満の間に、労働者が正当な理由なく労働契約の締結を拒否する場合、書面により労働関係の終了を通知すること、③労働者の雇用開始日から1年が経過し、労使双方間に無固定期間労働契約の締結関係があるものとみなされた場合、遅滞なく労働契約を補充的に締結することは、非常に簡単そうにみえますが、中国現地法人の社内管理体制がしっかりしていないことが意外に多く、結果的に使用者が予想外の出費（2倍の賃金など）を強いられるケースは決して少なくありません。そのため細心の注意をする必

要があります。

注 1) 本章でいう「2倍の賃金」とは、通常は使用者が労働者に対して既に支払った毎月の賃金を控除した後の差額分（1か月分の賃金）を指します。
例：使用者が労働者に対し 8000 元の月額賃金を既に支払っている場合、「2倍の賃金」は、「8000 元 × 2 － 8000 元 ＝ 8000 元」になります。

注 2) 「雇用開始日から満 1 か月が経過した日の翌日から満 1 年が経過した日の前日まで」の期間を指します。

地方規定に注目！

〈広東〉

Q (1) 労働者に書面による労働契約の締結を通知したものの労働者が正当な理由なく締結を拒否し、使用者が労働者に労働関係の終了を書面で通知しなかった場合、使用者は労働契約法第 82 条の規定にもとづき、労働者に対し毎月 2 倍の賃金を支払わなければならないか？

A 広東高院座談会紀要（2012）第 14 条 1 項
➡使用者は労働契約法第 82 条の規定に基づき、労働者に対し毎月 2 倍の賃金を支払わなければならない。

Q (2) 使用者が雇用開始日から満 1 年が経過しても労働者と書面による労働契約を締結していない場合、無固定期間労働契約を締結したとみなされるが、使用者は雇用開始日から 1 年が経過した後も、書面による労働契約の未締結による 2 倍の賃金を支払わなければならないか？

A 広東高院座談会紀要（2012）第 14 条 3 項
➡使用者は雇用開始日から 1 年が経過した後、書面による労働契約の未締結による 2 倍の賃金を支払う必要はない。

〈北京〉

北京高院会議紀要（2014）第 28 条 (2)
➡使用者が労働契約法第 14 条 3 項の規定に違反して、雇用開始日から 1 年が経過しても労働者と書面の労働契約を締結しない場合、労使双方間に既に無固定期間労働契約を締結したものとみなされる状況において、労働者は仲裁委員会、法院に対して労使双方間に無固定期間労働契約の関係があることの確認を主張することはできるが、雇用開始日から 1 年が経過した後の 2 倍の賃金を主張することは支持されない。

労働契約の期間満了後に遅滞なく労働契約を更新していない場合、
使用者に何か責任が課されますか？

A 労働契約の期間満了後に、使用者が遅滞なく書面の労働契約を更新していない場合、使用者は労働者に対し書面の労働契約の未締結による2倍の賃金を支払わなければならないため注意が必要です。

解　説

労働契約の期間満了後に、使用者が遅滞なく書面の労働契約を更新していない場合、使用者は労働者に対して書面の労働契約の未締結による2倍の賃金を支払わなければなりません。すなわち、労働契約の期間満了後の契約未更新の場合も、使用者は書面の労働契約の未締結による2倍の賃金の支払責任を負うことになります。

ただし、労働契約の更新時においても新規入社時と同様に1か月の猶予期間を設けるべきかどうかについては各地の実際の対応が異なりますので注意が必要です（下記「地方規定」参照）。

広東、上海、江蘇等の地域では労働契約の更新時においても1か月の猶予期間を認めており、2倍の賃金は最大で11か月分となりますが、北京では労働契約の更新時には1か月の猶予期間を設けていないため、2倍の賃金は最大で12か月分を支払わなければなりません。

特に、労働力集約型企業などの場合、従業員数が多くその流動性も高いため、使用者は労働契約等の管理制度を確立し、労働契約の満了日または更新日を定期的にチェックし、管理が疎かであったがために労働契約満了のタイミングで遅滞なく契約更新ができてないといった事態が起きないようにすることが重要です。

なお、契約期間の満了に伴う更新のタイミングを逃した場合、即時に労働契約を締結するよう書面で労働者に通知し、労働者がこれを拒否した場合は、労働関係の終了を書面で労働者に通知しなければなりません。

地方規定に注目！

〈広東〉

広東高院座談会紀要（2012）第14条2項
➡労働契約の期間満了後も、労働者が元の雇用先（使用者）に引き続き勤務し、1か月を過ぎても双方が労働契約を更新せず、労働者が労働契約法第82条1項の規定に基づいて2倍の賃金の支払いを要求した場合、これを支持しなければならない。

深圳中院裁判手引き（2015）第64条
➡使用者が雇用開始日から1か月超1年未満の間に、労働者と書面による労働契約を締結していない場合、使用者は雇用開始日から1か月が経過した日の翌日から双方が書面による労働契約を締結する日の前日まで2倍の賃金を支払わなければならない。
　労働者が使用者と書面による労働契約を締結することを拒否し、使用者が労働契約法実施条例第5条、第6条の規定に従い労働関係の終了を労働者に書面で通知しなかった場合、労働者が書面による労働契約の未締結による2倍の賃金を要求したとき、これを支持しなければならない。
　労働契約の期間が満了した後も、労働者が使用者において引き続き勤務した場合、使用者が労働契約の期間満了日から1か月超1年未満の間に労働者と労働契約を締結しなかったとき、前2項の規定を参照して処理する。

広州中院会議紀要（2011）第26条
➡労働契約の期間満了後の契約未更新による2倍の賃金に関する問題は、以下に掲げる4つの事由に分けて処理する。
⑴　労働契約の期間が満了した後、双方がいつまでも契約を更新せず、かつ元の契約において契約が自動更新される旨を約定していない場合、使用者が契約未更新の責任は労働者側にあると証明できる場合を除き[*]、使用者は2倍の賃金を支払わなければならない。
⑵　労働契約で契約期間の満了時に自動更新される旨を約定している場合、労働契約は既に更新されたとみなすことができ、使用者は2倍の賃金を支払う必要がない。
⑶　労働契約の期間が満了した後遅滞なく更新せず、一定期間が経過してから労働契約を更新した場合、かかる「一定期間（中国語：**空白期間**）」について以下の2つの事由に分けて処理することができる。
　①　「空白期間」が1か月を超えていない場合は、これを合理的な協議期間とみなすことができ、使用者は2倍の賃金を支払う必要がない。
　②　「空白期間」が1か月を超えている場合は、使用者が契約未更新の責任は労働者側にあると証明できる場合を除き[**]、使用者は2倍の賃金を支払わなければならない。
⑷　使用者と労働者が労働契約を「過去に遡って締結（中国語：**倒签**）」した場合、労働者が労働契約期間には契約の未締結期間が含まれていることを確認したものとみなすことができ、これは労働者による事後承認であることから、使用者はかかる「過去に遡っ

て締結」した期間（**労働契約の未締結期間**）について2倍の賃金を支払う必要がない。

＊　この場合、使用者は労働者に対して書面により労働関係の終了を通知しなければなりません。

＊＊　上記注参照。

〈北京〉

北京高院会議紀要（2014）第27条

➡労働契約の期間が満了した後に労働契約を締結せず、労働者が依然として元の職場に引き続き勤務する場合、使用者は書面による労働契約締結義務の不履行による法律責任を負わなければならない。

この状況においては、使用者が元の労働契約の期間満了と雇用を継続することの法的結果をいずれも予期しているため、1か月の猶予期間を与える必要がなく、元の労働契約の期間満了日の翌日は、使用者が労働契約を締結すべき日及び労働契約未締結による法的結果を負担しなければならない日である。

なお、労働契約法第82条に基づく2倍賃金の起算日は、労働解約の期間満了日の翌日からとし、その終了日は双方が書面による労働契約を補充締結する日の前日とし、最長で12か月を超過してはならない（同第28条(3)）。

〈上海〉

上海市労働人事争議指導意見（2010）第1条

➡元の労働契約の期間が満了した後、使用者と労働者が書面により労働契約を更新せず、労働者が依然として当該使用者のもとで勤務する場合、双方は1か月以内に書面による労働契約を締結しなければならず、使用者側の原因により1か月を超えても書面による労働契約の更新を済ませていないときは、使用者は労働者に対して書面による労働契約未締結期間の2倍の賃金を支払わなければならない。

〈江蘇〉

江蘇高院指導意見（2011）第3条

➡労働契約の期間が満了した後、労働者が継続して使用者のもとで勤務し、使用者が1か月超1年未満の間に、労働者と書面による労働契約を締結せずに、労働者が使用者に毎月2倍の賃金を支払うよう要求した場合、これを支持しなければならない。また、使用者が1年を超過しても労働者と書面による労働契約を締結していない場合、双方は既に無固定期間労働契約を締結したものとみなされる。

使用者が労働者との間で無固定期間労働契約を締結しなければならないときに、使用者が法律の規定に違反して労働者と無固定期間労働契約を締結していない場合、使用者の負うべき毎月2倍の賃金の支払義務には上限規定がありますか？

A 使用者は、無固定期間労働契約を締結すべき日から、当該契約を補充的に締結する日の前日までに、労働者に対して毎月2倍の賃金を支払わなければならず、係る支払義務には上限規定がありません。ただし、労働者は1年の仲裁時効期間内に労働仲裁を申し立てる必要があります。

解　説

使用者は、以下に掲げるいずれかの事由に該当し、かつ労働者が労働契約の更新、締結を申し出たり、労働契約の更新、締結に同意した場合は、労働者が固定期間労働契約の締結または更新を申し出た場合を除き、無固定期間労働契約を締結しなければなりません（労働契約法第14条2項）。

① 労働者が当該使用者のもとにおいて、勤続満10年以上である場合

② 連続して固定期間労働契約を2回締結し、かつ労働者が労働契約法第39条（使用者による一方的な労働契約の解除事由）及び第40条（使用者による労働契約の予告解除事由）1号、2号に定める事由に該当せずに、労働契約を更新する場合

また、労働契約法第82条2項によれば、使用者が労働契約法の規定に違反して、労働者と無固定期間労働契約を締結しない場合は、無固定期間労働契約を締結すべき日から、労働者に対して毎月2倍の賃金を支払う必要があります。

Q1-3でまとめたように、労使双方間で、雇用開始日から1か月超1年未満の間に書面による労働契約を締結していない場合、雇用開始日から1か月が経

過した日の翌日から 1 年が経過した日の前日までの間（最大で 11 か月分）、使用者は労働者に対して毎月 2 倍の賃金を支払わなければなりません。

　実務上、使用者が前記の労働契約法第 14 条 2 項に違反して、労働者と無固定期間労働契約を締結していない場合、無固定期間労働契約を締結すべき日からいつまでの間、労働者に対して毎月 2 倍の賃金を支払わなければならないか、2 倍賃金の差額分（➡ Q1-3 注 1）参照）は労働報酬に関する仲裁時効が適用されるのか、といった質問を受けることがあります。

　1 つ目の質問に関しては、一部の地方規定では関連規定を設けており、一定の参照価値があるといえます（下記「地方規定」参照）。

　また、2 倍の賃金のうち、差額分の 1 倍の賃金は懲罰性の賠償であり（すなわち労働報酬ではないと解される）、1 年の仲裁時効が適用されます。

地方規定に注目！

〈広東〉
深圳中院裁判手引き（2015）第 67 条
➡使用者が、労働契約法第 14 条 2 項に規定する条件に合致する労働者と無固定期間労働契約を締結することを拒否し、労働者が使用者に対し無固定期間労働契約を補充的に締結する日の前日までに、2 倍の賃金を支払うよう要求した場合は、これを支持しなければならない。

〈北京〉
北京高院会議紀要（2014）第 28 条⑷
➡使用者が労働契約法第 14 条 2 項、第 82 条 2 項の規定に違反して、労働者と無固定期間労働契約を締結しない場合、2 倍賃金の起算日は、無固定期間労働契約を締結すべき日からとし、その終了日は労使双方が実際に無固定期間労働契約を締結する日の前日とする。

北京高院会議紀要（2014）第 28 条⑸
➡ 2 倍の賃金のうち、労働者の正常の勤務時間に属する労働報酬の部分は、労働争議調解仲裁法第 27 条 4 項の規定を適用し、差額の 1 倍分の賃金は懲罰性の賠償であり、労働報酬には属さず、労働争議調解仲裁法第 27 条 1 項の規定を適用する。すなわち、1 年の仲裁時効を適用する。

北京高院会議紀要（2015）2 の 1
Q 無固定期間労働契約の未締結による 2 倍の賃金について、時間の上限がないのか？労働者にこれまで権利をずっと主張して来ており、時効を過ぎていないことを証明する証拠がある場合、実際の締結日までの間、無固定期間労働契約の未締結による 2 倍の賃金の請求を支持すべきか否か？

A 使用者が労働契約法第 14 条 2 項、第 82 条 2 項の規定に違反して、労働者と無固定

期間労働契約を締結しない場合、<u>法律法規は使用者が労働者に対し支払う２倍の賃金について時間の上限規定を設けておらず、即ち無固定期間労働契約を締結していない期間と、これに起因して２倍の賃金を支払う期間は同じであることから、12 か月の２倍賃金支払の上限規定の適用を受けない。ただし、１年の仲裁時効を適用する。</u>
　<u>時効が過ぎていないことを証明する証拠がある場合、使用者が法に違反して労働者と無固定期間労働契約を締結しないことに起因する２倍賃金の支払期間は、無固定期間労働契約を締結すべき日から起算し、労使双方が実際に無固定期間労働契約を締結する日の前日までとする。</u>

北京高院会議紀要（2015）3 の 1

Ｑ 書面の労働契約の未締結と未更新、<u>無固定期間労働契約の未締結による２倍の賃金の時効について、その起算日と終了日をどのように確定すべきか？　人民法院が職権により積極的に仲裁時効を適用すべきか否か？</u>

Ａ <u>２倍の賃金の仲裁時効は日単位で計算し、全体として計算せず、時効は労働者が権利を主張する日から１年遡って計算し、これにより実際に支給する２倍の賃金は 12 か月を超えない。</u>
　仲裁時効の抗弁は、使用者自ら提出しなければならない。

書面による労働契約を締結していない場合、入社日、労働関係が成
立した日または労働契約（期間満了済の労働契約。以下同じです）
の期間満了日の翌日などに遡って労働契約を補充締結することは可
能でしょうか？

A 　書面による労働契約を締結していない場合、遅滞なく労働契約を補
充的に締結しなければなりません。労使双方間で合意した場合は、
入社日、労働関係が成立した日または労働契約の期間満了日の翌日などに
遡って労働契約を補充締結することが可能です。ただし、補充的に締結し
た労働契約の開始日により、使用者が負担すべき法的責任は異なりますの
で注意が必要です。

解　説 ||||||||||||||||||||||||||||||||||||||||||||||||||||||||||||||||||||||||||||||||||||||||

　労働契約を補充的に締結する方法としては、実際の補充締結日または労使双
方間で合意した日を労働契約の開始日とする労働契約を締結（中国語：**補訂／補
签** bǔ dìng/bǔ qiān）することが考えられますが、こうした「労使双方間で合意
した日」には、入社日、労働関係が成立した日（➡ Q1-11 参照）または労働契
約の期間満了日の翌日が含まれており、これらの日に遡って労働契約を締結（中
国語：**倒签** dào qiān）することもできます。従って、「倒签」は「補签」の一種
になります。

　書面による労働契約を締結していないため補充的に労働契約を締結する場
合、仲裁時効の問題を考慮しない前提で、以下に掲げる4つの事由に分けて検
討することができます（「2倍の賃金の仲裁時効に関する問題」については、➡ Q1-10
を参照）。

⑴　入社日、労働関係が成立した日または労働契約の期間満了日の翌日を労働契約の開始日と約定する場合

入社日、労働関係が成立した日または労働契約の期間満了日の翌日を労働契約の開始日と約定することは、係る労働契約の期間には、実際労働契約を締結していなかった期間（事実上の労働関係の存続期間）が含まれていることを意味します。

この場合は、労働者が「倒签」を了承（追認）し、入社日、労働関係が成立した日または労働契約の期間満了日の翌日から労働契約を締結していたものとみなされ、労働者による2倍の賃金の支払要求は認められません。すなわち、労働者が「倒签」に応じた場合、これは労働者が2倍賃金の請求権を放棄したものとみなされます。

⑵　入社日、労働関係が成立した日または労働契約の期間満了日の翌日から1か月以内の日を労働契約の開始日と約定する場合

広東、上海、江蘇等の地域では、雇用開始日または労働契約の期間満了日の翌日から1か月の猶予期間を認めており、書面による労働契約未締結に伴う法的責任は最大で11か月分の2倍の賃金となります。ただし、北京では労働契約の更新時には1か月の猶予期間を設けておらず、労働契約の更新義務不履行による使用者の法的責任は最大で12か月分の2倍の賃金となりますので注意が必要です（➡ Q1-4 参照）。

すなわち、1か月の猶予期間内の日を労働契約の開始日と約定した場合、使用者は労働者に対し書面による労働契約未締結期間の2倍の賃金を支払う必要はありません。ただし、北京では労働契約の更新時において1か月の猶予期間が認められないため、使用者は労働契約の期間満了の翌日から2倍の賃金の支払義務を負うことになります。

⑶　入社日、労働関係が成立した日または労働契約の期間満了日の翌日から1か月超1年未満の間の日を労働契約の開始日と約定する場合

入社日、労働関係が成立した日または労働契約の期間満了日の翌日から1か月が経過した日の翌日から補充的に締結した労働契約の開始日の前日までの

間、使用者は労働者に対して書面による労働契約未締結期間の2倍の賃金を支払わなければなりません（➡ Q1-3参照）。ただし、北京では上記(2)のように異なる取り扱いが取られているため注意が必要です。

⑷ 使用者が、入社日、労働関係が成立した日または労働契約の期間満了日の翌日から満1年が経過しても労働者と書面による労働契約を締結していない場合

使用者が、入社日、労働関係が成立した日または労働契約の期間満了日の翌日から1年が経過しても書面による労働契約を締結していない場合、使用者は労働者と無固定期間労働契約を締結したものとみなされます（➡ Q1-3参照）。

上記の4つの事由のように、書面による労働契約を締結していない場合、使用者は遅滞なく労働契約を補充的に締結しなければなりません。しかし、労働契約の補充締結によって使用者の労働者に対する2倍の賃金の支払責任は必ずしも免除されるわけではなく、補充的に締結した労働契約において約定した契約開始日によって使用者の負うべき法的責任は全く異なることもあります。

なお、補充的に締結した労働契約における労働条件または労働待遇が、既に履行済みの事実上の労働関係存続期間中の労働条件または労働待遇を上回る場合は、労働者から差額分を請求される可能性があります。そのため、実際の雇用開始日などに遡って労働契約を締結する際、こうした労働契約における関連条項に関しては、既に履行済みの事実上の労働関係存続期間中の状況と一致させるか、または1つの労働契約の中で2つの期間に分けてそれぞれ約定することが望まれます。

地方規定に注目！

〈広東〉
深圳中院裁判手引き（2015）第66条
➡使用者は法定期限に従い労働者と書面による労働契約を締結せず、たとえその後双方が労働契約を締結しても、労働者が使用者に対して労働契約の締結日まで2倍の賃金を支払うよう要求するときは、これを支持しなければはらない。ただし、双方が労働契約の締結日を法定期限内の日に遡及して記入する場合、または双方が約定した労働契約の期間が既に履行済みの事実上の労働関係の存続期間を含む場合、双方は当初から労働契約を締結していたものとみなし、労働者が使用者に対して2倍の

賃金を支払うよう要求することについて、これを支持しない。

深圳中院裁判手引きの説明（2015）第 14 条
➡（深圳中院裁判手引き）第 66 条は、労働契約を補充的に締結した後、過去に遡って労働契約を締結（中国語：**倒签**）した後、書面の労働契約の未締結による 2 倍の賃金を支払う必要があるか否かという問題について触れている。
　労働契約法第 82 条の規定では、使用者は法に基づき労働者と書面による労働契約を締結していない場合、2 倍の賃金を支払わなければならない。同時に、労働契約法実施条例第 6 条、第 7 条の規定によれば、使用者は 2 倍の賃金を支払った後でも労働契約を補充的に締結する義務を有する。このことから、労使双方間で労働契約を補充的に締結した場合においても使用者の 2 倍の賃金の支払義務は依然として免除されない。ただし、労働者が労働契約の期間を過去の事実上の労働関係の存続期間に遡及することに同意した場合、労働者は 2 倍の賃金を請求することを放棄したとみなす。

〈北京〉

北京高院会議紀要（2014）第 29 条
Ｑ 使用者と労働者が労働契約を補充的に締結したケースで、労働者が労働契約未締結分の 2 倍の賃金を主張することについて支持すべきか否か？

Ａ 使用者と労働者が労働関係を成立した後、法により雇用開始日から 1 か月以内に書面の労働契約を締結しておらず、労働関係が一定期間存続してから、労使双方間で労働契約を締結する時に、日付（労働契約の開始日）を実際の雇用開始日と記入して補充的に締結した場合、使用者と労働者が合意に達したとみなし、労働者が 2 倍の賃金を主張することについては支持しないことができる。ただし、労働者が、「労働契約の補充締結は労働者本人の真意ではない」と証明できる証拠を有している場合を除く。
　使用者と労働者が労働契約を補充的に締結したものの、実際の雇用開始日に遡って締結していない場合、実際の雇用開始日から労働契約の補充締結日までの期間のうち、法により 1 か月分の書面による労働契約締結の猶予期間を差し引いた分については、労働者が労働契約の未締結による 2 倍の賃金を主張することについては支持することができる。

 **Q1-7** 他人が代理で署名した労働契約は有効か？

他人が代理で署名した労働契約の効力は無効と認定されますか？

A 他人が労働者に代わって締結した労働契約は、労働者による事前の授権がなく、または事後の追認を得ることができないため、労働契約が無効と認定された場合、使用者は書面による労働契約の未締結に伴う法的責任を負わなければなりません。

ただし、使用者に十分な証拠があり代理署名の労働契約が労働者本人の同意を経ていると証明できる場合、または労働者が実際の行為で代理署名の労働契約を受け入れると表明している場合、労働契約の効力は有効とされることがあります。

解 説

労働契約法第 16 条 1 項によれば、労働契約は使用者と労働者が合意し、かつ使用者と労働者が労働契約に署名または押印をしてから発効するとされます。すなわち、労働契約は、労働者がやむを得ない理由により労働者本人が署名できない場合を除き、労使双方間で直接締結しなければなりません。

また、労働契約の全部または一部が無効となる場合は以下の法定事由に限定されます（労働契約法第 26 条）。

① 詐欺、脅迫の手段をもってまたは人の弱みにつけこみ、相手方の真意に反する状況下で労働解約を締結させ、または変更させた場合

② 使用者が自らの法的責任を免れ、労働者の権利を排除した場合

③ 法律、行政法規の強行規定に違反した場合

なお、労働契約の無効または一部無効について争いがある場合は、労働紛争仲裁機関または人民法院がこれを確認するとされています。

最高法院会議紀要（2011）第55条によれば、使用者または他人が労働者に代わって署名した労働契約について、使用者に十分な証拠があり、代理署名の労働契約が労働者本人の同意を経ていると証明できる場合、または労働者が実際の行為で代理署名の労働契約を受け入れると表明した場合、労働契約の効力は有効とされます。

　実務上、他人が代理署名した労働契約について、「労働者が授権していない、または労働者による追認（事後同意）がないため労働契約が無効と認定され、労働者から書面の労働契約の未締結による2倍賃金の請求が認められた」ケースがある一方で、他人が代理署名した労働契約が有効であると認定されたケースもあります。

　労働契約が有効であると認定されたケースでは、代理して労働契約に署名した者が、「労働契約の締結時に労働者本人から身分証明書を預かり代理署名した」と出廷して証言し、かつ労働者本人も当該証人の証言に異議を申し立てなかったことから、こうした労働契約は有効であると認定されています。

　ただし、労使双方間で紛争が発生した場合、使用者が「労働契約の代理署名に関し、労働者による事前の授権があること、または労働者から事後の追認を得ていること」を証明することは難しい上、代理署名した者が使用者のために出廷して関連証言をすることは極めて稀なことです。従って、労働契約は、労使双方間で面と向かって締結することで労働者本人による署名・押印が間違いないことをその場で確認し、労働契約等関連書類の保管管理体制を構築しておくことが安全なやり方といえます。

> 労働者の入社時に労使双方間で取り交わした「入社登録票」などの書類は「労使双方間の書面による労働契約の締結」とみなすことはできますか？

A 労使双方間で取り交わした「入社登録票」などの書類の中で、労働契約法第 17 条に定める労働契約の必要記載事項が含まれている場合、労使双方間で労働契約が締結されたとみなされます。ただし、係る労働契約の必要記載事項が含まれていない場合は、労使双方間で労働契約が締結されたとみなされる可能性が低いため注意が必要です。

解　説

労働契約法第 17 条によれば、労働契約には次の各号に掲げる事項を記載しなければならないとされます。

① 使用者の名称、住所及び法定代表者または主要な責任者

② 労働者の氏名、住所及び住民身分証明書またはその他有効な身分証明書の番号

③ 労働契約の期限

④ 業務内容及び勤務地

⑤ 勤務時間及び休憩休暇

⑥ 労働報酬

⑦ 社会保険

⑧ 労働保護、労働条件及び職業危害の防護

⑨ 法律、法規が労働契約に含めるべきと規定するその他の事項

労働契約には上記の必要記載事項のほか、使用者と労働者が試用期間、研修、秘密保持、補充保険及び福利厚生待遇等のその他の事項を約定することができ

ます。

　また、使用者が提供した労働契約に労働契約法第 17 条に定める労働契約の
必要記載事項が記載されていない場合、労働行政部門は是正を命じることがで
きます（労働契約法第 81 条）。

　実務上、「入社登録票」などの書類に労働契約法第 17 条の定める法定事項を
全て記載することは稀なことであり、係る書類の内容に記載漏れがあるかどう
か細心の注意を払うよりは、労使双方間で「労働契約」という名称の法律文書
を取り交わしておく方が安全なやり方でしょう。これは、更に、労働者に対す
る書面の労働契約の未締結による 2 倍の賃金を支払う義務を免れるためにも必
要といえます。

地方規定に注目！

〈広東〉
広州中院解答（2010）第 10 条
➡労働者が入社時に記入した「入社登録票」など、「労働契約」の形式では
ない書類に労働契約法第 17 条に定める労働契約の必要記載事項が全て記
載されている場合を除き、係る書類を労働契約と見なすことはできない。

〈江蘇〉
蘇州中院紀要（2010）3 の 2
➡労働者が署名した招聘・就業協議書、雇用書等の書類に、労働契約法第 17 条の定める
労働契約の必要記載事項が記載され、かつ使用者と労働者が係る書類に従い履行した場
合、労使双方間で書面による労働契約を締結したものと認定することができる。

Q1-9 「2倍の賃金」の計算基数

> 「2倍の賃金」の計算基数の確定方法を教えてください。

A 使用者が労働者と書面による労働契約を締結または更新していない場合、使用者は労働者に対し2倍の賃金を支払う責任があります。2倍の賃金の計算基数については、各地方によって若干の差異がありますので注意が必要です。

解 説

労使双方間で書面による労働契約を締結または更新していない場合、使用者が労働者に対し支払うべき2倍の賃金の計算基数については、**下表**で引用しているように、各地方によって若干の差異があります。

各地における2倍の賃金の計算基数の関連規定

北京[1]	●基本賃金、職務賃金、勤務年数賃金、級別賃金など月毎に支給される賃金の構成項目が連続的、安定的な特徴を備え、その金額が相対的に固定されている場合、これらの構成項目を、労働者が正常に労働を提供したことによる賃金支給額（中国語：**応得工資**）に計上して2倍の賃金の計算基数とし、非固定で支給する歩合の賃金、賞与などは一般的に2倍の賃金の計算基数に含まれない。
上海[2]	●労使双方間で月額賃金について約定している場合、2倍の賃金の計算基数は、双方が約定した通常の勤務時間に応じた月額賃金にて確定する。労使双方間で月額賃金について約定していないまたは約定が不明確である場合、労働契約法第18条の規定[3]により確定した月額賃金を2倍の賃金の計算基数とする。 ●労働契約法第18条の規定によっても依然として月額賃金を確定できない場合、労働者が実際に得た月額収入から時間外労働手当、特別賞与（中国語：**非常規性奨金**）、福祉給付等の項目を控除した後の月額賃金に応じて確定することができる。使用者が賃金の構成項目について立証不能または証拠が不足している場合は、労働者が実際に得た月額収入に応じて2倍の賃金の計算基数を確定する。 ●上記の計算基数はいずれも最低賃金水準を下回ってはならない。

広東[4]	●労働者の当月の時間外労働手当を含めた[5]賃金支給額（中国語：**応得工資**）を２倍の賃金の計算基数とするが、<u>支払周期が１か月を超える労働報酬</u>（賞与、年末ダブルペイ及び業績歩合など）及び<u>支払周期が未確定の労働報酬</u>（賞与一時金、特殊な状況で支給される手当、補助金など）<u>を含まない。</u>
江蘇[6]	●労働者の当月の賃金支給額（中国語：**応得工資**）に応じて２倍の賃金を確定し、時間当たりの賃金または出来高による賃金及び時間外労働手当、賞与、補助金及び手当等の現金収入を含む。当月の賃金に季節性の賞与（中国語：**季度奨**）、半年で支給される賞与（中国語：**半年奨**）、年末賞与（中国語：**年終奨**）が含まれている場合、相応の期間に割り振った後の当該月の実際の賞与所得の金額に応じて確定しなければならない。
山東[7]	●雇用開始日から１か月超１年未満の間に、<u>法定勤務時間内に労働者が正常に労働を提供して取得すべき実際の賃金を２倍賃金の計算基数とし</u>、その上限は使用者所在地の前年度の従業員平均月額賃金の３倍とし、その下限は使用者所在地の最低賃金水準とする。
四川[8]	●労働者が正常に勤務している状況下で12か月間の賃金支給額（中国語：**応得工資**）に基づいて計算し、<u>社会保険費、税金等を控除する前の当月における賃金総額</u>にて確定するが、時間外労働手当及び特別賞与(中国語：**非常規性奨金**)、手当や補助金、福利厚生は２倍の賃金の計算基数に含まれない。

1　北京高院回答（2017）第21条（3）。
2　上海高院調研指導（2010）第3条。
3　第18条では、労働報酬及び労働条件等の基準についての労働契約の約定が不明確で、紛争を引き起こした場合の処理方法を定めています。
4　広東高院座談会紀要（2012）第14条。
5　深圳中院裁判手引き（2015）第70条。
6　江蘇高院指導意見（2011）第2条。
7　2011山東省高級人民法院民事審判工作紀要第8類第2条。
8　四川高院解答（2016）第29条。

Q 1-10 「2倍の賃金」の仲裁時効の計算

「2倍の賃金」の仲裁時効はどのように計算すればよいでしょうか？

A 使用者が労働者に対し支払うべき2倍の賃金の仲裁時効については、各地方によって異なる規定が設けられており、注意をする必要があります。

解 説

労働争議調解仲裁法第27条1項によれば、労働紛争の仲裁申立ての時効期間は1年であり、仲裁の時効期間は当事者がその権利が侵害されていることを知りまたは知り得べき日から起算するとされます。

労働関係の存続期間中に、労働報酬の支払遅延に起因して紛争が生じた場合は、労働者による仲裁の申立ては上記1年の仲裁の時効期間の制限を受けないとされます。ただし、労働関係が終了した場合は、労働関係の終了日より1年以内に仲裁の申立てをしなければなりません（労働争議調解仲裁法第27条4項）。

労使双方間で書面による労働契約の未締結のため、使用者が労働者に対し支払うべき2倍の賃金の差額が、労働報酬に該当するか否かについては、過去に議論がありましたが、2倍の賃金の差額は、労働者による労働の提供に基づくものではなく、使用者の違法行為により支給されるべき懲罰性の賠償金に該当するというのが通説です。

2倍の賃金の差額が労働報酬に属さない場合、労働争議調解仲裁法第27条4項に定める労働報酬に関する特殊な仲裁時効の規定は適用されず、同法第27条1項に定める1年の仲裁時効に関する規定が適用されることになります。

実務上、最大で11か月分[注1]となる2倍の賃金について、労働者がより多くの2倍の賃金を請求するために請求時期を見計らうことがあります。また、使

用者が書面の労働契約の未締結または未更新の事実を把握した後、労働者に対し労働契約の補充締結を要求しても、労働者がこれに応じないケースもあります。

　そこで、労使双方間で書面による労働契約を締結または更新していない場合、使用者が労働者に対し支払うべき2倍の賃金の仲裁時効について、その計算方法を正しく理解する必要があります。

　2倍の賃金の仲裁時効に関しては、以下のとおり、各地方によって異なる規定が設けられており、注意が必要です。

注 1)　労働契約更新時の例外については ➡ Q1-4 の解説内容を参照。

地方規定に注目！

〈広東〉

広東高院座談会紀要（2012）第 15 条
➡労働者が使用者に対し書面の労働契約の未締結による2倍の賃金の差額を請求する場合の仲裁時効は、労働争議調解仲裁法第 27 条 1 項、2 項*及び 3 項**の規定によりこれを確定する。使用者が支払うべき2倍の賃金の差額は、労働者が権利を主張する日から 1 年遡って月単位で計算し、1 年を超過した分の2倍の賃金の差額請求は支持しない。
　　*　労働争議調解仲裁法第 27 条 2 項は仲裁の時効期間の中断について定めています。
　　**　労働争議調解仲裁法第 27 条 3 項は仲裁の時効期間の停止と継続計算について定めています。

〈上海〉

上海高院調研指導（2010）第 2 条（2 倍の賃金に関する時効の問題）
➡2倍の賃金の性質に鑑み、2倍の賃金のうち、双方が約定した労働報酬に属する部分について、労働者が仲裁を申立てる時効は、労働争議調解仲裁法第 27 条 2 項から 4 項までの規定を適用し、双方が約定した労働報酬以外の法定責任に属する部分について、労働者が仲裁を申立てる時効は、労働争議調解仲裁法第 27 条 1 項から 3 項までの規定を適用しなければならない。すなわち、書面の労働契約を締結しなかった2か月目（1

広東、上海の仲裁時効の計算方法の説明例（入社後未締結ケース）

入職日 労働関係解除日	法により2倍の賃金の差額を請求できる期間	仲裁申立日	仲裁時効期間	2倍の賃金の差額の請求が認められる期間
2017 年 1 月 1 日 2018 年 6 月 5 日	2017 年 2 月 1 日から 2017 年 12 月 31 日まで	2018 年 7 月 1 日	2017 年 7 月 1 日から 2018 年 7 月 1 日まで	2017 年 7 月 1 日から 2017 年 12 月 31 日まで

　*　使用者が時効の抗弁を提出した場合、2017 年 7 月 1 日以前の2倍の賃金の請求は仲裁時効期間を過ぎているため認められません。

か月の猶予期間が経過した後）から、月単位で仲裁時効を計算しなければならない。

〈北京〉

北京高院会議紀要（2014）第 28 条⑸
➡ 2 倍の賃金のうち、労働者の正常の勤務時間に属する労働報酬の部分は、労働争議調解仲裁法第 27 条 4 項の規定を適用し、差額の 1 倍分の賃金は懲罰性の賠償であり、労働報酬には属さず、労働争議調解仲裁法第 27 条 1 項の規定を適用する。すなわち、1 年の仲裁時効を適用する。

　2 倍の賃金に適用される時効の計算方法は以下のとおりである。労働者が 2 倍の賃金を主張するとき、労働契約を締結していない状況が持続しているため、時効は当該労働者が権利を主張する日から 1 年遡って計算することができ、これにより実際に支給する 2 倍の賃金は 12 か月を超えない。2 倍の賃金は、労働契約の未締結期間に対応する期間中に使用者が正常に支払うべき賃金を基準として計算する。

北京高院会議紀要（2015）3 の 1
➡ 2 倍の賃金の仲裁時効は日単位で計算し、全体として計算せず、時効は労働者が権利を主張する日から 1 年遡って計算し、これにより実際に支給する 2 倍の賃金は 12 か月を超えない。

北京の仲裁時効の計算方法の説明例（労働契約未更新ケース）

労働契約満了日 労働関係解除日	法により 2 倍の賃金の差額を請求できる期間	仲裁申立日	仲裁時効期間	2 倍の賃金の差額の請求が認められる期間
2016 年 12 月 31 日 2018 年 11 月 25 日	2017 年 1 月 1 日から 2017 年 12 月 31 日まで	2019 年 1 月 5 日	2018 年 1 月 5 日から 2019 年 1 月 5 日まで	なし

＊　2018 年 1 月 1 日から無固定期間労働契約を締結したものとみなされます。
＊　北京では労働契約の更新時には 1 か月の猶予期間を設けておらず、2 倍の賃金は最大で 12 か月分を支払わなければなりません（➡ Q1-4 参照）。
＊　使用者が時効の抗弁を提出した場合、2018 年 1 月 5 日以前の 2 倍の賃金の請求は仲裁時効期間を過ぎているため認められません。

〈江蘇〉

江蘇高院指導意見（2011）第 1 条
➡ 2 倍の賃金のうち、使用者の法定賠償金に属する部分について、労働者が仲裁を申立てる時効は、労働争議調解仲裁法第 27 条 1 項の規定を適用する。すなわち、使用者が書面の労働契約を締結していないという違法行為が終了した翌日より 1 年計算する。労働者が使用者のもとで勤務して既に満 1 年である場合、労働者が仲裁を申立てる時効は 1 年が満了した翌日より 1 年計算する。

江蘇の仲裁時効の計算方法の説明例（入社後未締結ケース①）

入職日 労働契約補充締結日	法により 2 倍の賃金の差額を請求できる期間	仲裁申立日	仲裁時効期間	2 倍の賃金の差額の請求が認められる期間
2017 年 1 月 1 日 2017 年 6 月 1 日	2017 年 2 月 1 日から 2017 年 5 月 31 日まで	2017 年 10 月 1 日	2017 年 6 月 2 日 から 1 年	2017 年 2 月 1 日から 2017 年 5 月 31 日まで

江蘇の仲裁時効の計算方法の説明例（入社後未締結ケース②）

入職日	法により2倍の賃金の差額を請求できる期間	仲裁申立日	仲裁時効期間	2倍の賃金の差額の請求が認められる期間
2017年1月1日	2017年2月1日から2017年12月31日まで	2019年1月5日	2018年1月1日から1年	なし

＊　使用者が時効の抗弁を提出した場合、2019年1月1日以降の2倍の賃金の請求は仲裁時効期間を過ぎているため認められません。

〈湖北〉

湖北省高級人民法院民事審判工作座談会会議紀要（2013）第31条
➡使用者が雇用開始日から1か月超1年未満の間、労働者と書面による労働契約を締結せず、かつ補充的な締結もしていない場合、労働契約法実施条例第7条の規定により、雇用開始日から満1か月にあたる日の翌日から満1年にあたる前日まで、労働者に対し毎月2倍の賃金を支払わなければならない。2倍の賃金の仲裁申し立ての時効は、労働関係が終了した日から起算し、期間は1年とする。

湖北の仲裁時効の計算方法の説明例（入社後未締結ケース）

入職日 労働関係解除日	法により2倍の賃金の差額を請求できる期間	仲裁申立日	仲裁時効期間	2倍の賃金の差額の請求が認められる期間
2017年1月1日 2020年5月20日	2017年2月1日から2017年12月31日まで	2020年6月15日	2020年5月20日から1年	2017年2月1日から2017年12月31日まで

労働契約の契約開始日と実際の雇用開始日が違う場合、労働関係の成立日はどのように判断すればよいでしょうか？

A 労働契約の契約開始日と実際の雇用開始日が違う場合、労使双方間の労働関係は労働者が実際に労働を提供した日（雇用開始日）から成立します。

解　説 ||||||||||||||||||||||||||||||||||||||||||||||||||||||||||||||||||||||||||||||||||||||

(1)　雇用開始前に労働契約を締結した場合

　労働契約法第7条によれば、使用者は雇用開始日から直ちに労働者との間で労働関係を確立するとされており、使用者と労働者が雇用開始日前に労働契約を締結した場合、労働関係は雇用開始日から成立するとされています（労働契約法第10条3項）。

(2)　雇用開始日に労働契約を締結していない場合

　労働関係確定関連通知（2005）第1条によれば、使用者が労働者を採用するにあたり書面による労働契約を締結していないものの、同時に以下に掲げる事由に合致する場合、労働関係は成立したものとされます。

① 　使用者[注1]と労働者[注2]が法律法規に規定される主体資格（当事者の資格）に合致している。

② 　使用者が法に基づき制定した各労働規則制度を労働者に適用し、労働者が使用者の労働管理を受けて、使用者が手配する有償労働に従事している。

③ 　労働者の提供する労働は使用者の業務の構成部分である。

　使用者が労働者と労働契約を締結しておらず、双方間の労働関係の存在を認

定する際、次に掲げる証拠を参照することができます（労働関係確定関連通知（2005）第2条）。

① 給与支払明細書または支払記録（従業員給与支払名簿）、各種社会保険料の納付記録
② 使用者が労働者に発行した「社員証」等身分を証明できる証明書類
③ 労働者が記入した使用者の募集・採用「登記表」、「申込表」等の採用記録
④ 出勤記録
⑤ その他労働者の証言等

　上記の証拠のうち、①、③、④の関連証拠については、使用者が立証責任を負うとされています。

⑶　実務上の留意点

　上記⑴の規定により、労働関係の成立日の判断基準は、労働者が実際に労働を提供した日、すなわち雇用開始日となります。

　使用者は、通常、雇用開始日を契約開始日とする労働契約を書面により締結しなければならず、これを締結していない場合は、雇用開始日から1か月以内に書面により労働契約を締結しなければなりません（➡ Q1-3 参照）。

　なお、補充的に労働契約を締結する場合の労働契約の開始日に関する問題については Q1-6 を参照してください。

⚖️

注 1）　労働契約法第2条1項によれば、中国国内の企業、個人経済組織などの組織と労働者が労働関係を確立し、労働契約を締結、履行、変更、解除または終了する場合、労働契約法を適用するとされています。また、労働紛争審理解釈（三）第4条によれば、労働者と、営業許可証の手続をせず、営業許可証を取り消され、または営業期間満了後もなお経営を継続している使用者との間に労働紛争が生じた場合、使用者またはその出資者を当事者としなければならないとされます。

注 2）　原則として、満18歳以上の成年者を指します。なお、満16歳以上18歳未満の未成年労働者の雇用については、Q11-6を参照。

地方規定に注目！

〈広東〉

深圳中院裁判手引き（2015）第23条
➡労働紛争において、当事者間で労働関係が存在するか否かについて紛争が生じた場合、立証責任の分担は以下の規定に従う。

① 労働関係の成立を主張する当事者は、相応の労働契約または給与受取、社会保険、

福利厚生及び業務管理に関する証拠書類を提供しなければならない。
② 　労働者は使用者のもとで労働したことを既に証明したが、使用者が双方間で労働関係は存在しないと主張する場合、使用者は反対の証拠を提出しなければならない。

〈浙江〉
浙江高院意見（2009）第 28 条
➡使用者が労働者と労働契約を締結していない場合、人民法院が双方間に労働関係が存在するか否かを認定するとき、次に掲げる証拠を審査することができる。
① 　給与支払明細書または支払記録、各種社会保険料の納付記録
② 　使用者が労働者に発行した「社員証」等身分証明書類
③ 　出勤記録
④ 　労働者が記入した使用者の採用「登記表」、「申込表」等の採用記録
⑤ 　その他関連証拠
　人民法院は上述の証拠の形成、出所、保有等の要素に基づき、当事者の立証責任を確定しなければならない。

> 使用者が法律の規定する期間を超えて労働者との間で試用期間を約
> 定したため、労働者が使用者に対し賠償金の支払いを要求した場合、
> 使用者は法定の試用期間を超えた期間について労働者に賠償金を支
> 払うべきですか？

A 労働契約法の試用期間に関する規定は強行規定に該当し、労使双方
間で約定した試用期間は、これに違反してはならず、違反した場合
は、労働者に対して賠償金を支払わなければなりません。

解　説 ‖‖

（1）　試用期間の約定

　労働契約の期間が 3 か月以上[注1] 1 年未満の場合、試用期間は 1 か月を超え
てはならず、労働契約の期間が 1 年以上 3 年未満の場合、試用期間は 2 か月を
超えてはならず、3 年以上の固定期間労働契約及び無固定期間労働契約の試用
期間は、6 か月を超えてはならないとされます（労働契約法第 19 条 1 項）。

労働契約の期間と試用期間の上限

労働契約の期間	試用期間の上限
11 か月	1 か月
1 年	2 か月
2 年 11 か月	2 か月
3 年	6 か月

　また、労働契約において試用期間しか約定していない場合、こうした試用期
間の約定は成立せず、当該期間は労働契約の期間とされます（同 4 項）。

　労働契約法上、以下に掲げる労働契約の場合、試用期間を約定してはならな
いとされます（労働契約法第 19 条 3 項、第 70 条）。

① 業務上の一定の任務の完了をもって契約期間とする労働契約

② 3か月未満の労働契約

③ 非全日制雇用の労働契約

同一の使用者は、同一の労働者との間で1回しか試用期間を約定することができません（労働契約法第19条2項）。

なお、使用者は労働者の状況等に応じて、試用期間を設定しないこともできます。

⑵　試用期間における労働者の賃金

試用期間における労働者の賃金は、使用者における同一の職務の最低ランクの賃金または労働契約に規定された賃金の80%を下回ってはならず、かつ使用者所在地の最低賃金基準を下回ってはなりません（労働契約法第20条）。

⑶　試用期間の約定に関する法的責任

使用者が労働契約法の規定に違反して労働者と試用期間を約定し、違法に約定された試用期間が既に履行されている場合、使用者は労働者の試用期間満了後の月給を基準として、既に履行された法定の試用期間を超える期間に応じて、労働者に対し賠償金を支払う必要があります（労働契約法第83条）。

⑷　労働契約期間とは別に試用期間を設定した場合

実務上、労働契約における試用期間の設定に際し、試用期間と労働契約期間をそれぞれ分けて、試用期間が満了した後に労働契約期間が始まるという運用方法がとられることがあります。

ただし、「試用期間は労働契約の期間に含まれる」とされているため（労働契約法第19条4項）、上記の運用方法をとっている場合は、1つの労働契約における試用期間と労働契約期間の2つの期間を合算したものを労働契約の期間として計上しなければなりません。

⚖️

注1）　民法でいう「以上」、「以下」、「以内」及び「満期」はその数を含み、「未満」、「超過」及び「以

外」はその数を含まないとされています（民法総則第 205 条）。

〈広東〉

広州市人力資源・社会保障局の「使用者が法に違反して試用期間を約定し、かつ実際に履行された場合、どのように処理するべきか」に関する回答（2016 年 2 月）

➡労働契約法第 83 条の規定に基づき、違法に約定した試用期間が既に履行されている場合、使用者は労働者の試用期間満了時の月給を基準として、既に履行された法定の試用期間を超える期間に応じて、労働者に対し賠償金を支払う。

　使用者が上述の規定に基づき既に賠償金を支払っている場合、法定の試用期間を超える期間の賃金の差額を再度支払う必要はない。

〈浙江〉

浙江高院解答（2015）第 15 条

➡使用者が法律の規定する期間を超えて労働者と試用期間を約定し、既に履行されている法定の試用期間を超える期間について、使用者は労働契約法第 83 条の規定に基づき賠償金を支払わなければならないが、労働者に対し係る超過期間の賃金の差額を支給する必要はない。

Q 2-2　試用期間は延長可能か？

> 労使双方間で約定した試用期間が間もなく満了するが、使用者は労働者の業務遂行能力等を更に見極めるために試用期間を延長することはできますか？

A 使用者は労働者の業務遂行能力の再考察などの理由により、一方的に試用期間の延長を決めることはできません。

 解　説 ‖‖‖

　労使双方間で約定済みの試用期間を延長できるかどうかに関しては、現在2つの見解があります。

　1つは、試用期間の延長は労働契約の変更に該当することから、労働者との書面合意を得られ（労働契約法第35条1項）、延長前後の試用期間の合計がその上限規定（➡ Q2-1参照）に違反してさえなければ、試用期間を延長できるとの見解で、もう1つは、同一の使用者は、同一の労働者との間で1回しか試用期間を約定することができず（労働契約法第19条2項）、試用期間の延長は再度の約定に当たるため、試用期間を延長することはできないとの見解です。

　実務上、労働契約における試用期間は、使用者が労働者の職務などに鑑みこれを設定し、労働者に提示することが一般的です。にもかかわらず、試用期間中の評価判定が困難で、更なる見極めが必要であるなど、使用者側の都合により、労働者に対し労使双方間で約定済の試用期間の延長を提案することは、労働者側にとっては酷な話でしかありません。

　そこで、固定期間労働契約の契約期間及び試用期間を設定する際は、「新入社員の能力を見極めることが可能な適切な判断期間とは？」「試用期間を効率的に活用するためにはどの程度の試用期間が必要なのか？」といった視点が不可欠です（➡ Q1-2参照）。固定期間労働契約の期間と試用期間をセットで検討し、

労働契約を締結することが無難でしょう。

　労使双方間で約定した試用期間が間もなく満了するが、使用者が労働者を正社員として迎えるかどうかを決めてない場合は、以下でまとめたようにいくつかの状況に分けて、かつ試用期間における労働者に対する評価判定の結果などの要素を踏まえて、慎重に対応する必要があります。

(1)　試用期間において使用者の採用条件に合致しないと証明できる場合[注1]

　試用期間が満了する**前**に、労働者に理由を説明し、労働契約の解除通知をする。

(2)　試用期間において使用者の採用条件に合致しないと証明できない場合

①　労働契約法第40条1号[注2]または2号[注3]に規定された事由に該当し、証拠を揃えた場合

　試用期間が満了する**前**に労働契約法第40条1号または2号の規定に従い、「業務従事不可」または「業務不適任」に関する証拠[注4]をもって、労働者に理由を説明し、労働契約の解除通知をする。

②　労働契約法第40条1号または2号に規定された事由に該当するが、証拠がないまたは不十分である場合

　「業務従事不可」または「業務不適任」に関する証拠がないまたは不十分である場合、試用期間が満了した後、労働者を正社員として迎える手続（中国語：**転正手続** zhuǎn zhèng shǒu xù）を行う。

　上記のように、労使双方間で約定した試用期間が間もなく満了するが、使用者に十分かつ決定的な証拠がなく、労働関係を解除できないものと判断された場合は、労働者を正社員として迎えることが望まれます。

　つまり、試用期間の合理的な設定と試用期間中の評価判定作業などは、いずれも使用者側の権限と責任であることから、試用期間の満了時に労働者の業務遂行能力の再考察などの理由により、試用期間の延長を労働者に提示し書面合意を取り付けることについては、延長前後の試用期間の合計が試用期間の上限範囲内にある場合でも、これに否定的な意見が多いのが実状です。

⚖️

注1） 労働契約法第39条1号。

注2） 労働者が疾病または業務外の負傷により、規定された医療期間の満了後に元の業務に従事することができず、使用者が別途手配した業務にも従事することができない場合。

注3） 労働者が業務に不適任であり、研修または勤務部署の調整を経た後もなお業務に不適任である場合。

注4） 実務上、使用者による「業務不適任」などに関する証拠がないまたは不十分であるとして、違法解雇と認定される事例が多いため細心の注意が必要です。

試用期間において、使用者はいつでも労働契約を解除でき、労働者に契約解除による経済補償金を一切支払わないこと、社会保険への不加入などを約定することはできますか？

A 使用者の試用期間における一方的な労働契約の解除権、経済補償金の不払い及び社会保険への不加入などの約定は違法であるため、いずれも無効と認定されます。試用期間において、使用者は法定事由が生じた場合に限り、労働契約を解除することができます。これに対し、労働者には一方的かつ無条件の解除権があります。

解　説

(1)　試用期間における使用者による労働契約の解除

労働契約法第21条によれば、試用期間において、労働者が労働契約法第39条及び第40条1号、2号に規定される事由（➡ Q9-2参照）に該当する場合を除き、使用者は労働契約を解除してはなりません。

試用期間において労働契約を解除する場合、使用者は労働者に対し解除の理由を説明する必要があります。

実務上、使用者による労働契約の解除理由としてよく使われている[注1]のが、「試用期間において使用者の採用条件に合致しないことが証明された場合[注2]（労働契約法第39条1号）」です。

ただし、一部の使用者は、労働契約において「試用期間」のみを定め、「採用条件」については関連規定または証拠資料などがないにもかかわらず、労働契約法第39条1号の規定に基づいて労働者を解雇してしまい、後になって違法解雇と認定され[注3]、法定経済補償金（➡ Q9-5参照）の基準の2倍をもって労働者に対する賠償金の支払いを命じられる場合があります（労働契約法第87条）。

労働契約法第 39 条 1 号の規定を適用したケースで、使用者による労働契約の違法解除と認定される状況を避けるためには、以下に掲げる 4 つの要件に合致する必要があります。

① 使用者の採用条件に関する証拠があること

使用者は、採用条件に関する約定または規定の有無と、係る約定または規定に関し労働者が知っていたことについて証明しなければなりません。

使用者の定めた採用条件は、関連法律法規の規定に違反してはならず、女性労働者や身体障害者の差別につながるような条件[注4]を定めることはできません。

採用条件はできる限り具体的、明確、測定可能であるべきで、使用者は労働者の入社時に採用条件、試用期間における評価判定表（人事考課表など）、試用期間満了後の評価判定表などの書類を提示し、評価項目や評価基準、評価方法等について説明し、かつ提示書類につき労働者に署名をしてもらう必要があります。

② 使用者の採用条件に合致しないことに関する証拠があること

使用者は、関連約定または規定に従い、「採用条件に合致するか否か」といった認定を行ったことに関する証拠を揃えなければなりません。試用期間は、使用者の立場から、労働者が採用条件に合致しているかどうかを判断する、大変重要な期間であることを、労使双方とも認識する必要があります。

もちろん、試用期間は、労働者の立場から自分に与えられた職務や労働条件などが自分の要求に合致しているかどうかを判断する期間でもあります。

③ 使用者による説明と労働契約の解除通知[注5]

使用者は、試用期間が満了する**前**に、労働者に対し「使用者の採用条件に合致しない」ことに関する証拠資料を提示し、説明すると同時に、労働契約の解除通知を交付または発送する必要があります。

使用者は、試用期間が満了した**後**、「試用期間において採用条件に合致しない」ことを理由に労働契約を解除することはできない[注6]ため、注意が必要です。

実務上、試用期間が満了した後、労働者を正社員として迎える手続（中国語：**転正手続**）を行わなければ、当該労働者は依然として試用期間にあると理解していることがありますが、これは間違った認識です（➡ Q2-2 参照）。

④ 労働組合への通知

使用者に労働組合が結成されている場合は、事前に解雇理由を労働組合に通知する必要があり[注7]、労働組合を結成してない場合においても、使用者所在地の労働組合に通知を行った方が無難です（➡ Q8-1 参照）。

(2) 試用期間における労働者による労働契約の解除

試用期間において、使用者による労働契約の解除権は厳しく制限されていますが、労働者には一方的かつ無条件の解除権があり、試用期間内において、労働者は 3 日前までに使用者に通知することにより、労働契約を解除することができます（労働契約法第 37 条）。

(3) 経済補償金の支払義務

使用者は、試用期間において、労働契約法第 39 条の規定により労働関係を解除する場合を除き、同法第 40 条 1 号、2 号に規定される事由により労働関係を解除する場合は、労働者に対し法定の経済補償金を支払う必要があります。

⚖

注1）労働契約法第 40 条 1 号、2 号に規定された事由により労働契約を解除する場合、使用者は、「業務従事不可」または「業務不適任」に関する証拠を揃えなければなりませんが、使用者が短い試用期間において研修または勤務部署の調整を行い、かつ評価判定作業を行うことは相当に困難です（➡ Q2-2 参照）。

注2）「使用者の採用条件に合致しないこと」と「業務不適任」は異なる証明事項であるため、両者を混同しないよう注意をする必要があります。

注3）労働契約法第 48 条によれば、使用者が法に違反して労働者を解雇した場合において、労働者が労働契約の継続履行を要求するときは、使用者は引き続き履行しなければならず、労働者が労働契約の継続履行を要求せず、または労働契約の継続履行が既に不可能となったときは、使用者は労働契約法第 87 条により賠償金を支払わなければならないとされています。

注4）就業促進法（2015 年改正施行）第 27 条、第 29 条など。

注5）労働紛争審理解釈（2001）第 13 条によれば、使用者が行った懲戒免職、除名、解雇、労働契約の解除、労働報酬の減額、労働者の勤続年数の計算などの決定により生じた労働紛争については、使用者が立証責任を負うとされています。

注6）労働部弁公庁の「試用期間において採用条件に合致しないため労働契約を解除できることをどのように確定するかに関する伺い」についての返答（1995）。

注7）労働契約法第 43 条。

 **地方規定に注目！**

〈北京〉

北京高院解答（2017）第 11 条

Ｑ 使用者が労働契約法第 39 条 1 号の規定に基づき労働契約を解除した場合、どのように処理するべきか？

Ａ 使用者は、労働者を採用するときに、労働者に対し明確に採用条件を告知しなければならず、使用者は労働契約を解除する際、労働者に対し解除の理由と法的根拠を説明しなければならない。

　使用者が、労働者に対し既に明確に採用条件を告知したことを証明し、かつ、労働者が試用期間において採用条件に合致しないことを証明する証拠を提供した場合、使用者は労働契約法第 39 条 1 号の規定に基づき労働契約を解除することができる。

　労働者が採用条件に合致するか否かの認定について、試用期間における認定基準は、試用期間満了後の認定基準より低く設定することができる。労働者が採用条件に合致しない状況には主に以下の事由が挙げられる。

(1) 労働者が信義誠実の原則に違反し、労働契約の履行に影響する本人の基本情報について事実の隠蔽または詐称があった場合。それには、①偽造学歴証書、偽造身分証、偽造パスポート等、重要な個人証明書類を提供した場合、②履歴、知識、技能、業績、健康等の個人情報の説明に、事実と異なる重大な間違いがある場合が含まれる。

(2) 試用期間において業務にミスがあった場合。業務ミスについての認定は、労働法関連規定、使用者の規則制度及び労使双方間の契約内容をその判断基準とする。

(3) 労使双方間で約定した、試用期間において労働者が使用者の採用条件に合致しないと評価判定されるその他の事由に該当する場合。

労働者が試用期間において病気を患い、または労災以外で負傷した
等の理由で医療期間に入りました。使用者は当該労働者との労働契
約を解除することはできますか？

A 　試用期間において使用者による労働契約の解除権は、関連規定によ
り厳しく制限されています。労働者が試用期間において業務上の原因
以外の理由で医療期間（医療療養期間）に入ることとなった場合、使用
者は当該医療期間内において労働契約を解除してはなりません。ただし、
使用者が一方的に労働関係を解除できる法定事由が生じた場合、使用者は
当該労働者を解雇することができます。

解　説 ‖‖‖

⑴　試用期間における使用者による労働契約の解除

　試用期間において、労働者が労働契約法第 39 条及び第 40 条 1 号、2 号に規
定された事由（➡ Q9-2 参照）に該当する場合を除き、使用者は労働契約を解除
してはならず（労働契約法第 21 条）、試用期間において使用者による労働契約の
解除権は厳しく制限されています。

　労働者が、「試用期間において使用者の採用条件に合致しないことが証明さ
れた場合」や「使用者の規則制度に著しく違反した場合」など、労働契約法第
39 条に規定される事由に該当する場合、使用者は、労働者が労働契約法第 42
条[注1] 3 号に定める「疾病または業務外の負傷により、規定された医療期間内
にある場合」に該当[注2] しても、労働契約を解除することができます。

　労働者が試用期間において、業務上の原因以外の理由により医療期間に入っ
た場合においても、労使双方間の合意により何時でも労働契約を解除すること
ができます（労働契約法第 36 条）。

⑵ 試用期間における医療期間の取扱い

　実務上、労働者が試用期間において、業務上の原因以外の理由で医療期間に入った場合、試用期間は医療期間と関係なく継続して経過するのか、それとも一旦試用期間は中止され、医療期間が満了し、労働者が復職した後に引続き試用期間を計算するのか、といった疑問があります。

　もっとも、試用期間は、使用者と労働者の双方がそれぞれの立場からお互いに考察するために設定された期間です。試用期間は医療期間と関係なく継続して経過し、満了するとすれば、使用者の立場からは、労働者が使用者の採用条件に合致しているかどうかを判断するために試用期間を設定した意味がなくなってしまいます。

　そこで、一部の地方規定は下記のとおり、医療期間内での試用期間の停止や、病気休暇期間は試用期間に算入しないなどの規定を設けています。

　実務上の対応策としては、労働契約または社内規則制度などにおいて、労働者が試用期間中に医療期間に入った場合に関し、試用期間の取り扱いについて予め規定しておくと良いでしょう。

⚖️

注 1）　使用者による労働契約の解除不可事由。

注 2）　労働契約法第 42 条によれば、労働者が疾病または業務外の負傷により、規定された医療期間内にある場合、労働契約法第 40 条の規定（**使用者による労働契約の予告解除**）に従って労働契約を解除することはできません。

🔍 **地方規定に注目！**

〈江蘇〉

江蘇省労働契約条例（2013 年改正施行）第 15 条
　➡試用期間は、労働契約の期間に含まれる。
　　労働者が試用期間において病を患い、または労災以外で負傷し、業務を停止して治療しなければならない場合、規定された医療期間内にあるときは試用期間を停止する。

〈浙江〉

浙江高院解答（2016）第 2 条
　◉ 労働者が試用期間において病気休暇を取得した場合、病気休暇期間を試用期間に算入しないことはできるか？

　🅐 試用期間は、使用者と労働者の双方がお互いに考察を行う期間である。労働者が試用期間において病気休暇を取得することは、係る考察目的の実現に影響を与えることから、当該病気休暇期間を試用期間に算入しないことができる。

女性従業員が試用期間において妊娠していることが判明した場合、または女性従業員が妊娠の事実を知っていながら、入社時に使用者に告知せず、試用期間において妊娠の事実が判明した場合、「試用期間中の妊娠は採用条件に合致していない」との理由で、使用者は一方的に労働契約を解除することができますか？

A 　試用期間における女性従業員の妊娠事実の判明は、労働契約法第 39 条 1 号に定める「試用期間において使用者の採用条件に合致しないことが証明された」場合に該当しないため、使用者は、妊娠事実の判明を理由に、一方的に労働契約を解除することはできません。ただし、女性従業員の応募した職種・勤務部署が、「女性従業員労働保護特別規定」の附録に定められた、女性従業員が妊娠または授乳期間中に従事が禁止または制限される労働範囲に属する場合は除外されます。

解　説　||||||||||||||||||||||||||||||||||||||||||||||||||||||||||||||||||||||||||||||||||||||

⑴　試用期間中に女性従業員の妊娠事実が判明した場合の解雇

　試用期間において使用者による労働契約の解除権は、関連規定により厳しく制限されており（➡ Q2-3 参照）、労働契約法第 42 条 4 号の規定により、「女性従業員が妊娠、出産、授乳の期間にある場合」、使用者は労働者が労働契約法第 39 条^{注1)}に規定される事由に該当しない限り、労働契約を一方的に解除することはできません。

　試用期間における女性従業員の妊娠事実の判明は、労働契約法第 39 条に定める「試用期間において使用者の採用条件に合致しないことが証明された」場合や「使用者の規則制度に著しく違反した」場合などの事由には該当しないため、使用者は、女性従業員の妊娠事実の判明を理由に一方的に労働契約を解除

することはできません。

女性従業員の特別保護に関する規定である「婦女権益保障法」（2005年改正施行）第27条によれば、使用者は、女性従業員が自ら労働契約の終了を要求した場合を除き、女性従業員の結婚、妊娠、産休、授乳等の事由により、女性従業員に対し、減給、解雇、一方的な労働契約の解除などの措置をとってはならないとされます[注2]。

⑵ 女性従業員の入社時における妊娠事実の告知義務

女性従業員は、入社面接時、使用者から聞かれた場合に嘘をついてはなりませんが、自ら妊娠の事実を使用者に告知する義務は負いません。

使用者も、女性従業員が入社時に妊娠の事実を使用者に告知しなかったことを理由に、一方的に労働契約を解除することはできません。

実務上、入社書類または労働契約などにおいて、女性従業員に対し、一定期間において結婚や出産をしないことを誓約させたり、または出産制限に関する条項を約定することがありますが、これは女性従業員の合法的な権利を制限することになるため、無効と認定される可能性が高くなります。

ただし、使用者が募集している職場・勤務部署が、女性従業員が妊娠または授乳期間において従事が禁止または制限される労働範囲に属する場合[注3]、使用者はその募集要項、入職書類及び労働契約などにおいて、入社後、妊娠の事実が判明した女性従業員については解雇できる旨の関連内容を予め明記することができます。

使用者が募集している職場・勤務部署が、女性従業員が妊娠または授乳期間において従事が禁止または制限される労働範囲に属する場合においても、上記のように労使双方間で事前の約定がない場合、使用者は直ちに労働契約を解除することはできず、妊娠の事実が判明した女性従業員のために勤務部署の調整を行い、業務不適任の評価過程を経るなどの努力義務と人事考課過程の履行責任を負わなければなりません。

前記の義務と責任を履行せずに、女性従業員が妊娠または授乳期間において従事が禁止または制限される労働範囲に属することを理由に直接解雇した場合には、違法解雇と認定され[注4]、法定経済補償金（➡ Q9-5 参照）の基準の2倍を

もって労働者に対する賠償金の支払いを命じられる可能性があります（労働契約法第 87 条）。

⚖️

注 1） 使用者による労働契約の一方的な解除事由。

注 2） 女性従業員労働保護特別規定（2012）第 5 条にも同様の規定が設けられています。

注 3） 女性従業員労働保護特別規定の附録に、女性従業員が妊娠または授乳期間などにおいて従事が禁止される労働範囲の内訳が列挙されています。例えば、女性従業員が妊娠期間において従事が禁止される労働範囲として、①作業場所の空気中の有毒物質の濃度が国家の職業衛生基準を超える作業、②抗癌剤、ヘキセストロールの生産、麻酔ガスに接触するなどの作業、③所定の基準に該当する高所作業、冷水作業、低温作業、高温作業、騒音作業、強度の肉体労働などがあります。

注 4） 労働契約法第 48 条によれば、使用者が法に違反して労働者を解雇した場合において、労働者が労働契約の継続履行を要求するときは、使用者は引き続き履行しなければならず、労働者が労働契約の継続履行を要求せず、または労働契約の継続履行が既に不可能となったときは、使用者は労働契約法第 87 条により賠償金を支払わなければならないとされています。

地方規定に注目！

〈広東〉

広東省の「女性従業員労働保護特別規定」の実施弁法（2016 年施行）第 7 条

➡使用者は、女性従業員との労働契約または雇用契約において、女性従業員の結婚、出産等の合法的権益を制限することを約定してはならない。使用者は、性別を理由に、賃金の調整、昇進等において、女性従業員を差別または制限してはならない。

第 3 章

労働報酬と福利待遇

Chapter ❸ 劳动报酬和福利待遇

▶▶ Q3-1 月額賃金の支給期限

月額賃金制を採用している使用者は、毎月何日までに賃金を支給しなければなりませんか？

A 使用者は、労使双方間で約定した日に賃金を支給しなければなりません。一部の地方規定は月額賃金の支給期限を定めていますので、当該地方の範囲内では労使双方間で賃金の支給日を約定する際、地方の関連規定を適用する必要があります。

解 説 ‖‖‖

賃金支払暫定規定（労部発［1994］489 号、1995 年 1 月施行）第 7 条によれば、賃金は必ず使用者と労働者が約定した日に支給されなければならず、賃金支給日が法定祝祭日または休日と重なる場合は、直近の勤務日に繰り上げて支給しなければならないとされます。

また、賃金は少なくとも毎月一度支給されなければならず、週給制、日給制、時間給制を実行する場合は週単位、日単位、時間単位で賃金を支給することができます。

ただし、一部の地方規定は月額賃金の支給期限を定めていますので、使用者が当該地方に所在する場合は、当該地方の関連規定を適用する必要があります。

地方規定に注目！

〈広東〉
広東省賃金支払条例（2016 改正施行）第 12 条＊
➡使用者と労働者は、労働契約において賃金の支払周期及び支給日を明確に約定しなければならない。使用者は約定した期日に従い労働者に対し賃金を支給するものとし、賃金支給日が法定祝祭日または休日と重なる場合は、直近の勤務日に繰り上げて支給しなければならない。

＊ 「広東省賃金支払条例改正意見募集稿（2015）」の段階では、「労使双方間で約定した月額賃金の支給期限は翌月の 10 日を過ぎてはならない」という改正意見がありましたが、当該意

見は2016年9月に改正施行された「広東省賃金支払条例」で結果的に採用されませんでした。

同第45条（著者抜粋整理）
➡賃金の不払い、賃金のピンハネのため、人力資源社会保障部門によってブラックリストに載せられた使用者については、その信用喪失記録を企業信用情報公示システムなどに記録する他、政府による調達プロジェクト、入札の実施、生産許可、融資・貸付、市場参入の許可など多方面にわたり厳しく制限する。

深圳市従業員賃金支払条例（2009改正施行）第11条
➡賃金の支払周期が1か月を超えない場合、約定した賃金支給日は、当該支払周期が満了してから7日目を過ぎてはならない。賃金の支払周期が1か月超1年未満の場合、約定した賃金支給日は、当該支払周期が満了してから1か月を過ぎてはならない。賃金の支払周期が1年または1年以上の場合、約定した賃金支給日は、当該支払周期が満了してから6か月を過ぎてはならない。賃金支給日が法定祝祭日または休日と重なる場合は、それ以前の勤務日に支給しなければならない。

〈北京〉
北京高院会議紀要（2009）第18条
➡賃金の精算支払周期が満了した後、使用者は労働者と約定した期日内に賃金を支給しなければならず、遅くとも支払いを約定した期日から7日を過ぎてはならない。賃金支給日が法定祝祭日または休日と重なる場合は、直近の勤務日に繰り上げて支払わなければならない。

〈上海〉
上海市企業賃金支払弁法（2016）第6条
➡企業は毎月少なくとも一度賃金を支給しなければならず、賃金支給の具体的な期日は企業と労働者が約定する。賃金の支給日が法定祝祭日または休日と重なる場合、銀行振込により賃金を支給するときは賃金の振込を遅延してはならず、現金で賃金を支給するときは直近の勤務日に繰り上げて支払わなければならない。

年俸制を実施する労働者または考課の周期に応じて賃金を精算支給する労働者について、企業は毎月最低賃金を下回らない基準で賃金を前払いし、年末または考課の周期が満了するときに精算をしなければならない。

〈江蘇〉
江蘇省賃金支払条例（2010改正施行）第14条
➡使用者は労働者と約定した期日に賃金を支給しなければならない。賃金の支給日を約定していない場合、使用者が規定する期日に従い賃金を支給する。

賃金の支払日が法定祝祭日または休日と重なる場合、その前の勤務日に繰り上げて支給しなければならない。

> 最低賃金基準には使用者が源泉徴収する労働者個人が納付すべき社
> 会保険及び住宅積立金部分が含まれるのでしょうか？

A 　最低賃金基準に使用者が源泉徴収する労働者個人が納付すべき社会
保険及び住宅積立金部分が含まれるか否かについて、各地方の取り
扱いは統一されていないため、使用者所在地の関連規定に注意する必要が
あります。

解　説 ⫶⫶

（1）　最低賃金に関する規定

　最低賃金規定（労働及び社会保障部令第 21 号、2004 年 3 月施行）第 3 条によれば、
「最低賃金基準」とは、労働者が法定の労働時間または法により締結した労働
契約に約定された労働時間において正常な労働を提供したことを前提に、使用
者が法により支払うべき最低限の労働報酬を指すとされます（1 項）。

　「正常な労働」とは、労働者が法により締結した労働契約の約定に従い、法
定の労働時間または労働契約に約定された労働時間において従事する労働を指
し、労働者が法により取得する年次有給休暇、帰省休暇、慶弔休暇、出産休暇
等の国が定める休暇期間、並びに法定の労働時間内において法に基づき参加す
る社会活動期間[注1]は、正常な労働を提供したものとみなされます（同 2 項）。

　また、労働法意見（1995）第 54 条によれば、「最低賃金」とは、労働者が法
定の労働時間内に通常の労働義務を履行することを前提とし、その使用者が支
払う最低労働報酬を指し、最低賃金には、時間外労働手当、通貨形式で支払う
住宅手当及び使用者が支給する食事手当、遅番、夜勤、高温、低温、坑内、有
毒、有害等の特殊な労働環境及び労働条件での手当、国の法律、法規、規則が
定める**社会保険福利給付は含まれない**とされます[注2]。

月額最低賃金基準を確定及び調整する際は、現地の就業者及びその扶養人口の最低生活費用、都市住民消費価格指数、従業員個人の納付する社会保険料と住宅積立金、従業員平均賃金、経済発展水準、就業状況などの要素を参考にしなければなりません（最低賃金規定（労働及び社会保障部令第 21 号、2004 年 3 月施行）第 6 条 1 項）。

　労働契約法第 85 条によれば、使用者が現地の最低賃金基準を下回って労働者に対し賃金を支払う場合には、使用者はその差額分を支払わなければならず、期限が過ぎても支払わない場合は、支払うべき金額の 50％以上 100％以下の基準で労働者に対し賠償金を追加で支払うよう、労働行政部門が使用者に命じるとされています（➡ Q3-3 参照）。

(2)　最低賃金基準には使用者が源泉徴収する労働者個人が納付すべき社会保険及び住宅積立金部分が含まれるか──各地方の異なる取り扱い

　使用者と労働者が参加すべき社会保険の納付費用には、使用者が負担すべき部分と、使用者が労働者のために源泉徴収する労働者個人が納付すべき部分が含まれます。

　最低賃金基準に使用者が源泉徴収する労働者個人が納付すべき社会保険及び住宅積立金部分が含まれるか否かについて、**下表**のとおり各地方の取り扱いは統一されていないのが現状です。

各地の取り扱いの違い

適用地域	最低賃金基準に使用者が源泉徴収する労働者個人が納付すべき**社会保険料**が含まれるか否か？	最低賃金基準には使用者が源泉徴収する労働者個人が納付すべき**住宅積立金部分**が含まれるか否か？
北京[1]	労働者個人が納付すべき各種社会保険費用及び住宅積立金は、最低賃金基準の構成部分とはならず、使用者は規定に従い別途支給しなければならない。	
上海[2]	労働者個人が法により納付する社会保険費用及び住宅積立金は、最低賃金の構成部分とはならず、使用者が別途支給する。	
安徽[3]	使用者と労働者個人が法により納付する社会保険費用及び住宅積立金は、最低賃金に計上しない。	
江蘇[4]	含まれる。 （現地政府部門への電話、照会の結果に基づく）	労働者が最低基準（下限）に基づき納付した住宅積立金は、最低賃金の構成部分とはならず、使用者は規定に従い別途支払わなければならない。

広州[5]	使用者が源泉徴収した社会保険の個人負担分の費用は労働者の最低賃金に含まれる。	含まれる。 （明文の規定はないが、「含まれる」と解されている）
深圳[6]	労働者個人が納付すべき社会保険及び住宅積立金部分は労働者の最低賃金に含まれる。 （現地政府部門への電話照会の結果に基づく）	
河北[7]	最低賃金基準に計上する項目には、規定により労働者個人が納付すべき養老保険、失業保険、医療保険及び住宅積立金が含まれ、規定により使用者が労働者のために納付すべき養老保険、労災保険、失業保険、医療保険、生育保険及び住宅積立金は含まれない。	

1　北京市 2017 年最低賃金基準の調整に関する通知（京人社労発［2017］149 号、2017 年 9 月施行）第 1 条。
2　上海市人力資源及び社会保障局の本市最低賃金基準の調整に関する通知（［2017］12 号）第 1 条。
3　安徽省最低賃金規定（2017）第 10 条。
4　江蘇省人力資源及び社会保障庁による全省最低賃金基準の調整に関する通知（蘇人社発［2017］204 号、2017 年 7 月施行）第 2 条。
5　広州市中級人民法院民事裁判における若干の問題に対する解答（2010 年 4 月）第三部分第 20 条。
6　深圳市従業員賃金支払条例（2009 改正施行）第 3 条によれば、法律、法規、規則の規定に従い、使用者が負担するまたは従業員に支給する社会保険費用、福利費用などは賃金に含まれないとされています。
7　河北省人社庁の 2016 年最低賃金基準の調整に関する通知（冀人社字［2016］108 号）第 3 条。

　最低賃金基準は、時間外労働手当の計算基数や社会保険の納付基数など、使用者のコストに密接に関係しています。上記のように、最低賃金の構成部分に対する各地方の取り扱いが一致してないことから、使用者所在地の関連規定と実務慣行には特に留意する必要があります。

⚖️

注 1）　「社会活動期間」とは、①法により選挙権または被選挙権の行使、②人民代表大会代表が法により職責の履行、③政府、党派及び労働組合などが召集した会議への出席、④人民陪審員として審判活動への参加などの期間を指します。

注 2）　最低賃金規定（労働及び社会保障部令第 21 号、2004 年 3 月施行）第 12 条 1 項でも同様の規定を設けています。

Q 3-3　支払期限を過ぎた労働報酬の支払いと労働報酬支払いの拒否

支払期限を過ぎて労働報酬を支払う場合と労働報酬の支払いを拒否する場合とでは、使用者の負うべき法的責任に違いがありますか？

A 使用者が支払期限を過ぎて労働報酬を支払う場合、労働行政部門は使用者に対し期限を指定して支払うよう命じることができ、使用者が期限を過ぎてもなお支払わない場合、労働行政部門は使用者に対し未払い賃金の50％以上100％以下の基準で賠償金を労働者に追加で支払うよう命じることができます。

　使用者が労働報酬の支払いを拒否する場合、その金額が比較的大きく、労働行政部門により支払いを命じられてもなお支払わない場合、使用者及び主要管理責任者等は刑事責任を追及される可能性があります。

Q 3-3　支払期限を過ぎた労働報酬の支払いと労働報酬支払いの拒否

解　説

(1)　使用者が支払期限を過ぎて労働報酬を支払う場合

① 　賃金支給日の延長に関する規定

　使用者は生産経営が困難に陥り、約定した賃金支給日に賃金を支払うことができない場合、必要となる手続を経て、賃金の支給日を延長することができます。

　一部地方の関連規定は**次頁の表**のとおりになります。

② 　使用者の法的責任に関する規定

　使用者が労働報酬の支払いを遅滞しまたは労働報酬を金額とおりに支払わない場合、労働者は法により現地の人民法院に支払命令を申し立てることができ、人民法院は法により支払命令を出さなければなりません（労働契約法第30条2項。➡ Q3-5 参照）。

　労働契約法第85条によれば、使用者が労働契約の約定または国の規定に基

適用地域	延長事由	延長手続	延長期間
深圳 [1]	使用者側の都合（中国語：**因故**）により賃金支給日に賃金を支払えない場合	—	5日
	生産経営上の困難により5日以上の延長が必要な場合	労働組合または労働者本人の書面同意を得る。	最長で15日を超えない
珠海 [2]	確かに生産経営が困難に陥り、資金繰りが影響を受け、一時的に期日どおりに賃金を支払えない場合	労働組合または従業員代表との合意を経る。労働保障部門に報告する。	15日以内に延長可
北京 [3]	生産経営が困難に陥り、一時的に期日どおりに賃金を支払えない場合	労働者に状況を説明する。労働組合または従業員代表との合意を経る。	最長で30日を超えない
上海 [4]	確かに生産経営が困難に陥り、資金繰りが影響を受け、一時的に期日どおりに賃金を支払えない場合	労働組合または従業員代表との合意を経る。労働者全員に対し延長期間を告知する。	1か月以内に延長可
江蘇 [5]	確かに生産経営が困難に陥り、資金繰りが深刻な影響を受け、約定した期日どおりに賃金を支払えない場合	労働者に対し書面で状況を説明する。労働組合または従業員代表大会（従業員大会）の同意を得る。	最長で30日を超えない

1　深圳市従業員賃金支払条例（2009改正施行）第12条。
2　珠海市企業賃金支払条例（2010改正施行）第12条。
3　北京市賃金支払規定（2007改正施行）第26条。
4　上海市企業賃金支払弁法（2016）第10条。
5　江蘇省賃金支払条例（2010改正施行）第40条。

づき労働者に対し遅滞なく満額で労働報酬を支払わない場合、現地の最低賃金基準を下回って労働者に対し賃金を支払う場合や、時間外労働を手配したが時間外労働手当を支払わない場合などには、労働行政部門は期限を定めて労働報酬、時間外労働手当を支払うよう命じるとされており、労働報酬が現地の最低賃金基準を下回る場合、使用者はその差額分を支払わなければならず、期限が過ぎても支払わない場合は、支払うべき金額の50％以上100％以下の基準で労働者に対し賠償金を追加で支払うよう使用者に命じるとされています。

(2)　使用者が労働報酬の支払いを拒否する場合

　刑法第276条の1（**労働報酬支払拒絶罪**）によれば、財産の移転、逃匿等の方法により労働者の労働報酬の支払いを逃れ、または支払能力を有するにもかか

わらず労働者の労働報酬を支払わず、その金額が比較的大きく、政府関連部門
により支払いを命じられてもなお支払わない場合は、刑事責任を負わなければ
なりません（➡ Q3-4 参照）。

地方規定に注目！

〈広東〉

深圳経済特区企業賃金管理暫定規定（1992）第 76 条
➡使用者が労働者の賃金を期日どおりに支払わなかった場合、下記の各項
に従い処理する。
（一）使用者が賃金の支給日を過ぎて労働者の賃金を支払った場合、労働部門は当該使
用者に対し、約定した賃金支給日の 6 日目から、毎日、賃金未払い額の 1%を基準に
労働者の損害を賠償するよう命じる。
（二）使用者が労働者の賃金を期日どおりに支払わず、かつ賃金未払い期間が 30 日（30
日目は含まない）を超えた場合、前項の規定に従い処理する以外に、労働部門は使用
者の主要責任者に対し、賃金未払い額の 5%〜10%の罰金、直接責任者に対し、賃金
未払い額の 1%〜5%の罰金に処する。

深圳市従業員賃金支払条例（2009 改正施行）第 56 条
➡使用者が下記いずれかの事由に該当する場合、労働保障部門は期限を定めて是正を命
じる。期限を過ぎても是正が見られない場合、情状の程度をみて 3 万元以上 5 万元以下
の罰金に処することができる。
（一）労働者に対する支払賃金が最低賃金を下回る場合
（二）労働者の賃金のピンハネ、または理由なく労働者の賃金を支払わない場合
（三）現物等現金以外の形式で労働者の賃金を支払う場合

〈江蘇〉

江蘇省賃金支払条例（2010 改正施行）第 36 条
➡使用者が期日どおりに満額で労働者に対し賃金を支給しない場合、支払いの遅延が発
生した日から 5 日以内に、県級の人力資源社会保障行政部門に書面で報告し、かつ処理
方案を提出しなければならない。

労働報酬支払拒絶罪の立件基準を教えてください。

A　労働報酬支払拒絶罪の立件基準に関しては、国と地方の規定がそれぞれあります。国の基準を下回らない前提で使用者所在地の規定を優先的に適用する必要があります。

解　説 ▌▌

　刑法第276条の1（**労働報酬支払拒絶罪**）によれば、財産の移転、逃匿（隠匿）等の方法により労働者の労働報酬の支払いを逃れ、または支払能力を有するにもかかわらず労働者の労働報酬を支払わず、その金額が比較的大きく、政府関連部門により支払いを命じられてもなお支払わない場合は、3年以下の有期懲役もしくは拘留（中国語：**拘役 jū yì**）に処し、罰金を併科または罰金のみを科し、重大な結果をもたらした場合には、3年以上7年以下の有期懲役に処し、罰金を併科するとされます（1項）。

　上記の規定により労働報酬支払拒絶罪は、次の3つの条件を同時に満たす必要があります。

① 　財産の移転、逃匿等の方法により労働者の労働報酬[注1]の支払いを逃れ[注2]、または支払能力を有するにもかかわらず労働者の労働報酬を支払わない。

② 　労働報酬の未払い金額が比較的大きい（**下表**参照）。

③ 　政府関連部門[注3]により支払いを命じられてもなお支払わない[注4]。

　また、使用者が労働報酬支払拒絶罪を犯した場合には、使用者に罰金を科し、かつその直接に責任を負う主管者及びその他の直接責任者は、上記の規定により処罰するとされます（刑法第276条の1第2項）。

　最高法院解釈（2013）第5条によれば、労働者の労働報酬の支払いを拒否し、

労働報酬支払拒絶罪の立件基準―国と地方の規定

適用地域	「金額が比較的大きい」基準
国家[1]	● 1名の労働者に対し3か月分以上の労働報酬の支払いを拒否し、かつその金額が5千元〜2万元以上の場合 ● 10名以上の労働者に対し労働報酬の支払いを拒否し、かつその金額が累計で3万元〜10万元以上の場合
広東[2]	● 広州、深圳、珠海、佛山、中山、東莞の6都市において、1名の労働者に対し3か月分以上の労働報酬の支払いを拒否し、かつその金額が累計で2万元以上の場合、または10名以上の労働者に対し労働報酬の支払を拒否し、かつその金額が累計で10万元以上の場合 ● 汕頭、韶関、河源、梅州、惠州、汕尾、江門、陽江、湛江、茂名、肇慶、清遠、潮州、揭陽、雲浮の15都市において、1名の労働者に対し3か月分以上の労働報酬の支払いを拒否し、かつその金額が累計で1万元以上の場合、または10名以上の労働者に対し労働報酬の支払いを拒否し、かつその金額が累計で6万元以上の場合
江蘇[3]	● 1名の労働者に対し3か月分以上の労働報酬の支払いを拒否し、かつその金額が1万元以上の場合 ● 10名以上の労働者に対し労働報酬の支払いを拒否し、かつその金額が累計で6万元以上の場合
浙江[4]	● 1名の労働者に対し3か月分以上の労働報酬の支払いを拒否し、かつその金額が1万元以上の場合 ● 10名以上の労働者に対し労働報酬の支払いを拒否し、かつその金額が累計で8万元以上の場合
重慶[5]	● 1名の労働者に対し3か月分以上の労働報酬の支払いを拒否し、かつその金額が1万元以上の場合 ● 10名以上の労働者に対し労働報酬の支払いを拒否し、かつその金額が累計で6万元以上の場合

1 最高法院解釈（2013）第3条。
2 広東省高級人民法院による労働報酬支払拒絶の刑事案件金額基準の確定に関する通知（粤高法発［2015］4号）第1条、第2条。
3 江蘇省高級人民法院による「我が省における労働報酬支払拒絶罪執行の金額基準に関する意見」の印刷・発行に関する通知（蘇高法［2014］11号）。
4 浙江省高級人民法院による「悪意ある賃金未払い犯罪行為の取締」ニュース発表会（2013年4月）。
5 重慶市高級人民法院による「労働報酬支払拒否案件の処理における実施意見」の印刷・発行に関する通知（渝人社発［2014］202号）第3条。

本解釈第3条の規定（表の「国家」基準を参照）に合致し、かつ下記いずれかの事由に該当する場合、刑法第276条の1第1項に規定する「重大な結果をもたらした場合」と認定しなければなりません。

① 労働者またはその扶養親族の基本的な生活に深刻な影響をもたらし、重大な疾病につき遅延なく治療することができなくなり、または学業の中断を余儀なくされた場合

② 労働報酬の支払いを要求した労働者に対して暴力を振るいまたは暴力で威嚇した場合

③ その他重大な結果をもたらした場合

使用者の行為が重大な結果をもたらしておらず、公訴を提起する前に労働者の労働報酬を支払い、かつ法に基づき相応の賠償責任を負う場合には、処罰を減軽しまたは免除することができます（刑法第276条の1第3項、最高法院解釈 (2013) 第6条）。

なお、労働報酬支払拒絶罪の立件基準に関しては、**表**でまとめたように、国と地方の規定とがそれぞれあり、国の基準を下回らない前提で使用者所在地の規定を優先的に適用する必要があります。

⚖️

注 1) ここでいう「労働報酬」には、賃金、賞与、手当、補助金、時間外労働手当及び特殊な状況下で支払われる賃金等が含まれます（最高法院解釈 (2013) 第1条）。

注 2) 最高法院解釈 (2013) 第2条によれば、「財産の移転、逃匿等の方法により労働者の労働報酬の支払を逃れた」ものと認定すべき事由として、財産の隠蔽、移転及び処分行為、逃亡、隠匿行為や、労働報酬に関連する書類の隠匿、廃棄、改ざん行為などがあるとされます。

注 3) 「政府関連部門」とは具体的に人力資源及び社会保障部門または労働法律法規の規定に関連する執行権を付与された政府のその他の職能部門を指します。

注 4) 政府関連部門による支払命令は使用者に送達されなければならず、行為者の逃匿等によって送達が困難な場合は、行為者の住所地、生産経営場所などに支払命令文書を貼りつけるなどの方法により支払いを命じ、かつ撮影、録画などの方法で記録したとき、「政府関連部門の支払命令を受けた」ものとみなされます（最高法院解釈 (2013) 第4条2項）。

Q3-5　使用者による労働報酬の支払義務不履行時の労働者の直接提訴権

使用者が労働者の賃金支給を遅延している場合、労働者は直接人民法院に対し訴訟を提起し未払賃金の支払いを請求することはできますか？

A 労働紛争は、まず労働契約履行地または使用者所在地の労働紛争仲裁委員会に対し労働仲裁を申し立て、当事者が仲裁裁決に不服である場合は人民法院に対し訴訟を提起するといった手順で処理するのが原則ですが、労働報酬の未払いに関する事件で、関連規定に定められた要件に合致する場合、当事者は労働紛争の処理における労働仲裁の手続を経ず、人民法院に対し直接訴訟を提起することができます。

解　説

(1)　労働紛争事件の処理における「仲裁前置」

使用者は、労働契約の約定及び国の規定に従い、労働者に対し遅滞なく満額で労働報酬を支払う義務を負っています（労働契約法第 30 条 1 項）。

労働法第 79 条[注1]によれば、労働紛争が生じた後、当事者は、使用者に労働紛争調停委員会が設置されている場合、当該委員会に調停を申し立てることができ、調停が成立しないときなどには、当事者の一方は労働紛争仲裁委員会に仲裁を申し立てることができます。

当事者の一方または双方が、調停を望んでいない場合などには、直接、労働紛争仲裁委員会に対し仲裁を申し立てることもできます。

当事者が仲裁裁決（**仲裁判断**）について不服がある場合は、人民法院に対し訴訟を提起することができます[注2]。

上記のように労働紛争は、まず労働契約履行地または使用者所在地の労働紛争仲裁委員会に対し労働仲裁を申し立て、当事者が仲裁裁決について不服があ

る場合は、人民法院に対し訴訟を提起するといった手順で処理するのが原則です（➡ Q11-10 参照）。

ただし、使用者が労働報酬の支払いを遅滞しまたは労働報酬の全額を支給してない場合、労働者は法により現地の人民法院に支払命令（中国語：**支付令 zhī fù lìng**）を出すよう申し立てることができ、人民法院は法により[注3]支払命令を出さなければなりません（労働契約法第 30 条 2 項）。

(2)　労働報酬の未払いに起因する労働紛争事件の特別処理

労働者が使用者の賃金未払証書を証拠に人民法院に直接訴訟を提起し、訴訟請求が労働関係のその他の紛争にかかわらない場合は、労働報酬支払遅延の紛争とみなし、人民法院は一般の民事紛争として受理することができます（労働紛争審理解釈（二）第 3 条）。

当事者が労働紛争調停委員会の主宰のもとで労働報酬の紛争についてのみ調停の合意[注4]に達したが、使用者が調停合意によって確定された給付義務を履行せず、労働者が人民法院に直接提訴した場合、人民法院は一般の民事紛争として受理することができます（労働紛争審理解釈（二）第 17 条 2 項）。

つまり、労働報酬の未払いに起因する労働紛争事件で、①使用者の賃金未払証書を証拠に人民法院に直接訴訟を提起し、訴訟請求が労働関係のその他の紛争にかかわらない場合、②使用者が、労働紛争調停委員会の主宰のもとで当事者間で達した調停の合意によって確定された給付義務を履行しない場合、当事者は労働紛争の処理における労働仲裁の手続を経ず、人民法院に対し直接訴訟を提起することができ、人民法院は一般の民事紛争として受理することができます。

⚖️

注 1)　労働紛争調解仲裁法第 5 条にも同様の規定が設けられています。

注 2)　仲裁判断が最終的な判断となる労働紛争については Q11-9 を参照してください。

注 3)　民事訴訟法第 214 条によれば、債権者と債務者の間にその他の債務紛争がない場合と支払命令を債務者に送達することが可能な場合に、債権者は金銭給付事項につき、管轄権を有する基層人民法院に支払命令の発行を申請することができるとされています。

注 4)　労働紛争調停委員会の主宰のもとで当事者間で達した調停の合意は、労働契約に類する拘束力を有し、人民法院の裁判での根拠とすることができるとされます（労働紛争審理解釈（二）第

17条1項）。

地方規定に注目！

〈広東〉

広東高院指導意見（2002）第4条

➡当事者が労働紛争の処理におけるプロセスを減らすため、労働報酬紛争を債務紛争に、労災事故紛争を損害賠償紛争に変更するなど、給付内容に関する労働紛争事件の原因を変更して、人民法院に直接訴訟を提起した場合、人民法院は「労働法」第79条の規定に基づきこれを受理せず、当事者に対しまず労働紛争仲裁委員会に仲裁を申し立てるよう告知しなければならない。

労働者と使用者が、双方の労働紛争について明確な賠償または補償合意に達し、その後、当該合意内容に基づく金銭の支払いゆえに紛争が発生し、労働者が債務紛争として人民法院に訴訟を提起した場合、人民法院はこれを受理することができる。

深圳中院裁判手引き（2015）第8条

➡当事者が労働紛争の処理におけるプロセスを減らすため、労働報酬紛争を債務紛争に、労災事故紛争を損害賠償紛争に変更するなど、給付内容に関する労働紛争事件の原因を変更して、人民法院に直接訴訟を提起した場合、人民法院は「労働法」第79条の規定に基づきこれを受理せず、当事者に対しまず労働紛争仲裁委員会に仲裁を申し立てるよう告知しなければならない。

労働者と使用者が、双方の労働紛争について明確な賠償または補償合意に達し、その後、当該合意内容に基づく金銭の支払いゆえに紛争が発生し、労働者が債務紛争として人民法院に訴訟を提起した場合、または労働者が使用者の賃金未払証書を証拠に人民法院に直接訴訟を提起し、訴訟請求が労働関係のその他の紛争にかかわらない場合、一般の民事紛争としてこれを受理することができる。

〈浙江〉

浙江高院意見（2009）第27条

➡人民法院が督促手続の終了を裁定した後、労働者は、労働紛争事項についてまず労働紛争仲裁委員会に仲裁を申し立てなければならない。ただし、労働紛争審理解釈（二）第3条、第17条2項の規定に該当する場合、または使用者による労働報酬の支払遅延を証明する証拠があり、かつ訴訟請求が労働関係のその他の紛争にかかわらない場合、労働者は人民法院に直接訴訟を提起することができ、人民法院は一般の民事紛争として受理しなければならない。

〈江蘇〉

江蘇高院指導意見（2011）第23条2項

➡当事者間で、労働紛争調停組織の主宰のもとで、労働報酬の紛争についてのみ調停合意に達したが、使用者が当該調停合意によって確定された給付義務を履行せず、労働者が人民法院に直接訴訟を提起した場合、一般の民事紛争として受理する。

 **Q3-6** 月額賃金に時間外労働手当が含まれる との約定は有効か？

労使双方間で、月額賃金に時間外労働手当が含まれると約定した場合、当該約定は有効ですか？

A 労働法第 41 条の規定により、1 か月の時間外労働時間が 36 時間を超えない範囲において、労使双方間で、月額賃金に時間外労働手当が含まれると約定した場合、当該月額賃金における通常勤務時間の賃金が最低賃金基準を下回らない限り、当該約定は有効と認定されます。ただし、時間外労働時間の管理が徹底しておらず、使用者が時間外労働時間について証明することができない場合は、労働者から所定の時間外労働時間を超えたと主張された分について別途時間外労働手当を支払うよう命じられる可能性があります。

解　説 ||||||||||||||||||||||||||||||||||||||||||||||||||||||||||||||||||||||||||||||||||||||

(1)　労使間で約定がある場合

労働法第 41 条の規定によれば、労働時間の延長を必要とする場合は、労働者の身体の健康を保障するという条件のもとで、1 日につき 3 時間を超えない範囲で労働時間を延長することができますが、1 か月に 36 時間を超えてはならないとされます。

すなわち、労使双方間で、1 か月の時間外労働時間が 36 時間を超えない範囲において、月額賃金には時間外労働手当が含まれると約定した場合、当該月額賃金における通常勤務時間の賃金が最低賃金基準を下回らない限り、当該約定は有効と認定されます。

(2)　労使間で約定がない場合

労使双方間で、労働者の月額賃金に時間外労働手当が含まれているか否かに

ついては約定していないが、月額賃金には通常勤務時間の賃金と時間外労働賃金が含まれていることを証明する証拠が使用者にある場合、月額賃金には時間外労働手当が含まれているものと認定することができます。ただし、換算した後の通常勤務時間の賃金が使用者所在地の最低賃金基準を下回る場合は除外されます（最高法院会議紀要（2011）第57条）。

(3) 実務上の留意点

使用者と管理職、技術職などの労働者との間で、当該労働者の月額賃金には、例えば30時間分（**所定の時間外労働時間**）の時間外労働手当が含まれ、所定の時間外労働時間の範囲では月額賃金のみを支給し、時間外労働手当は別途支給しないといった約定を交わしたケースにおいて、以下に掲げる問題が生じる可能性がありますので注意が必要です。

① 実際の1か月の時間外労働時間が所定の時間外労働時間を超えた場合はどのように処理すべきか？

1か月の時間外労働時間が所定の時間外労働時間を超えた分については、別途時間外労働手当を支払う必要があります。

② 実際の1か月の時間外労働時間が所定の時間外労働時間を超えていないものの、使用者の時間外労働時間の管理が徹底していないため、使用者が実際の時間外労働時間について証明することができない場合、労働者から所定の時間外労働時間を超えたと主張された分については別途時間外労働手当を支払わなければならないか？

労働者から所定の時間外労働時間を超えたと主張された分については、別途時間外労働手当を支払うよう命じられる可能性があることから、使用者は時間外労働時間の管理台帳を備え付けて、月額賃金の構成項目とその金額、通常勤務時間の賃金（**時間外労働手当の計算基数**）及び通常勤務時間と時間外労働時間の明細などの内容を記録し、毎月労働者に賃金を支給する際、内容を確認させ、かつ労働者に署名してもらうことが望まれます。

③ 労使双方間で約定した月額賃金における通常勤務時間の賃金が最低賃金基準を下回る場合はどのように処理すべきか？

労使双方間で約定した月額賃金における通常勤務時間の賃金が最低賃金基準

を下回る場合は、使用者所在地の最低賃金基準に基づいて、労働者に対し差額分を支払う必要があります。

地方規定に注目！

〈広東〉

広東高院指導意見（2008）第 27 条

➡使用者は労働者との間で、書面により実際に支給する賃金に時間外労働手当が含まれているか否かについて約定していないものの、支給済みの賃金には通常勤務時間の賃金と時間外労働賃金が含まれていることを証明する証拠が使用者にある場合、使用者の支給済みの賃金には時間外労働手当が含まれているものと認定することができる。ただし、換算した後の通常勤務時間の賃金が現地の最低賃金基準を下回る場合は除外する。

深圳中院裁判手引き（2015）第 62 条

➡労使双方間で労働契約を締結する時に約定した賃金において「時間外労働手当が既に含まれている」と明記し、または書面により実際に支給する賃金に時間外労働手当が含まれているか否かについて約定していないものの、支給済みの賃金には通常勤務時間の賃金と時間外労働賃金が含まれていることを証明する証拠が使用者にある場合、労働者の時間給の計算式は以下のとおりである。

時間給＝約定した賃金÷（21.75日×8時間＋賃金に含まれていると約定した平日（勤務日）の時間外労働時間数×150％＋賃金に含まれていると約定した休日の時間外労働時間数×200％＋賃金に含まれていると約定した法定祝祭日の時間外労働時間数×300％）。

上述の計算式により算出した労働者の時間給が現地の最低賃金基準を下回る場合、当該約定は無効である。労働者の賃金は最低賃金基準を基本賃金としなければならず、法定の勤務時間を超過する時間は時間外労働時間であり、時間外労働手当は最低賃金基準をもって法律が規定する基準に従い計算しなければならない。

〈江蘇〉

江蘇高院指導意見（2011）第 8 条

➡高級管理職と使用者との間に、時間外労働手当の紛争が発生し、使用者が不定時勤務制の審査・批准手続を行っていないものの、高級管理職の業務の性質、勤務部署が不定時勤務制の特徴に合致し、標準勤務時間制に基づき時間外労働手当を計算することが明らかに不合理であり、または勤務時間につき標準勤務時間制に基づき計算することができない場合、高級管理職に対し不定時勤務制を実行しているものと認定することができ、当該高級管理職による時間外労働手当の支払請求は支持しない。

> 時間外労働手当の計算基数はどのように確定しますか？　時間外労働手当に係る仲裁時効はどのくらいですか？

A 　使用者は労働者との間で時間外労働手当の計算基数を約定することができます。ただし、労使双方間で約定した時間外労働手当の計算基数は使用者所在地の最低賃金基準を下回ってはなりません。

　労働関係の存続期間中に、時間外労働手当の支払遅延に起因して紛争が生じた場合は、1年の仲裁時効期間の制限を受けません。ただし、労働関係が終了した場合は、労働関係の終了日から1年以内に労働仲裁を申し立てなければなりません。

解　説 ||||||||||||||||||||||||||||||||||||||||||||||||||||||||||||||||||||||||||||||||||||||||

(1)　時間外労働手当の計算基数

① 　労使間で約定がある場合

　労使双方間で、通常勤務時間の月額賃金について約定している場合、当該月額賃金を時間外労働手当の計算基数として確定します。ただし、労使双方間で約定した時間外労働手当の計算基数は使用者所在地の最低賃金基準を下回ってはなりません（➡ Q3-6 参照）。

　労働者が通常の労働を提供した状況において、使用者から実際に支給された賃金が、労働契約で約定した賃金基準を上回る場合、労使双方間で賃金基準の変更について合意したものと見なすことができ、実際に支給した賃金を時間外労働手当の計算基数とする必要があります。また、使用者が実際に支給した賃金が、労働契約で約定した賃金基準を下回る場合、労使双方間で賃金基準の変更について合意したものと見なすことができるときは、実際に支給した賃金を時間外労働手当の計算基数とする必要があります（北京高院解答 (2017) 第22条(2)）。

② 労使間で約定がない場合

労使双方間で、通常勤務時間の月額賃金について約定していない場合、時間外労働手当の計算基数の確定について、以下の2つの見解があります（最高法院会議紀要（2011）第57条）。

1つは、労働者の時間外労働手当の計算基数は、労働者が得るべき賃金であり、時間給または出来高による賃金及び賞与、手当、補助金等の金銭収入を含むとする見解です。

もう1つは、労働契約法第18条の規定（**労働契約の約定が不明確な場合の処理方法**）に従い、通常勤務時間の月額賃金を確定し、当該月額賃金を時間外労働手当の計算基数とする見解です。

この2番目の見解によれば、労働契約法第18条によっても依然として通常勤務時間の月額賃金を確定できない場合は、時間外労働手当の計算基数は、労働者が実際に受領した月額収入から賞与、福祉給付等の項目を控除した後の通常勤務時間の月額賃金に応じて確定することができます。

ただし、地方規定（下記「地方規定」参照）に別段の定めがある場合は、当該地方に所在する使用者はその規定に従う必要があります。

(2) 時間外労働手当の計算方法

労働法第44条、賃金支払暫定規定（労部発［1994］489号、1995年1月施行）第13条によれば、法定の標準勤務時間以外で、労働者に労働時間の延長を手配する場合は、以下の基準に従い賃金を支給しなければなりません。

平日1日当たりの時間外労働手当の計算式：
月額賃金 ÷ 21.75 × 150%
平日1時間当たりの時間外労働手当の計算式：
月額賃金 ÷ 21.75 ÷ 8時間 × 150%
土日1日当たりの時間外労働手当の計算式：
月額賃金 ÷ 21.75 × 200%
土日1時間当たりの時間外労働手当の計算式：
月額賃金 ÷ 21.75 ÷ 8時間 × 200%

法定祝祭日1日当たりの時間外労働手当の計算式：

月額賃金÷ 21.75 × 300％

法定祝祭日1時間当たりの時間外労働手当の計算式：

月額賃金÷ 21.75 ÷ 8 時間× 300％

上記の計算式で引用した 21.75（日）は、1 年 365 日から、土日の休日 104 日を控除した後の日数から 12 か月を割って算出した月額賃金の計算日数であり（21.75（日）＝（365 日− 104 日（土日））÷ 12 か月）、国が規定する法定祝祭日の 11 日[注1] は、労働法第 51 条の規定（**法定休日等における賃金支払い**）により使用者は賃金を支給しなければならないことから、月額賃金の計算日数を算出する際、当該 11 日は 365 日から控除してはならないことになります。

国が規定する法定祝祭日に労働者に時間外労働を手配した場合は、当該法定祝祭日に労働者が受領すべき賃金とは別途、使用者は労働者の時間外労働時間に応じて 300％分の時間外労働手当を支払わなければなりません。すなわち、法定祝祭日は有給休暇であるため、法定祝祭日における時間外労働手当には労働者の通常勤務時間の賃金が含まれていません。

(3) 時間外労働手当の仲裁時効

① 仲裁時効

労働争議調解仲裁法第 27 条 1 項によれば、労働紛争の仲裁申立の時効期間は 1 年であり、仲裁時効期間は、当事者がその権利が侵害されていることを知り、または知り得べき日から起算するとされます。

労働関係の存続期間中に、時間外労働手当の支払遅延に起因して紛争が生じた場合は、1 年の仲裁時効期間の制限を受けません。ただし、労働関係が終了した場合は、労働関係の終了日から 1 年以内に労働仲裁を申し立てなければなりません（同 4 項）。

使用者が仲裁段階で時効の抗弁を提出せず、仲裁機関が仲裁判断を下した後、訴訟段階で「仲裁時効の超過」を理由に抗弁を提出した場合は、人民法院はこれを認めないとされるため（最高人民法院 2015 年全国民事審判工作会議紀要第 54 条）、注意が必要です。

② 証明責任

　労働争議調解仲裁法第6条は、労使間紛争の事実に関する証拠を保有・管理する使用者にその提供義務を負わせ、これを拒否する場合、使用者に不利な判断を下す旨を定めています。

　また、賃金支払暫定規定（労部発［1994］489号、1995年1月施行）第6条3項の規定により、使用者は労働者に対し賃金を支払った金額、時間、受領者の氏名及びその署名を書面で記録し、かつ2年以上保存して審査に備えなければなりません。

　すなわち、使用者は労働者との間で時間外労働手当の支払いに起因して紛争が生じた場合、2年の保存期間においては、使用者が労働報酬の支払いに関する証明責任を負わなければなりません。

　労働者が2年以上前の時間外労働手当の支払いを主張するには、労働者自ら時間外労働の事実の存在について証明責任を負わなければならず、当該立証責任を履行することができない場合は、労働者が立証不能の不利な結果を負うことになります。

　ただし、労働者が時間外労働の事実の存在に関する証拠を使用者が有していることを証明できる証拠を有し、使用者がこれを提供しない場合は、使用者が不利な結果を負うことになります（労働紛争審理解釈（三）第9条）。

注1）　全国年間祝日及び記念日休暇弁法（2013年改正施行）第2条によれば、祝祭日は、元旦1日、春節3日、清明節1日、メーデー1日、端午節1日、中秋節1日、国慶節3日となっています。

地方規定に注目！

時間外労働手当の計算基数
〈広東〉
広東高院指導意見（2008）第28条
➡労働者の時間外労働手当の計算基数は、通常勤務時間の賃金である。労使双方間で、賞与、手当、補助金等の項目は通常勤務時間の賃金に含まれないと約定している場合はその約定に従う。ただし、労使双方間で約定した通常勤務時間の賃金が現地の最低賃金基準を下回る場合は除外する。

深圳中院裁判手引き（2015）第61条
　使用者が「労働法」第44条の規定*に従い、労働者に対し時間外労働手当を支給しなければならない場合、労働者の時間外労働手当の計算基数は通常勤務時間の賃金としな

けれ␣ばならない。労使双方間で、賞与、手当、補助金等の項目は通常勤務時間の賃金に含まれないと約定している場合はその約定に従う。ただし、労使双方間で約定した通常勤務時間の賃金が現地の最低賃金基準を下回る場合は除外する。

　労使双方が労働契約において時間外労働手当の計算基数を約定している場合、または賃金明細表から時間外労働手当の計算基数を確認することができ、かつ使用者も確かに当該計算基数に基づき労働者の時間外労働手当を支給しており、同時にこれを基に賃金明細表を作成し、当該賃金明細表につき労働者の確認と署名を経ている場合、労使双方間の約定が最低賃金基準を下回らないときは、労使双方間で時間外労働手当の計算基数について既に約定しているものと認定することができる。使用者が当該計算基数に基づいて労働者の賃金を計算、支給することが、法律に規定された時間外労働手当の計算基準に合致する場合、使用者は既に満額で時間外労働手当を支給したものと認定しなければならない。

＊　労働法第44条では、時間外労働手当の支給比率基準（平日の勤務日は150%、土日の休日は200%、法定祝祭日は300%）を定めています。

〈北京〉

北京高院解答（2017）第22条⑴、⑶（著者抜粋整理）
➡労使双方が労働契約において、時間外労働手当の計算基数について約定している場合はその約定に従う。

　労働契約において賃金の額を明確に約定していない場合、または契約の約定が不明確である場合、実際に支給した賃金を時間外労働手当の計算基数としなければならない。使用者が月ごとに直接従業員に支給する賃金、賞与、手当、補助金等は全て実際に支給した賃金に含まれる。時間外労働手当の計算基数は、「基本給」、「職場手当」等全ての賃金項目を含めなければならず、「基本給」、「職場手当」または「職務給」の単独の一項目を時間外労働手当の計算基数とすることはできない。実際に支給した賃金を時間外労働報酬の計算基数とする場合、時間外労働手当（前月分）、食事補助等は控除しなければならず、時間外労働手当の計算基数の範囲に計上してはならない。

〈上海〉

上海高院調研指導（2010）第2条3項
時間外労働手当の計算基数の確定に関する問題（著者抜粋整理）
➡労使双方間で約定した「通常勤務時間の賃金」の基準が明らかに不合理であり、または使用者が、通常勤務時間の賃金額を減らして計算するという目的を達成するために、悪意で本来であれば通常勤務時間の賃金として計上すべき項目を特別賞与（中国語：非常規性奨金）、福祉給付等の項目に振り分けたものと証明できる証拠がある場合は、実際の収入×70%の基準を参照して適宜調整を行うことができる。

　上述の原則に基づき確定した時間外労働手当の計算基数は、いずれも現地の最低月額賃金基準を下回ってはならない。

上海市企業賃金支払弁法（2016）第9条1項、2項
➡使用者が労働者に時間外労働を手配する場合、規定に従い時間外労働手当を支払わなければならない。労働者が法により慶弔休暇、帰省休暇、病気休暇等の休暇を取得する期間において、使用者は規定に従い休暇中の賃金を支給しなければならない。

　時間外労働手当と休暇中の賃金の計算基数は、労働者がその勤務部署（職場）において通常出勤した場合の月額賃金であり、年末賞与、通勤交通費補助、食事補助、住宅補助、

遅番・夜勤の手当、夏季高温手当、時間外労働手当等の特殊な状況下で支給される賃金は含まれない。

時間外労働手当の仲裁時効

地方規定に注目！

〈広東〉
広東高院指導意見（2008）第 29 条 2 項
➡労働者が 2 年前に遡って時間外労働手当の支払いを要求するには、原則労働者が立証責任を負う。2 年を超過する部分の時間外労働手当の金額が確かに調査・証明できない場合、2 年を超過する部分の時間外労働手当の支払要求は一般的に保護されない。

〈北京〉
北京高院会議紀要（2009）第 17 条
➡使用者は、賃金の支払周期に応じて賃金支払記録表を編制し、審査に備えて少なくとも 2 年保管しなければならない。労使双方間で労働報酬の問題に起因して紛争が発生した場合、2 年の保管期間内においては、使用者が立証責任を負う。2 年を超える期間においては、「主張した者が立証責任を負う」という証明責任の分配原則を適用しなければならない。ここでいう「2 年」とは、労働者が仲裁を申し立てた日から、前に 2 年間遡ることを指す。

Q3-8 業務停止・操業停止期間における賃金支給

使用者側の都合など労働者以外の原因により、業務停止または操業停止を決定した場合、当該業務停止または操業停止期間における労働者の賃金や福利厚生待遇はどうなるのでしょうか？

A 労働者以外の原因により、業務停止または操業停止となった場合、業務停止または操業停止の期間の長さ、労働者が当該業務停止または操業停止期間において正常な労働^{注1)}を提供したか否かによって、使用者の労働者に対する賃金などの支給基準は異なります。

解 説

使用者側の都合など労働者以外の原因により業務停止または操業停止を決定した場合、業務停止または操業停止期間における労働者の賃金や福利厚生待遇の支給基準は、**下表**でまとめたように、業務停止または操業停止の期間の長さ、労働者が当該業務停止または操業停止期間において正常な労働を提供したか否かによって、使用者の労働者に対する賃金などの支給基準は異なります。

労働者以外の原因による業務停止・操業停止期間中の賃金支給基準

	業務停止・操業停止期間が1つの賃金支払周期内にある場合	業務停止・操業停止期間が1つの賃金支払周期を超え、労働者が正常な労働を提供した場合／使用者が労働者に業務を手配した場合	業務停止・操業停止期間が1つの賃金支払周期を超え、労働者が正常な労働を提供していない場合／使用者が労働者に業務を手配していない場合
国家[1]	労働契約で約定した基準により労働者の賃金を支給しなければならない。	労働者の労働報酬は現地の最低賃金基準を下回ってはならない。	国の関連規定に従う。
広東[2]	通常の勤務時間に従い賃金を支給しなければならない。（1つの賃金支払周期は最長で30日）	労働者が提供した労働に基づき、労使双方間で新たに約定した基準により賃金を支給することができる。	業務再開・操業再開または労働関係を解除するときまで、現地の最低賃金基準の80％を下回らない限度で生活費を支給しなければならない。

深圳[3]	労働者本人の通常の勤務時間に相応する賃金の80％に従い賃金を支給する。（業務停止・操業停止期間が1か月以内の場合）	—	最低賃金基準の80％を下回らない限度で賃金を支給する。（業務停止・操業停止期間が1か月超の場合）
北京[4]	正常な労働を提供したとして労働者に賃金を支給しなければならない。	労働者が提供した労働に基づき、労使双方間で新たに約定した基準により賃金を支給することができるが、本市の最低賃金基準を下回ってはならない。	本市の最低賃金基準の70％を下回らない限度で基本生活費を支給しなければならない。
上海[5]	（労使双方間の）約定に従い賃金を支給しなければならない。	労働者が提供した労働に基づき、労使双方間の新たな約定に従い賃金を支給することができるが、本市の最低賃金基準を下回ってはならない。	—
江蘇[6]	正常な労働を提供したものと見なして賃金を支給しなければならない。	労働者が提供した労働に基づき、労使双方間で新たに約定した基準により賃金を支給することができる。	現地の最低賃金基準の80％を下回らない限度で生活費を支給しなければならない。
遼寧[7]	契約で約定した基準に従い賃金を支給しなければならない。	労働者が提供した労働に基づき、労使双方間で新たに約定した基準により賃金を支給することができるが、労働者が正常な労働を提供した場合、現地の最低賃金基準を下回ってはならない。	—
山東[8]	正常な労働を提供したものと見なして賃金を支給しなければならない。	労使双方間で新たに約定した基準により賃金を支給するが、現地の最低賃金基準を下回ってはならない。	現地の最低賃金基準の70％を下回らない限度で基本生活費を支給しなければならない。
天津[9]	労働契約で約定した賃金基準により労働者の賃金を支給しなければならない。	労働者との合意を得て労働契約を変更し、賃金基準を調整することができるが、本市の最低賃金基準を下回ってはならない。	—

1　賃金支払暫定規定（労部発［1994］489号、1995年1月施行）第12条。
2　広東省賃金支払条例（2016年改正施行）第39条。
3　深圳市従業員賃金支払条例（2009年改正施行）第28条。
4　北京市賃金支払規定（2007年改正施行）第27条。
5　上海市企業賃金支払弁法（2016）第12条。
6　江蘇省賃金支払条例（2010年改正施行）第31条。
7　遼寧省賃金支払規定（2006）第35条。
8　山東省企業賃金支払規定（2006）第31条。
9　天津市賃金支払規定（2004）第27条。

実務上、ほとんどの使用者が月額賃金制度を実施しているため、労働者以外の原因による業務停止または操業停止の期間が1か月を超えない場合、**上記の表**で掲げた地方においては深圳市を除き[注2]、使用者は労働契約で約定した賃金基準に基づいて労働者に賃金を支給する必要があります。

労働者以外の原因による業務停止または操業停止の期間が1か月を超過する場合、使用者が労働者に業務を手配したときは、現地の最低賃金基準を下回らない限度で、労使双方間で賃金基準について新たに約定することを認めています。

ただし、使用者が労働者に業務を手配していないときは、現地の最低賃金基準を下回る賃金または生活費の支給が許容されます。

なお、使用者所在地の関連規定に基づき、労働契約または社内規則制度において、使用者側の都合による業務停止または操業停止期間における労働者の賃金または生活費の支給基準などについて予め約定しておくと、実際、使用者側の都合により業務停止または操業停止を決定するときに、労働者との間で新たに協議を行う手間が省けるでしょう。

⚖️

注1) 最低賃金規定（労働及び社会保障部令第21号、2004年3月施行）第3条2項によれば、「正常な労働」とは、労働者が法により締結した労働契約の約定に従い、法定の労働時間または労働契約に約定された労働時間において従事する労働を指し、労働者が法により取得する年次有給休暇、帰省休暇、慶弔休暇、育児（出産）休暇等の国が定める休暇期間、並びに法定の労働時間内において法に基づき参加する社会活動期間（➡ Q3-2 参照）は、正常な労働を提供したものと見なされます。

注2) 立法法第74条によれば、経済特区の人民代表大会常務委員会は、全国人民代表大会による授権決定に基づき、法規を制定して経済特区の範囲内で実施することができ、同第90条2項によれば、経済特区の法規に法律、行政法規及び地方性法規に対する変則規定を設けた場合、当該経済特区においては経済特区の法規の規定を適用するとされます。

> 使用者所在地政府の「管轄地域範囲内での台風等異常気象に起因する操業停止・生産停止・休学」に関する通知に従い、指定日または指定時間帯に操業・生産停止の決定を行い、かつ労働者に休暇を手配しましたが、当該休暇手配期間における賃金の控除や、当該休暇手配期間に相応する勤務日の振り替えは可能でしょうか？

A　現行法律法規では、台風等異常気象に起因する休暇手配期間の取り扱いに関する規定を設けていないため、使用者所在地政府の通知に明確な規定がある場合は、その内容に従い処理することが無難です。当該通知にも明確な規定がないときは、国と使用者所在地の関連規定（➡ Q3-8 参照）を参照して適切に処理する必要があります。

解　説

　台風等異常気象に起因する休暇手配期間における賃金支給と勤務日の振り替えなどの取り扱いについて、現行の法律法規は関連規定を設けていません。

　使用者所在地政府の「管轄地域範囲内での台風等異常気象に起因する操業停止・生産停止・休学」に関する通知に、業務停止または操業停止期間における賃金の支給や当該停止期間に相応する勤務日の振り替えに関する内容がある場合は、その内容に従い処理すれば無難ですが、政府の通知において台風等異常気象に起因する休暇手配期間の賃金支給と勤務日の振り替えなどの取り扱いについて定めるケースは見られません。

　使用者所在地政府の通知にも関連規定がない場合は、国と使用者所在地の関連規定を参照して適切に処理する必要があります。

(1) 台風等異常気象に起因する休暇手配期間における賃金支給

　業務停止または操業停止の起因に関し、関連規定（➡ Q3-8 参照）では、「使用者側の原因による業務停止または操業停止」とは明確にせず、「労働者以外の原因による業務停止または操業停止」と定めています。

　「台風等異常気象に起因する業務停止または操業停止」は、使用者側の原因によるものではありませんが、「労働者以外の原因による業務停止または操業停止」に該当するものと解することができます。

　労働者本人以外の原因により、使用者が業務停止または操業停止を決定することになった場合、業務停止または操業停止期間における労働者の賃金や福利厚生待遇の支給基準については、Q3-8 でまとめたように、業務停止または操業停止期間が 1 つの賃金支払周期内にある場合（**月額賃金制の場合は 1 か月以内**）、労働契約で約定した基準または労働者が正常な労働を提供したものと見なして賃金を支給しなければなりません。

　従って、Q3-8 でまとめた関連規定を参照して適用する場合、使用者は台風等異常気象に起因する休暇手配期間において、正常な労働を提供しなかった労働者に対し、当該休暇手配期間に相応する賃金を支払う必要があるといえます。

(2) 台風等異常気象に起因する休暇手配期間に相応する勤務日の振り替えと賃金支給

　台風等異常気象に起因する休暇手配期間に相応する勤務日の振り替えと賃金支給問題に関しては、以下の 2 つのケースに分けて具体的に検討する必要があります。

① 労働者が出勤した場合

　使用者が生産計画達成などの理由により、使用者所在地政府の関連通知に従わず、一部の労働者（**在勤必須の労働者を含む**）または全労働者を出勤させた場合（以下「**出勤労働者**」といいます）、以下の問題があります。

　ⅰ）　出勤労働者に対し、休日出勤に応じて時間外労働手当を支払わなければならないか？

　ⅱ）　出勤してない一部の労働者（以下「**未出勤労働者**」といいます）を土曜日または日曜日に出勤させた場合、当該出勤日に出勤労働者も出勤したときの

賃金支給基準をどのように設定すべきか？

② 労働者が出勤してない場合

使用者が使用者所在地政府の関連通知に従い労働者に対し休暇を手配した場合は、以下の問題があります。

ⅰ） 生産計画達成などの理由により、休暇手配期間に相応する勤務日の振り替えを手配することは可能か？

ⅱ） 勤務日の振り替えを手配した場合の賃金支給基準をどのように設定すべきか？

現在、こうした諸問題に関して、有力に主張されている処理方法は**下表**のとおりになります。

有力説が主張している処理方法

項目	操業・業務停止日 （平日）の賃金支給基準	勤務日（土／日）の 振替実施は可能か	勤務振替日の 賃金支給基準
出勤労働者[1]	1倍 （時間外労働に該当するか否かに関し、関連法規に明確な規定がないため時間外労働と認めることはできないと解される。ただし、8時間超勤務の場合は除く）	可能 （ただし、時間外労働になるため、労働者は土／日出勤を拒否することができると解される）	2倍 （時間外労働になるため時間外労働手当を支給しなければならないと解される）
未出勤労働者	1倍 （本事例解説(1)の内容参照）	可能 （1週間の労働時間が40時間を超えていないため、労働者は土／日出勤を拒否できないと解される）	1倍 （1週間の労働時間が40時間を超えていないため勤務振替日につき時間外労働手当を支給する必要はないと解される）

1　使用者が労働災害保険に加入せず、労働災害保険料の納付義務を履行していない場合、出勤労働者が勤務時に被災したときは、使用者は労働災害保険条例（2010改正施行）などの関連法規で定められた基準により、当該労働者に対し労働災害保険の給付を行わなければなりません。

地方規定に注目！

〈広東〉
広東省気象災害防御条例（2015）第20条：
　　台風による黄色、橙色、赤色または豪雨による赤色警報が発令中の期間において、在勤必須の従業員を除き、使用者は勤務地、業務の性質、防災・避難の必要性などの状況に応じて、従業員の出勤時間を遅らせる、定時前に退社させるまたは業務を停止するよう手配し、同時に在勤従業員及び天候が原因で勤務先に残る従業員のために必要な危険回避措置を講じなければならない。

また、「広東省賃金支払条例改正意見募集稿（2015）」の段階では、「台風による黄色、橙色、赤色または豪雨による赤色警報が発令中の期間において、使用者は勤務地、業務の性質、防災・避難の必要性などの状況に応じて、従業員の出勤時間を遅らせる、定時前に退社させるまたは業務を停止するよう手配した場合、通常の勤務時間の賃金を支給しなければならない」という改正意見がありましたが、当該意見は 2016 年 9 月に改正施行された「広東省賃金支払条例」において結果的に採用されませんでした。

使用者から年末賞与が支給されていないとして、労働者が離職した後に使用者に対し年末賞与の支払いを請求することはできますか？

A 現行の法律法規では、使用者が労働者に対して年末賞与を支払わなければならないと規定していないため、年末賞与を支給するか否か、及び年末賞与の支給金額は、使用者が自社の事情などに基づきこれを決定することができます。ただし、労使双方間で労働契約または社内規則制度などにおいて年末賞与を支給すると明確に規定している場合、労働者は離職した後に使用者に対し後追いで年末賞与の支払いを請求することができます。また、労使双方間で労働契約または社内規則制度などにおいて年末賞与を支給すると規定していなくても、使用者に毎年年末賞与を支給しているという慣例がある場合は、労働者による年末賞与の支払請求は認められる可能性がありますので注意をする必要があります。

解　説 ‖‖‖

(1) 賃金の構成項目

　賃金総額の構成に関する規定（1990）第 4 条によれば、賃金の総額は次に掲げる 6 つの項目から構成されます。

① 時間当たりの賃金（時間給）

② 出来高による賃金

③ 賞与

④ 手当及び補助金

⑤ 時間外労働手当

⑥ 特殊な状況下で支給する賃金

　また、国家統計局による「賃金総額の構成に関する規定」の若干の具体的範

囲についての解釈（1990）によれば、賞与には年末賞与（年末配当）等が含まれるとされます。

更に、賃金支払暫定規定（労部発［1994］489号、1995年1月施行）第5条の規定によれば、労働者の賃金は法定通貨で支給しなければならず、現物または有価証券をもって通貨の代わりとしてはならないとされます。

(2) 実務上の留意点

① 労使双方間で約定がある場合

現行の法律法規では、使用者が労働者に対して年末賞与を支払わなければならないと規定していないため、年末賞与を支給するか否か、及び年末賞与の支給金額は、使用者が自社の事情などに基づきこれを決定することができます。

そこで、使用者は労働契約または社内規則制度などにおいて、「会社は年末賞与を支払う」といった使用者が年末賞与の支払いを約束したものと認められるような内容を定めておくよりは、「会社は当年度の生産経営実績と在職従業員の業務遂行能力、勤務態度、貢献度及び業績考課結果などに基づいて年末賞与を支給するか否かを決定する権限を有する」といった規定を設けることが望まれます。

また、労働契約または社内規則制度などにおいて、年末賞与の支給条件、支給対象者及び支給金額の決定方法と基準などを具体的に定め、かつ労働者に対する告知義務を履行することが重要です（➡ Q11-1 参照）。

更に、労働契約または社内規則制度などにおいて、「社内規則制度の重大な違反行為を犯したため労働契約を解除された者、労働者の個人的な事由により辞職した者は、当年度の年末賞与を享有することができない」といった規定を盛り込むことにより、事後生じ得る年末賞与の支払請求に関する労働紛争に備えることができます。

上記のように、労使双方間で年末賞与に関する約定がある場合は、その約定に従うことになります。

② 労使双方間で約定がない場合における司法判断

使用者に毎年年末賞与を支給して来た慣例がある場合は、こうした慣例を理由に、労働者による年末賞与の支払請求が認められた事例が存在しています[注1]。

また、労使双方間で労働関係を合意解除したケースにおいて、季節賞与、年末賞与など支払周期が満了していないものについては、労働者の実際の在職期間に基づき換算して精算すべきであるとの事例もあります[注2]。

注 1）　深圳市中級人民法院民事判決書（2016）粤 03 民終 1075 号。
注 2）　広州市中級人民法院民事判決書（2014）穂中法民一終字第 6212 号、6213 号。

〈広東〉

広州中院解答（2010）第 13 条（第 3 部分：労働紛争案件）
　Ⓠ 使用者が年末賞与の問題について、例えば 3 月に在職している従業員は前年度の年末賞与を受領することができると規定している場合、3 月以前に離職した労働者が前年度の年末賞与の支払いを主張したときは支持すべきか否か？

　Ⓐ 年末賞与の問題に関して、労使双方間で約定がある場合はその約定に従う。労使双方間で約定がない場合、年末賞与は実質労働者に対する激励措置であり、使用者がその経営状況に基づき年末賞与支給の有無及びその支給方法を決定することは、当該使用者の経営自主権の合理的な範囲に属し、尊重されなければならない。

深圳市従業員賃金支払条例（2009 改正施行）第 14 条 2 項
　➡労働関係が解除または終了する時、従業員の月次賞与（中国語：**月度奨**）、季節賞与（中国語：**季度奨**）、年末賞与（中国語：**年終奨**）等の支払周期が満了していない賃金は、従業員の実際の勤務時間に基づき換算して支給する。

Q 3-11　月額賃金等の減額の可否

労働者が労働契約または社内規則制度の規定に違反し、使用者に損失をもたらした場合、使用者は当該労働者の月額賃金等から関連損失を控除することはできますか？　控除が可能な場合、毎月の控除の割合はどのくらいですか？

A 労働者が労働契約または社内規則制度の規定に違反し、使用者に損失をもたらした場合、使用者は労働者に対し損害賠償責任を追及することが可能で、国と使用者所在地の控除の割合などに関する規定に従い、当該労働者の月額賃金等から関連損失を控除することができます。

解　説 |||||||||||||||||||||||||||||||||||||||||||||||||||||||||||||||||||||||||||||||||||||||||||

(1)　労働者の賠償責任

　労働者が労働契約法の規定に違反して労働契約を解除し、または労働契約に約定された秘密保持義務もしくは競業避止に関する規定に違反して使用者に損失を与えた場合、賠償責任を負わなければなりません（労働契約法第 90 条）。

　「労働法」関連の労働契約規定に違反した場合の賠償弁法（1995）第 4 条によれば、労働者が規定または労働契約の約定に違反して労働契約を解除し、使用者に損失をもたらした場合、労働者は使用者にもたらした以下の損失を賠償しなければならないとされます。

① 　使用者が当該労働者を採用するために支払った費用

② 　使用者が当該労働者のために支払った研修費用（労使双方間に別途約定がある場合はその約定に従う）

③ 　（使用者の）生産、経営及び業務に与えた直接の経済損失

④ 　労働契約で約定したその他の賠償費用

　また、賃金支払暫定規定（労部発 [1994] 489 号、1995 年 1 月施行）第 16 条によ

れば、労働者本人の原因により使用者に経済損失をもたらした場合、使用者は労働契約の約定に従い当該労働者に対し経済損失の賠償を要求することができ、労働者本人の賃金から当該経済損失を控除することができるとされます。

ただし、毎月控除される部分は労働者の当月賃金の20％を超えてはならず、控除した後の残りの賃金が現地の最低賃金基準を下回る場合は、最低賃金基準に従い支払う必要があります。

⑵　実務上の留意点

上記のように、労働者が使用者に損失をもたらした場合、損害賠償責任は労働契約または社内規則制度の規定に従い処理することになります。

そこで、労働者が労働契約または社内規則制度の規定に違反し、使用者に損失をもたらした場合の処理方法を労働契約または社内規則制度において明確に定めておくと、事後生じ得る経済損失の賠償に関する労働紛争に備えることができます。

労働契約または規則制度などにおいて、経済損失の賠償に関する内容を約定する際は、以下のようにいくつかの状況に分けて処理することも考えられます。

①　労働者に過失がない場合、または労働者の過失により使用者に軽微な損失をもたらした場合

➡当該労働者に対し経済損失の賠償請求を行わない。

②　労働者の重大な過失により使用者に損失をもたらした場合

➡当該労働者に対し、経済損失の一定の割合に応じて賠償請求を行い、月額賃金等の具体的な控除割合または基準を予め約定しておく。

③　労働者が故意により使用者に損失をもたらした場合

➡当該労働者に対し、経済損失の全額につき賠償請求を行い、月額賃金等の具体的な控除割合または基準を予め約定し、事案及び必要に応じて刑事責任を追及する。

ただし、労働契約または社内規則制度における規定は、国と使用者所在地の関連規定を遵守しなければならず、使用者が自社の法定責任を免除し、労働者の権利を排除する規定は無効と認定される可能性が高いため[注1]、注意をする必要があります。

労働解約または社内規則制度に規定がない場合、使用者は経済損失の状況、労働者の過失の程度、労働者の月額賃金等の要因を総合的に勘案した上で、労働者の負うべき責任を決定することができます。

　なお、使用者が実際労働者の月額賃金等から使用者の経済損失を控除する際は、当該労働者に対し事前に書面により控除決定とその理由、控除金額等を通知する必要があります。

⚖️

注 1)　労働契約法第 26 条 1 項 2 号。

地方規定に注目！

〈広東〉
広東省賃金支払条例（2016 年改正施行）第 15 条
　➡労働者が過失により使用者に直接的な経済損失をもたらし、法により賠償責任を負わなければならない場合、使用者は当該労働者の賃金から賠償費用を控除することができる、ただし、事前に控除の理由及び金額を書面で通知しなければならない。書面により通知していない場合は控除してはならない。賠償費用を控除した後の月額賃金の残りの賃金は現地の最低賃金基準を下回ってはならない。

広東高院解答（2017）第 5 条
　Ｑ 労働者の過失により使用者に損失を与えた場合、使用者は労働契約を解除した後に当該労働者に対し賠償責任を負うよう要求することはできるか否か？

　Ａ 労働者が労働関係の存続期間において故意または重大な過失により使用者に直接経済損失をもたらし、使用者が双方間の労働契約を解除した後、労働者に対し一括での賠償を要求する場合、これを支持する。労働者が負担すべき賠償金額は、労働者の過失の程度等具体的な状況に基づき情状を酌量して確定し、かつ使用者が負担すべき経営リスクまで労働者に転嫁し、負担させてはならない。

深圳市従業員賃金支払条例（2009 改正施行）第 34 条 1 項 1 号
➡使用者は従業員の賃金から以下の費用を控除することができる。
　(1)　従業員が本人の原因により使用者に与えた経済損失を賠償する費用

深圳中院裁判手引き（2015）第 99 条
➡労働者が労働契約の履行中に使用者に損失を与え、使用者が労働契約を解除するときに労働者に対し一括での賠償を要求する場合、これを支持しなければならない。ただし、賠償金額は、人民法院が労働者の過失の程度、使用者に与えた損失の大きさ等具体的な状況に基づき情状を酌量して確定する。

〈北京〉
北京市賃金支払規定（2007 年改正施行）第 11 条

➡使用者は無断で労働者の賃金を控除してはならない。法律、法規、規則制度に規定された事項だけでなく、使用者による労働者の賃金の控除は、集団契約、労働契約の約定または当該使用者の規則制度の規定にも合致しなければならない。

労働者本人の原因により使用者に経済損失をもたらし、使用者が前項規定に従い労働者の賃金を控除する場合、控除した後の残りの賃金は本市の最低賃金基準を下回ってはならない。

〈上海〉
上海市企業賃金支払弁法（2016）第 22 条
➡労働者本人の原因により企業に経済損失を与え、企業が法により当該労働者に対し賠償を要求し、かつ賃金から賠償費用を控除する必要がある場合、控除される部分は労働者の当月賃金の 20％を超えてはならず、かつ控除した後の残りの賃金は本市の定める最低賃金基準を下回ってはならない。

〈江蘇〉
江蘇省賃金支払条例（2010 年改正施行）第 12 条 2 項
➡労働者が以下に掲げる特殊な事由のいずれかに該当するが、正常な労働を提供した場合、使用者が労働者に支給する賃金は現地の最低賃金基準を下回ってはならず、そのうち非全日制労働者の賃金は現地の最低時間給基準を下回ってはならない。

⑷ 使用者に経済損失をもたらし、使用者が労働契約の約定及び法により制定した規則制度の規定に従い賃金から賠償費用を控除する必要がある場合

第⑷号に規定する事由は、経済損失が発生した後、労使双方間で別途約定がある場合を除く（同条 3 項）。

中国主要都市の最低賃金基準*

（2018 年 1 月時点）

都市名	月額最低賃金（元）	最低時給（元）	実施日
大連	1530 （一部の地区：1430）	15 （一部の地区：14）	2016.1.1
北京	2000	22	2017.9.1
天津	2050	20.8	2017.7.1
青島	1810 （一部の地区：1640、1470）	18.1 （一部の地区：16.4、14.7）	2017.6.1
西安	1680 （一部の地区：1580、1480、1380）	16.8 （一部の地区：15.8、14.8、13.8）	2017.5.1
上海**	2300（➡ 2420）	20（➡ 21）	2017.4.1
蘇州	1940	17	2017.7.1
武漢	1750 （一部の地区：1500）	18 （一部の地区：16）	2017.11.1
成都	1500 （一部の地区：1380）	15.7 （一部の地区：14.4）	2015.7.1
重慶	1500 （一部の地区：1400）	15 （一部の地区：14）	2016.1.1
厦門	1700	18	2017.7.1
深圳***	2130	19.5	2017.6.1
広州	1895	18.3	2015.5.1
珠海	1650	15.8	2015.5.1
佛山、東莞、中山	1510	14.4	2015.5.1
恵州	1350	13.3	2015.5.1

＊　Q3-2 でまとめたように、使用者は、本参考資料における最低賃金基準に使用者が源泉徴収する労働者個人が納付すべき社会保険及び住宅積立金が含まれているかどうかについても注目する必要があります。

＊＊　本書の校正段階で、上海市人力資源社会保障局は、2018 年 4 月 1 日から同市の最低賃金を月2420 元に引き上げると発表しました。月額基準の引き上げに伴い、最低時給基準も 21 元に改めました。

＊＊＊　深圳を除く広東地域では、2015 年から実施している最低賃金基準を 3 年間据え置く政策を取ってきていますが、2018 年は最低賃金基準の引き上げが予想されます。

第4章

有給休暇

Chapter ④ 带薪年休假

労働者は入社してからどのくらいで年次有給休暇を取得できますか？　年次有給休暇はどのようにして計算されるのでしょうか？

A 労働者は勤続満1年で年次有給休暇を取得することができます。累計勤務年数が1年以上10年未満の場合は5日間、10年以上20年未満の場合は10日間、20年以上は15日間の年次有給休暇を取得できます。

第4章　有給休暇

解　説

⑴　有給休暇の取得要件

　労働者が連続して1年以上勤務した場合、年次有給休暇を取得することができます（従業員年次有給休暇条例（2008）第2条、企業従業員年次有給休暇実施弁法（2008）第3条）。「労働者が連続して1年以上勤務した場合」とは、労働者が同一の雇用先で連続して満12か月以上勤務した場合と、労働者が異なる雇用先で連続して満12か月以上勤務した場合を含みます[注1]。

⑵　有給休暇の日数

　労働者の累計勤務年数が満1年以上10年未満の場合、年次有給休暇は5日間、満10年以上20年未満の場合、年次有給休暇は10日間、満20年以上の場合、年次有給休暇は15日間とされています（従業員年次有給休暇条例（2008）第3条1項）。

　つまり、労働者の累計勤務年数[注2]に基づいて、年次有給休暇の日数を確定しますが、労働者が同一または異なる使用者のもとで勤務していた期間、及び法律、行政法規または国務院の規定により勤務したものと見なされる期間[注3]は、累計勤務年数として計上されます（企業従業員年次有給休暇実施弁法（2008）第4条）。

労働者が法により取得する慶弔休暇、出産休暇など国が定める休暇期間、労災による有給休職期間、国が定める法定休日、休息日は、年次有給休暇の日数として計上されません（従業員年次有給休暇条例（2008）第3条2項、企業従業員年次有給休暇実施弁法（2008）第6条）。

なお、労働契約または使用者の規則制度において、上記法定の有給休暇日数を上回る基準で年次有給休暇の日数を規定している場合は、使用者は当該規定に従って執行しなければなりません（企業従業員年次有給休暇実施弁法（2008）第13条）。

(3) 有給休暇を取得できない場合

労働者は、以下のいずれかの事由に該当する場合、当年度の年次有給休暇を取得することができません（従業員年次有給休暇条例（2008）第4条）。

① 労働者が法に基づき冬季・夏季休暇を取得し、その休暇日数が年次有給休暇日数を上回る場合

② 労働者の私用休暇が累計20日以上で、かつ使用者が規定に基づき賃金を減額していない場合

③ 累計勤務年数が満1年以上10年未満の労働者が、病気休暇を累計2か月以上取った場合

④ 累計勤務年数が満10年以上20年未満の労働者が、病気休暇を累計3か月以上取った場合

⑤ 累計勤務年数が満20年以上の労働者が、病気休暇を累計4か月以上取った場合

労働者が当該年度の年次有給休暇を全て取得し、当該年度内に更に上記②〜⑤に規定する事由のいずれかに該当する場合には、次年度の年次有給休暇を取得することはできません（企業従業員年次有給休暇実施弁法（2008）第8条）。

(4) 未取得分の年次有給休暇日数の計算

労使双方間で労働契約を解除または終了する際、当該年度内において労働者が所定の年次有給休暇を全て取得していない場合には、労働者の当該年度における勤務期間に基づいて、未取得分の所定年次有給休暇の日数を計算し、未取

得分の年次有給休暇の賃金報酬を精算しなければなりません（企業従業員年次有給休暇実施弁法（2008）第 12 条 1 項）。

未取得分の所定年次有給休暇の日数計算方法：
　<u>（当該年度の現使用者における経過済みの西暦日数÷ 365 日）×労働者本人が 1 年間に取得すべき年次有給休暇の日数－当該年度に取得済みの年次有給休暇の日数</u>
　　計算後 1 日に満たない部分については、未取得分の年次有給休暇の賃金報酬を支給しなくてよいとされます（同項但し書き）。

⑸　実務上の留意点

　有給休暇は、労働者の連続勤務期間（満 12 か月以上）をその取得要件としていますので、使用者は労働者に対し、他社での社会保険料の納付記録、労働契約などの証明資料の提出を求め、その真偽を確認の上、対応することができます。

　また、未取得分の年次有給休暇については、その日数に応じて、労働者に対し金銭補償を支払わなければならないことから（➡ Q4-2 参照）、労働者の年次有給休暇の取得状況などを管理する台帳を備え付け、年次有給休暇の手配と取得などに関し、その都度労働者の署名確認をもらうことが重要です。

⚖

注 1)　人社部弁公庁による「企業従業員年次有給休暇実施弁法」関連問題についての回答書（人社庁函 [2009] 149 号、2009 年 4 月 15 日）第 1 条。

注 2)　労働者の累計勤務年数は、使用者における社会保険料の納付記録、労働契約などの証明資料に基づき確定することができます。

注 3)　①法により選挙権または被選挙権の行使、②人民代表大会代表が法により職責の履行、③政府、党派及び労働組合などが召集した会議への出席、④人民陪審員として審判活動への参加などの社会活動期間は正常な労働を提供したものと見なされます。

地方規定に注目！

〈広東〉

深圳中院裁判手引き（2015）第109条

➡企業従業員年次有給休暇実施弁法第3条に規定される「連続して満12か月以上勤務」とは、労働者が現雇用先で満12か月以上連続して勤務した場合と、労働者が異なる雇用先で満12か月以上連続して勤務した場合を含む。ただし、労働者が新たな雇用先に入職する際、連続勤務が途切れている期間が存在する場合を除く。

　前項の規定に基づき、労働者は満12か月以上連続して勤務した後、当該年度の年次有給休暇の日数は満12か月以上連続して勤務した後の残りの西暦日数に基づいて換算し確定しなければならない。

〈北京〉

北京高院解答（2017）第18条（著者抜粋整理）

➡企業従業員年次有給休暇実施弁法（2008）第3条で定める「連続して満12か月以上勤務」とは、労働者が就職後、同一または2社以上の使用者のもとで連続して中断せずに満12か月勤務したことがある場合を指す。

使用者は何を基準に労働者の未取得分の年次有給休暇を補償するのでしょうか？　未取得分の年次有給休暇の金銭補償に関する仲裁時効はどのように計算するのですか？

A 使用者は、労働者が本人以外の理由により年次有給休暇を取得しなかった有給休暇の日数について、労働者の日給収入の300％の基準に従い年次有給休暇の賃金報酬を支払わなければなりません。係る金銭補償に関する仲裁時効は１年であり、仲裁時効の起算日は各地方によって異なるので注意が必要です。

解　説 ‖‖‖

⑴　未取得分の年次有給休暇の金銭補償義務

　従業員年次有給休暇条例（2008）第5条3項によれば、使用者が業務上の必要により従業員に年次有給休暇を手配することが確実にできない場合には、従業員本人の同意を経て、年次有給休暇を手配しないことができ、従業員が取得すべき未取得分の年次有給休暇の日数について、使用者は当該従業員の日額賃金収入の300％の基準に従い年次有給休暇の賃金報酬を支払わなければなりません。

　前記の年次有給休暇の賃金報酬には、使用者が従業員に支給する通常の勤務期間の賃金収入が含まれているとされるため^{注1)}、使用者は未取得分の年次有給休暇の日数について金銭補償を行うときに、支払済みの賃金（すなわち100％分）を先に控除することができます。

　使用者は従業員に対し年次有給休暇を手配したものの、従業員が本人の原因により年次有給休暇を取得しない旨を書面で申し出た場合には、使用者は通常の勤務期間の賃金収入のみを支払えばよいとされます（企業従業員年次有給休暇実

施弁法（2008）第 10 条 2 項）。

(2) 金銭補償の計算方法

　未取得分の年次有給休暇の賃金報酬の日額賃金収入を計算するときは、従業員本人の月額賃金を月次給与計算日数（21.75 日）で割って計算します（企業従業員年次有給休暇実施弁法（2008）第 11 条 1 項）。

　従業員本人の月額賃金とは、使用者から未取得分の年次有給休暇の賃金報酬の支払いを受ける前の 12 か月間の時間外労働手当を除いた後の従業員の月額平均賃金をいい、当該使用者における勤務期間が 12 か月に満たないときは、実際の月数に基づいて月額平均賃金を計算します（同 2 項）。

　従業員は、年次有給休暇期間において通常の勤務期間と同様の賃金収入を取得するとされています（同 3 項）。

(3) 仲裁時効

　労使間で年次有給休暇について労働紛争が発生した場合には、労働紛争処理の規定に従って処理する[注2]とされるため、年次有給休暇に関する労働紛争は、労働争議調解仲裁法第 27 条 1 項に定める 1 年の仲裁時効の適用を受けることになります。1 年の仲裁時効期間は、当事者がその権利が侵害されていることを知り、または知り得べき日から起算します。

　従業員年次有給休暇条例（2008）第 5 条 2 項によれば、年次有給休暇は原則として年度をまたがないように手配するとされ、使用者が生産または業務の特質により年度をまたいで年次有給休暇を手配する必要性が確実にある場合は、1 つの年度を跨いで手配することができるとされます。ただし、従業員本人の同意を得なければなりません[注3]。

　未取得分の年次有給休暇の賃金報酬に関しては、労働仲裁を申し立てる仲裁時効期間の起算日は、下記のとおり地方によって取り扱いが異なりますので、使用者所在地の規定に注意をする必要があります。

⚖️
注 1）　企業従業員年次有給休暇実施弁法（2008）第 10 条 1 項。

注 2）　企業従業員年次有給休暇実施弁法（2008）第 16 条。

注 3）　企業従業員年次有給休暇実施弁法（2008）第 9 条。

地方規定に注目！

〈広東〉

深圳中院裁判手引き（2015）第 111 条
➡未取得分の年次有給休暇の賃金の労働仲裁申立の時効期間は、第 3 年度目の 1 月 1 日から起算しなければならない。ただし、双方の労働契約が解除または終了した場合は、労働契約が解除または終了した日から起算しなければならない。

〈北京〉

北京高院解答（2017）第 19 条（著者抜粋整理）
Q 労働者が使用者に対し未取得分の年次有給休暇の賃金支払を要求する場合、どのように処理するのか？

A 労働者が使用者に対し、未取得分の年次有給休暇の賃金のうち法定補償部分（200％分）の支払いを請求した事例の仲裁時効期間は、「労働争議調解仲裁法」第 27 条 1 項で定める 1 年の仲裁時効期間を適用しなければならない。年次有給休暇については、集中または分散手配や、年度をまたいで手配できるといった特徴を考慮すると、労働者の取得すべき毎年未取得分の年次有給休暇の賃金報酬の請求に関する仲裁時効は、第 2 年度目の 12 月 31 日より起算する。

〈浙江〉

浙江高院解答（2014）第 19 条（著者抜粋整理）
Q 労使間で未取得分の年次有給休暇の賃金に関し紛争が生じた場合、仲裁時効期間及びその起算日はどのように確定するのか？

A 労働者が使用者に対し未取得分の年次有給休暇の賃金の支払を請求する場合の仲裁時効は、翌年度の 1 月 1 日より起算する。労働者の同意を得て年度をまたいで年次有給休暇を手配した場合は、翌々年の 1 月 1 日まで順延して起算し、労働契約が解除または終了した場合は、労働契約が解除または終了した日から起算する。

〈四川〉

四川高院解答（2016）第 37 条
➡労働者が使用者に対し未取得分の年次有給休暇の賃金の精算を請求する場合の仲裁時効は、1 年の時効規定を適用し、翌年度の 1 月 1 日より起算する。労働者の同意を得て年度をまたいで年次有給休暇を手配した場合は、翌々年の 1 月 1 日まで順延して起算する。労働関係が解除または終了した場合は、当該年度の未取得分の年次有給休暇の賃金につき、仲裁時効は労働関係が解除または終了した日から起算する。

Q 4-3　産休期間にある女性従業員の有給休暇

出産休暇期間にある女性従業員は年次有給休暇を取得することはできますか？

A 女性従業員が法により取得する出産休暇は、年次有給休暇の日数として計上されないため、女性従業員は出産休暇を取得した年度においても年次有給休暇を取得することができます。

解　説

　労働者が法により取得する慶弔休暇、出産休暇など国が定める休暇期間、労災による有給休職期間、国が定める法定休日、休息日は、年次有給休暇の日数として計上されません（従業員年次有給休暇条例（2008）第3条2項、企業従業員年次有給休暇実施弁法（2008）第6条）。

　また、女性従業員が出産休暇期間にあることは、当年度の年次有給休暇を取得できない事由に該当していません（➡ Q4-1 参照）。

　従って、使用者は女性従業員が出産休暇中であることを理由に、女性従業員が当該年度の有給休暇を取得できないと主張することはできません。

　出産休暇中にある女性従業員の年次有給休暇の日数を計算する際、使用者は当該従業員の取得済みの出産休暇期間を勤務期間と見なして年次有給休暇の日数を計算する必要があります。

　また、出産休暇中にある女性従業員が当該年度の年次有給休暇を取得するには、使用者から年次有給休暇の手配を受ける必要があります。すなわち、女性従業員が使用者の承認を経ずに年次有給休暇を取れるということではなく、使用者がその業務上の必要性に応じて手配した休暇日程に従う必要があります。

　更に、女性従業員が出産休暇期間中に離職する場合、当該従業員が当該年度において取得すべき有給休暇は、企業従業員年次有給休暇実施弁法（2008）第

12 条 2 項の規定に従い、未取得分の年次有給休暇日数を計算しなければなりません。

未取得分の年次有給休暇日数の計算式：

（当該年度の現使用者（中国語：**本单位 běn dān wèi**）における経過済みの西暦日数[注1] ÷ 365 日）×労働者本人が 1 年間に取得すべき年次有給休暇の日数－当該年度に取得済みの年次有給休暇の日数[注2]

⚖️

注1)　女性従業員が既に取得した出産休暇期間を、「当該年度の現使用者（中国語：**本单位**）における経過済みの西暦日数」に計上しなければなりません。

注2)　計算後 1 日に満たない部分については、未取得分の年次有給休暇の賃金報酬を支給しなくてよいことになります（企業従業員年次有給休暇実施弁法（2008）第 12 条 1 項但し書き）。

Q5-1 医療期間の計算

労働者が疾病を患いまたは業務外の原因により負傷した場合、医療期間はどのように計算すればよいでしょうか？

A 労働者が疾病または業務外の負傷により業務を停止し治療を受ける必要がある場合、労働者本人の実際の累計勤務年数と現使用者における勤務年数に基づき、3か月から24か月までの医療期間（医療療養期間）を与えることができます。

解　説 ||||||||||||||||||||||||||||||||||||||||||||||||||||||||||||||||||||||||||||||||||||||||||||||||||||||||

(1)　医療期間の計算方法

　労働者が疾病または業務外の負傷により業務を停止し治療を受ける必要があ

医療期間に関する国家規定

労働者の累計勤務年数	現使用者（中国語：**本単位**）における勤務年数	医療期間	医療期間の計算周期	医療期間中の待遇
10年以下	5年以下	3か月	6か月	医療期間中、業務を停止し治療にかかった期間の累計が6か月以内の者には現行規定に従い病気休暇賃金を支給
	5年以上10年以下	6か月	12か月	
10年以上	5年以下	6か月	12か月	医療期間中、業務を停止し治療にかかった期間の累計が6か月超の者には現行規定に従い疾病救済費を支給
	5年以上10年以下	9か月	15か月	
	10年以上15年以下	12か月	18か月	
	15年以上20年以下	18か月	24か月	
	20年以上	24か月	30か月	

る場合、医療期規定（1995）第3条、第4条によれば、労働者本人の実際の累計勤務年数と現使用者における勤務年数に基づき、3か月から24か月までの医療期間を与えるとされています。

また、医療期規定通知（1995）によれば、医療期間は労働者が病気休暇を取得した1日目から計算し、係る病気休暇期間には、公休、祝祭日、法定休日が含まれるとされています（第1条）。

例えば、現使用者のもとに入社1年目の新卒の労働者が2018年3月1日（病気休暇取得開始日）から取得できる医療期間は3か月までとなっており、当該労働者が6か月以内で、すなわち2018年3月1日から2018年9月1日までの間で取得した医療期間が累計で3か月になれば、医療期間は満了したものと見なされます。

(2) 特殊疾病の医療期間の延長

特殊疾病（癌、精神病、てんかん等）を患った労働者が、24か月の医療期間内に完治できない場合、企業及び労働主管部門の承認を経て、医療期間を適宜延長することができるとされます[注1]。

しかし、前記の特殊疾病を理由に少なくとも24か月の医療期間が当該労働者に与えられるとの理解は正しくありません。労働者が特殊疾病にかかった場合、労働者本人のこれまでの勤務年数に応じて取得すべき医療期間を計算しなければなりません。

(3) 医療期間内に治療が終了した場合

医療期規定（1995）第6条によれば、労働者が業務外の原因により身体障害を負った場合、及び医者または医療機関により難治の疾病を患っていると認定された場合、医療期間内に治療が終了し、元の業務に従事することができず、使用者が別途手配した業務にも従事することができないときは、労働鑑定委員会による労働能力の鑑定を受けなければなりません。

労働鑑定委員会による労働能力の鑑定の結果、1〜4級と鑑定された場合は、労働関係を終了しなければならず、退職の手続を経て退職待遇を受けることになり、5〜10級と鑑定された場合は、医療期間内において労働契約を解除し

てはなりません（➡ Q5-3 参照）。

⑷ 医療期間満了後の処遇

　労働者が疾病または業務外の負傷により、規定された医療期間の満了後に元の業務に従事することができず、使用者が別途手配した業務にも従事することができない場合、使用者は労働契約の予告解除を行うことができます（労働契約法第40条1号）。

　労働法意見（1995）第35条によれば、労働者が前記の事由に該当する場合は、労働鑑定委員会による労働能力の鑑定を受ける必要があり、鑑定の結果、1〜4級と鑑定されたときは、労働者は職場を離れ、労働関係を解除しなければならず、病気または業務外の負傷による退職手続を行い、相応の退職待遇を受けることになり、5〜10級と鑑定されたときは、使用者は労働契約を解除することができ、規定により経済補償金及び医療補助費を支払うとされています（➡ Q5-3 参照）。

第5章　医療期間

⑸ 実務上の留意点

① 現使用者における勤務年数から医療期間を差し引くことは可能か？

　勤続年数理解問題（1996）第3条によれば、医療期間や経済補償金を計算する際、「現使用者（中国語：**本単位**）における勤務年数」と「同一使用者における連続勤務時間」は同じ概念であり、労働者が法により取得した医療期間に相応する時間を差し引くべきではないとされます。

② 医療期間の計算周期が満了した後、当該計算周期で未取得の医療期間を、次の医療期間に繰り越すことは可能か？

　医療期間の計算周期が満了した後、当該計算周期で未取得の医療期間を、次の医療期間の計算周期で取得することはできず、労働者が再度疾病や労災以外の負傷で業務を停止し治療を受ける際、医療期間は規定された計算周期内で新たに累計されます。

③ 管理台帳の作成

　医療期間は、労働者の実際の勤務年数と現使用者における勤務年数の2つの基準をもとに算出されますので、使用者は労働者の勤務年数と病気休暇の取得

状況などを管理する制度を構築し、医療期間管理台帳などを備え付け、即時チェックできるようにすることが望まれます。

⚖️

注1) 医療期規定通知（1995）第2条。

〈上海〉
上海市人民政府による修正後の「本市における労働者が労働契約の履行期間において疾病を患いまたは労災以外の原因で負傷した場合の医療期間の基準に関する規定」の印刷・発行の通知（2015）第2条

➡医療期間は、労働者の現使用者（中国語：**本単位**）における勤務年数に応じて設ける。労働者の現使用者における勤務1年目の医療期間は3か月である。それ以降の勤務が満1年になる度、医療期間が1か月増加するが、24か月を超えないこととする。

 **Q** 5-2　医療期間における賃金

> 労働者が疾病を患いまたは業務外の原因により負傷したため医療期間に入った場合、当該医療期間内において使用者は何を基準に労働者に賃金を支払えばよいのでしょうか？

A 疾病または業務外の負傷による医療期間における賃金の支給基準に関しては、国と地方の規定がある場合、国の基準を下回らない前提で使用者所在地の規定を優先的に適用する必要があります。

解　説 ‖‖‖

医療期間における賃金の支給基準

適用地域	最低支給基準
国家[1]	病気休暇賃金または疾病救済費は現地の最低賃金基準を下回ってもよいが、最低賃金基準の80％を下回ることはできない。
広東[2]	病気休暇賃金は現地の最低賃金基準の80％を下回ることはできない。
深圳[3]	病気休暇賃金は労働者本人の通常労働時間の賃金の60％を下回らない限度で病気休暇賃金を支給しなければならず、かつ最低賃金の80％を下回ってはならない。
江蘇[4]	病気休暇賃金は現地の最低賃金基準の80％を下回ることはできず、使用者は最低賃金基準の80％を賃金として支払う場合、労働者本人が納付すべき部分の社会保険料及び住宅積立金をも負担しなければならない。
北京[5]	病気休暇賃金は本市の最低賃金基準の80％を下回ることはできない。

1　労働法意見（1995）第59条。
2　広東省賃金支払条例（2016改正施行）第24条。
3　深圳市従業員賃金支払条例（2009改正施行）第23条。
4　江蘇省賃金支払条例（2010改正施行）第27条、第32条。
5　北京市賃金支払規定（2007改正施行）第21条。

　上記の表でまとめたように、医療期間の賃金支給基準は、使用者所在地の最低賃金基準の80％を下回ってはならないため、係る最低支給基準を下回らない限度で、労働契約などで具体的に規定しておくとよいでしょう。

上海市は、**下表**のように、労働者の勤務年数に応じて医療期間賃金の支給基準を定めています[注1]ので、上海市所在の使用者の場合は注意が必要です。

項目	連続休暇6か月以内の場合の病気休暇賃金の支給					連続休暇6か月超の場合の疾病救済費の支給		
連続勤務年数	2年未満	2年以上4年未満	4年以上6年未満	6年以上8年未満	8年以上	1年未満	1年以上3年未満	3年以上
支給基準	本人賃金の60%	本人賃金の70%	本人賃金の80%	本人賃金の90%	本人賃金の100%	本人賃金の40%	本人賃金の50%	本人賃金の60%

⚖️

注1)　上海市労働局による企業従業員の病気休暇管理の強化と従業員の疾病休暇期間の生活の保障に関する通知（滬労保発(1995)83号）、上海市労働及び社会保障局による病気休暇賃金の計算に関する公告（2004年11月施行）。

🔍 **地方規定に注目！**

〈上海〉

上海市労働及び社会保障局による病気休暇賃金の計算に関する公告（2004年11月施行）第2条（病気休暇賃金基数の確定）

　➡所定の勤務日に病気休暇を取得した場合の日額賃金の計算：以下の原則に従い確定した計算基数から、病気休暇を取得した当月の給与計算日数（中国語：**計薪日**）を割って算出する。

① 　労働契約に規定がある場合、労働契約に規定した労働者本人の勤務部署（職位）に相応する賃金基準を下回らない限度で確定する。集団契約で確定した基準が労働契約に規定した基準を上回る場合、集団契約の基準に従い確定する。

② 　労働契約、集団契約において規定していない場合、使用者と従業員代表の間で賃金に関する集団交渉を経て確定し、交渉の結果に基づき賃金に関する集団契約を締結しなければならない。

③ 　労使双方間で規定がない場合、病気休暇賃金の計算基数は、労働者が本人の勤務部署で正常に出勤した場合の月額賃金の70％を基準に確定する。

　上記の原則に従い計算した病気休暇賃金の基数は、上海市の定める最低賃金基準を下回ってはならない。法律、法規に別途規定がある場合はその規定に従う。

> 医療期間中に労働契約の期限が切れますが、使用者は労働契約を解除できますか？　労働者が疾病を患いまたは業務外の原因により負傷し、労働契約期限が満了して労働契約を終了する場合、使用者は当該労働者に対し医療補助費を支払う必要はありますか？

A 　法定の医療期間中に労働契約の期間が満了する場合、労働契約の期限を当該医療期間が終了するときまで延長しなければなりません。ただし、労働者から労働契約の合意解除を申し出た場合、または労働契約法第 39 条に規定する事由（使用者による一方的な労働契約の解除事由）のいずれかに該当する場合、使用者は労働契約を解除することができます。

　労働者が疾病を患いまたは業務外の原因により負傷し、労働契約期限が満了して労働契約を終了する場合、使用者は当該労働者に対し 6 か月分の賃金を下回らない医療補助費を支給しなければならず、重病または難治の病を患っている場合は、医療補助費を適宜増額しなければなりません。

解　説

(1)　労働契約の解除

　労働契約法第 42 条によれば、労働者が疾病または業務外の負傷により規定された医療期間内にある場合、使用者による労働契約の予告解除（同法第 40 条）または整理解雇（同法第 41 条）は禁止されています（➡ Q9-2 参照）。

　労働者の医療期間中に、労働契約の期間が満了する場合、労働契約はその該当する事由がなくなるときまで延長されてから終了します（労働契約法第 45 条）。

　この場合、使用者は、当該労働者に対し、「もとの労働契約の条件で医療期間が満了するときまで労働契約を順延する」旨の書面通知を出すだけで構いません。ここでいう「労働契約の順延」は、「労働契約の更新」には該当しない

ため、注意が必要です。

　ただし、労働者が使用者の規則制度に著しく違反するなど、労働契約法第39条に規定する事由のいずれかに該当する場合や、労働者自ら労働契約の合意解除を申し出た場合、使用者は医療期間においても、労働契約を解除または合意解除することができます（➡ Q9-2、Q9-3 参照）。

　なお、労働契約が医療期間が満了するときまで順延されたケースで、労働者が医療期間中に治療を終了した場合、使用者は治療終了日に労働契約を終了することができます。また、治療のために業務を停止する必要がない労働者については、労働契約の期間が満了するときに、使用者は労働契約の終了を書面で通知することができます。

⑵　医療補助費の支給

　労働契約制度実行の若干の問題に関する労働部の通知（労部発［1996］354号）第22条によれば、労働者が疾病を患いまたは業務外の原因により負傷し、労働契約期限が満了して労働契約を終了する場合、使用者は当該労働者に対し6か月分の賃金を下回らない医療補助費を支給しなければならず、重病または難治の病を患っている場合は、医療補助費を適宜増額しなければなりません。

　具体的には、契約期間の満了により労働契約を終了するとき、労働者の医療期間が満了し、または治療が終了し、労働鑑定委員会による労働能力の鑑定の結果、5 〜 10 級と鑑定された場合、使用者は当該労働者に対し 6 か月分の賃金を下回らない医療補助費を支給しなければならず、1 〜 4 級と鑑定された場合、労働者は退職の手続を行い退職待遇を受けなければならないとされます（労働部弁公庁による労部発［1996］354号の関連問題解釈に関する通知（労弁発［1997］18号））。

第6章
労働災害

Chapter ⑥ 工伤

 **Q** 6-1 通勤途中に業務上の原因で他人からの
暴力行為に遭い負傷した場合

> 労働者が通勤途中に業務上の原因で他人からの暴力行為に遭い負傷
> した場合、労災と認定されますか？

A 労働者が通勤途中に業務上の原因で他人からの暴力行為に遭い負傷
した場合は、労働者がその負傷の原因などについて立証できるので
あれば、労災認定が可能です。

解　説 ||||||||||||||||||||||||||||||||||||||||||||||||||||||||||||||||||||||||||||||||||||

⑴　労災の認定

　労働災害保険条例（2010改正施行）第14条によれば、労働者が次の各号に掲
げる状況のいずれかに該当する場合、労働災害（労災）と認定しなければなり
ません。

① 勤務時間中に勤務場所において、業務上の原因によって事故に遭い負傷し
た場合

② 勤務時間の前後に勤務場所において、業務に関連する準備または後片付け
業務に従事したために事故に遭い負傷した場合

③ 勤務時間中に勤務場所において、業務職責を履行するために暴力行為など
の突発的な事故に遭い負傷した場合

④ 職業病にかかった場合

⑤ 業務による外出期間中に、業務上の原因により負傷し、または事故の発生
により行方不明となった場合

⑥ 通勤途中に、本人に主な責任のない交通事故または都市軌道交通、客運（旅
客）フェリー、列車の事故に遭い負傷した場合

⑦ 法律、行政法規が労働災害として認定すべきであると定めるその他の状況
　また、労働者が勤務時間中に職場において、突然発病して死亡し、または

48 時間以内に救護の甲斐なく死亡した場合や、救災等の活動中に負傷した場合は、労働災害と見なすことができます（労働災害保険条例（2010改正施行）第15条）。

　ただし、故意に罪を犯した場合、酩酊しまたは薬物を使用した場合や、自傷または自殺した場合は、上記の規定に合致する場合であっても、労働災害と認定してはならず、または見なしてはならないとされます（労働災害保険条例（2010改正施行）第16条）。

(2)　因果関係に関する証明責任

　「労働者が通勤途中に業務上の原因で他人からの暴力行為に遭い負傷した場合」は、上記の規定事由のうち、「勤務時間中に勤務場所において、業務職責を履行するために暴力行為などの突発的な事故に遭い負傷した場合」（第14条3号）に近いですが、第14条3号で掲げている「勤務時間中」と「勤務場所において」という要件が欠如しており、第14条3号に掲げているもう1つの要件である「業務職責を履行するために暴力行為などの突発的な事故に遭い負傷」については、以下のような解釈が出ています。

　労働及び社会保障部弁公庁の「労働災害保険条例」関連条項の解釈に関する函（通知）（2006）によれば、労働災害保険条例第14条3号でいう「業務職責を履行するために暴力行為などの突発事故に遭い負傷した」とは、「暴力行為に遭い負傷したこと」と「業務職責の履行」との間には因果関係があると理解しなければなりません。

　上記の勤務時間、勤務場所、業務職責の履行の3つの労災認定要件のうち、労災保険の補償は本質的に業務上の原因により負傷した労働者に対する補償であることから、「業務職責の履行」が核心的な要件であり、負傷した時間と場所が労働契約で約定した勤務時間、勤務場所に該当しなくても、業務上の原因による負傷でさえあれば、これを労災と認定すべきとするのが通説です。

　なお、使用者の定める勤務時間と勤務場所以外で、業務職責を履行するために暴力行為に遭い負傷したことの因果関係については、労働者がこれを証明する必要があります。労働者の提出した証拠について、使用者または社会保険行政部門に、「労働者の負傷は業務上の原因によるものではない」という反証がない場合は、労災と認定すべきでしょう。

⑶ 労災保険賠償責任と第三者の権利侵害による損害賠償責任の競合

① 使用者が労働者のために労働災害保険に加入している場合

　第三者の原因により労働者に労災が発生した場合、労働者またはその他の権利者（直系親族）は、第三者に対して民事賠償責任を負うよう要求することができ、労災保険取扱機構及び使用者に対して「労働災害保険条例」の規定により相応の労災保険の給付を行うよう請求することもできます。

② 使用者が労働者のために労働災害保険に加入していない場合

　第三者の原因により労働者に労災が発生した場合、労働者またはその他の権利者（直系親族）は、第三者に対して民事賠償責任を負うよう要求することができ、または使用者に対して「労働災害保険条例」の規定により労災保険の給付を行うよう請求することができます。

　つまり、第三者の原因による労災の場合、労働者は、労働法律関係に基づく労災保険賠償請求権と民事法律関係に基づく権利侵害による損害賠償請求権を行使することができます。

③ 労災保険賠償請求権と権利侵害による損害賠償請求権の二重請求を認めるべきか否か？

　最高人民法院の労働災害保険行政事件の審理における若干の問題に関する規定（法釈［2014］9号、2014年6月）第8条3項では、第三者の原因により労働者に労災が発生した場合、社会保険取扱機構が、労働者またはその近親者が既に第三者に対し民事訴訟を提起したことを理由に、労災保険の給付を拒否する場合、第三者が既に支払った医療費用を除き、人民法院はこれを支持しないとしています。すなわち、労働者側による医療費用の二重請求は認められないと明確に定めているわけですが、二重請求の可能性がある費用としては、更に、障害補助器具関連費用、生活介護費用、入院期間の食事費用と交通費、リハビリ（中国語：**康復 kāng fù**）治療費用、扶養親族救済金、葬式費用などがあり、これらの費用の二重請求を認めるべきか否かの問題が生じています。

　この問題の処理方法に関し、各地方の規定が若干異なる可能性があるため、使用者所在地の規定に十分留意する必要があります。例えば、上海市の場合は、上記の費用項目に関する二重請求をすべて認めることは適切ではなく、同一の費用項目につき、労災保険賠償請求権と第三者の権利侵害による損害賠償請求

権のうち、各自の計算方法により算出された高い方の金額を基準に、労働者側の得るべき賠償金額を確定する処理方法が比較的に合理的であるとしています[注1]。また、広東省の場合は、医療費用、補助器具費用及び葬式費用の二重請求を認めないとしています（広東高院座談会紀要（2012）第6条）。

⚖️

注1）　上海市高級人民法院民事審判第一廷による労災保険賠償と第三者の権利侵害による損害賠償の競合事件の審理における若干の問題に関する解答（2010年7月1日）第1条、第2条、第3条。

🔍 地方規定に注目！

〈上海〉
上海高院労災認定解答（2010）第2条
➡️「業務職責を履行するために暴力行為等の突発的な事故に遭い負傷した場合」の労災認定問題に関して

Q 労働者が業務上の原因で発生した言い争い、喧嘩等により負傷した場合、「労働災害保険条例」第14条3号の規定を適用できるか？

A 労働者が業務上の原因で発生した言い争い、押し合い、喧嘩等により負傷した場合、「労働災害保険条例」第14条3号の規定を適用する際、行政機関は以下の3つの要素を考慮の上、労災と認定することができる。①労働者間で発生した紛争は、業務上の原因により起きたか否か。②負傷した労働者の紛争過程における行為は、業務職責の履行と見合ったものか否か。明らかに度を越した行為または明らかな過失があったか否か。③紛争は、勤務時間中に勤務場所において発生したか否か。

〈江蘇〉
江蘇省高級人民法院行政審判廷の労災認定行政事件審理の手引き（2011）（抜粋）
＊「労働災害保険条例」第14条1号の「勤務時間中に勤務場所において、業務上の原因によって事故に遭い負傷した」ことについての理解
　勤務時間、勤務場所、業務上の原因の認定については、先ず、勤務時間、勤務場所、業務上の原因の3つの要素の労災認定基準における優先順位を確定しなければならない。3つの要素のうち、業務上の原因が核心的な要素であり、通常、勤務場所、勤務時間は業務上の原因であることを判断するための補助的な要素である。労災保険の補償は、本質的に業務上の原因により負傷した労働者に対する補償であることから、業務上の原因が核心的な要素であり、労働契約で約定した勤務時間、勤務場所ではなくても、業務上の原因による負傷さえあれば、労災と認定すべきである。

＊業務職責を履行するために暴力行為に遭い負傷したことは、業務上の原因であるか否かに関する証明責任の問題
　勤務時間中に勤務場所において遭った暴力行為等の突発的な事故により負傷した場合、業務上の原因と推定することができる。使用者はこれに対し異議がある場合、業務上の原因によらない負傷であるとの主張を証明しなければならない。勤務時間外、勤務場所以外において負傷した場合は、負傷した従業員が業務上の原因による負傷であることを証明しなければならない。

労働者がその他の従業員と共に外出活動に参加し負傷した場合、当該労働者は「業務による外出期間中に、業務上の原因により負傷した」として、労災と認定されることは可能ですか？

A　使用者の組織した、または使用者の派遣を受け、その他の単位が組織した外出活動の内容、目的及び参加対象などからして、労働者間の交流を深め、使用者における業務効率を向上させることに有益な活動であり、「業務による外出期間中」と認定できる場合、労働者が当該外出活動に参加し負傷したときは、「業務による外出期間中に、業務上の原因により負傷した」ものと認定することが可能です。

解　説 ‖‖

(1)　「業務による外出期間中」の認定

　労働災害保険条例（2010改正施行）第14条5号によれば、労働者が業務による外出期間中に、業務上の原因により負傷し、または事故の発生により行方不明となった場合、労働災害と認定しなければなりません。

　労働者が使用者の組織した、または使用者の派遣を受け、その他の単位（中国語：**其他単位 qí tā dān wèi**）が組織した活動に参加し負傷した場合、社会保険行政部門が労働災害と認定したとき、人民法院はこれを支持しなければならないとされます（最高人民法院の労働災害保険行政事件の審理における若干の問題に関する規定（2014）第4条2号）。

　また、社会保険行政部門が下記に掲げる事由を「業務による外出期間中」と認定した場合、人民法院はこれを支持しなければなりません（同第5条）。

①　労働者が使用者の派遣を受け、または業務上の必要により勤務場所以外で業務職責と関連のある活動（例：国際展示会、打ち合わせなどへの出席など）に従

事した期間

② 　労働者が使用者の派遣を受け、外出して学習（例：勉強会、研修、留学など）または会議に参加した期間

③ 　労働者が業務上の必要により外出してその他の活動（例：食事会、団体旅行、体育活動など）に参加した期間

ただし、業務による外出期間中に、業務または使用者の派遣を受けて外出して学習、会議に参加したことと無関係な個人の活動に従事したことにより負傷した場合は、労働災害と認定されません。

要するに、労働災害保険条例（2010 改正施行）第 14 条 5 号に定める「業務による外出期間中」の認定は、①労働者の外出が使用者の派遣を受け、業務上の原因による外出に属するか否か、②事故で受けた負傷が業務上の原因によるものか否かが、考慮されなければなりません[注1]。答えが「Yes」の場合は「労災」、「No」の場合は「労災ではない」と認定することが可能と言えます。

⑵　司法判断

最高人民法院の労働災害保険行政事件の審理における若干の問題に関する規定（2014）第 4 条 2 号では、労働者が使用者の組織した、または使用者の派遣を受け、その他の単位が組織した活動に参加し負傷した場合、労働災害と認定しなければならない、と明確に規定しており、通常、使用者の組織した外出活動には、食事会、団体旅行等が含まれますが、労働者がこれらの外出活動に参加し負傷した場合、労災と認定しなければなりません[注2]。

一部の外出活動は使用者以外の者の名義で組織されたものの、実際には労働者間の交流を深め、使用者における業務効率を向上させることに有益な活動であるため、使用者の組織した活動と見なされるべきで、労働者が当該活動に参加し負傷した場合も労災と認定しなければなりません[注3]。

従って、労働者が参加した活動期間が、「業務による外出期間中」に属するか否かを正しく判断するためには、当該活動の組織者の他に、その内容、目的、参加対象等様々な要素を勘案の上、行うべきでしょう。

⚖️

注 1) 労働災害保険条例の執行における若干の問題に関する意見（人社部発〔2013〕34号、2013年4月）第1条。

注 2) 広東省高級人民法院行政判決書（2015）粤高法行終字第529号。

注 3) 広東省深圳市中級人民法院行政判決書（2015）深中法行終字第372号。

労働者が通勤途中に交通事故等に遭い負傷した場合、労災と認定される条件にはどのようなものがありますか？

A 労働者が通勤途中に交通事故等に遭い負傷した場合、労災と認定される条件としては、①合理的な通勤時間と通勤ルートを用いること、②労働者本人に主な責任のない交通事故であることが挙げられます。

解 説 ‖‖

(1) 通勤途中の交通事故の場合における労災認定の3要素

労働災害保険条例（2010改正施行）第14条6号によれば、労働者が通勤途中に、本人に主な責任のない交通事故または都市軌道交通、客運（旅客）フェリー、列車の事故に遭い負傷した場合、労働災害と認定しなければなりません。

人力資源及び社会保障部弁公庁の労働災害保険関連規定の処理意見に関する函（通知）（2011）によれば、労働災害保険条例（2010改正施行）第14条6号の正しい理解は以下のとおりになります。

① 「通勤途中」とは、合理的な通勤時間と合理的な通勤ルートのことを指す^{注1)}。

② 「交通事故」とは、道路交通安全法第119条に規定する「車両が道路上で過失または想定外の事故によって生じた死傷または財産損失事件」を指す。

③ 「（労働者）本人に主な責任のない」事故認定は、公安機関の交通管理、交通運輸、鉄道等の部門、または司法機関などが発行した関連法律文書を根拠とする。

(2) 「通勤途中」の認定基準

最高人民法院の労働災害保険行政事件の審理における若干の問題に関する規定（2014）第6条によれば、社会保険行政部門が以下に掲げる状況について「通

勤途中」と認定した場合、人民法院はこれを支持しなければならないとされます。

① 合理的な時間内に、勤務地と住所地、経常居住地、会社宿舎との合理的なルートを往復

② 合理的な時間内に、勤務地と配偶者、父母、子女居住地との合理的なルートを往復

③ 日常業務と生活に必要な活動に従事し、かつ合理的な時間内に合理的なルートを用いた通勤途中

④ 合理的な時間内にその他の合理的なルートを用いた通勤途中

(3) 「労働者本人に主な責任のない」事故の認定基準

道路交通事故処理手続規定（2017 年改正施行）第 60 条によれば、下記いずれかの事由に該当する場合は、公安機関の交通管理部門によって「労働者本人に主な責任のない」事故と認定されます。

① 労働者以外の者の故意または過失により道路交通事故が発生した場合

② 労働者を含む 2 名以上の当事者の過失により道路交通事故が発生したが、労働者には主な責任はなく、同等の責任または副次的な責任を負うべきと認定された場合

③ 労働者を含む 2 名以上の当事者にはいずれも過失がなく、想定外の交通事故（中国語：**交通意外事故** jiāo tōng yì uaì shì qù）に遭った場合

つまり、道路交通事故に関し公安機関の交通管理部門により、①労働者側に責任がない、②労働者側には副次的な責任がある、③労働者側には他の者と同等の責任があると認定された場合は、いずれも「労働者本人に主な責任のない」事故と認定されることになります。

(4) 労災認定の例外

労働者が通勤途中に車両の無免許運転、未登録車両の運転、飲酒運転、薬物使用または故意により事故を発生し死傷した場合は、上記の規定に合致する場合であっても、労災と認定すべきではないとされます[注2]。

⑸　立証責任

　労働者またはその近親者は労働災害であると考え、使用者は労働災害とは考えない場合は、使用者が立証責任を負うとされているため（労働災害保険条例（2010改正施行）第19条2項）、使用者は社会保険行政部門による労災認定の事実確認調査に協力すると同時に、自らも証拠資料の収集と整理作業を行う必要があります。

⚖️

注 1)　労働災害保険条例の執行における若干の問題に関する意見(2)（人社部発 [2016] 29号、2016年3月）第6条によれば、従業員が通勤を目的として、合理的な時間内に使用者と居住地との間の合理的なルートを往復することは、「通勤途中」と見なされます。

注 2)　最高人民法院行政審判廷による、従業員が通勤途中に無免許運転により死傷した場合、労災と認定されるか否かに関する問題の回答（2010）、労働災害保険条例（2010改正施行）第16条。

地方規定に注目！

〈江蘇〉

江蘇省高級人民法院行政審判廷の労災認定行政事件審理の手引き（2011）第9条の3（著者抜粋整理）

➡通勤ルートの基準問題

　通勤ルートの基準を判断する際、中国の国情を考慮しなければならない。中国人は比較的強い家庭観念を持ち、食材の買出し、子供の送迎は家庭生活において不可欠な事項である。子供の送迎、食材の買出しによる通勤ルートの変更は必ずしも交通事故のリスクを増加させているわけではない。従って、生活において不可欠な子供の送迎、食材の買出しのために通った経路を合理的な通勤ルートと認めることができる。

> 労働者が離職前の職業健康診断を受けないまま離職し、労働者が離
> 職後に職業病に気づいた場合、労災認定を申請することはできます
> か？

A 定年退職手続きをとった後、職業病の危険に接触する業務に従事し
ていない定年退職者と、労働契約を終了または解除した後、職業病
の危険に接触する業務に従事していない労働者は、離職後、職業病と診断、
鑑定された日から1年以内に労災認定を申請することができます。

解 説 ||||||||||||||||||||||||||||||||||||||||||||||||||||||||||||||||||||||||||||||||||||||

(1) 労働契約の解除不可事由と順延

　労働契約法第42条1号によれば、職業病になる危険性のある作業に従事し
ていた労働者が職務を離れる前に職業健康診断を行っておらず、または職業病
を疑われる患者が診断期間もしくは医学観察期間にある場合、使用者は労働契
約の予告解除（同法第40条）または整理解雇（同法第41条）を行うことはできま
せん（➡ Q9-1、Q9-2参照）。

　使用者が、職業病になる危険性のある作業に従事する労働者について、離職
前の職業健康診断を受けさせずに離職させた場合、労働契約の違法解除と見な
される可能性がありますので注意が必要です。

　また、労働者の診断期間もしくは医学観察期間中に労働契約の期間が満了す
る場合、労働契約はその該当する事由がなくなるときまで延長されてから終了
するとされます（労働契約法第45条）。

　ただし、労働者が使用者の規則制度に著しく違反するなど、労働契約法第
39条に規定する事由のいずれかに該当する場合、使用者は上記の診断期間も
しくは医学観察期間においても労働契約を解除することはできます。

(2) 職業健康診断の手配義務

職業病になる危険性のある作業に従事する労働者について、使用者は国務院安全生産監督管理部門及び衛生行政部門の規定に従い、使用者の費用負担で、労働者が職場に就く前、在職期間中及び職場を離れる時に職業健康診断を受けさせなければならず、かつ検査結果を労働者に書面にて告知しなければなりません（職業病予防治療法（2016改正施行）第35条1項）。

使用者は、職場に就く前に職業健康診断を受けていない労働者を職業病になる危険性のある作業に従事させてはならず、職場を離れる前に職業健康診断を受けていない労働者については、その労働者と締結した労働契約を解除または終了してはなりません（同法第35条2項）。

使用者職業健康監護監督管理弁法（2012）第15条によれば、労働者が職業病になる危険性のある職場を離れる前の90日以内に行った在職期間中の職業健康検査は、職場を離れる際の職業健康診断と見なされます。

なお、労働者が正当な理由もなく離職前の職業健康診断を拒否した場合、労働者自ら相応の不利な結果を負わなければなりません。使用者は、後日の労働紛争に備えて関連証拠書類を保管しておくべきでしょう。

(3) 労災認定の申請

労働者が職業病予防治療法の規定に従い職業病と診断もしくは鑑定された場合は、使用者は、職業病と診断もしくは鑑定された日から30日以内に使用者所在地の社会保険行政部門に労働災害認定申請を行わなければなりません（労働災害保険条例（2010改正施行）第17条1項）。

使用者が前記の規定に従って労働災害認定申請を行わない場合、被災労働者もしくはその近親者、労働組合は、職業病と診断、鑑定された日から1年以内に使用者所在地の社会保険行政部門に労働災害認定申請を直接行うことができます（同条例第17条2項）。

職業病になる危険性のある作業に従事していたが、職業病の罹患に気づかず、職場を離れた後、職業病と診断または鑑定され、次に掲げる事由に該当する者は、職業病と診断、鑑定された日から1年以内に労災認定を申請することができます[注1]。

① 定年退職手続きをとった後、職業病になる危険性のある作業に従事していない定年退職者

② 労働契約が期間満了により終了し、または労働者本人からの申し出により労働契約を解除した後、職業病になる危険性のある作業に従事していない者

不可抗力、使用者側に帰属する原因、当事者が労働関係の存在に関し仲裁を申し立て、民事訴訟を提起している場合など、労働者またはその近親者自身の原因によらずに、労災認定の申請期限を超えた場合、その徒過した時間は労災認定の申請期限に計上しないとされます[注2]。

⚖️

注 1) 人力資源及び社会保障部の労働災害保険条例執行における若干の問題に関する意見（人社部発［2013］34号、2013年4月）第8条1項。

注 2) 最高人民法院の労働災害保険行政事件の審理における若干の問題に関する規定（2014）第7条。

地方規定に注目！ 〈広東〉

広東省労働及び社会保障庁の広東省労災保険制度の更なる整備における関連問題に関する通知（粤労社発［2008］21号、2008年9月）第2条(1)

➡職業病が発生した使用者（即ち、法に従い取得した職業病診断証明書または職業病診断鑑定書に記載されている使用者）が広東省行政区域内に所属し、従業員が当該使用者を離れて2年以内に職業病と診断、鑑定された場合、その従業員が職業病と診断、鑑定された日から1年以内に労災認定を申請したとき、労働保障行政部門はこれを受理し、かつ労災と認定しなければならない。

使用者と労働者の間で労働契約を締結する際、「従業員の過失により
生じた労働災害の責任は従業員自らが負う」という約定をしました。
使用者は当該従業員が入社した後に労災と認定された場合、この約
定を理由に使用者の責任を免れることはできますか？

A 労使双方間で労働契約を締結する際、「従業員の過失により生じた
労働災害の責任は従業員自らが負う」という約定をした場合、当該
約定は法律の規定に違反しているため無効であり、使用者は係る約定を理
由に関連責任を免れることはできません。

解　説

(1) 労使双方間約定の有効性

　労働契約法第26条1項2号によれば、使用者が自らの法的責任を免除し、
労働者の権利を排除した場合、労働契約またはその一部は無効とされます。

　そこで、労使双方間で労働契約を締結する際、「従業員の過失により生じた
労働災害の責任は従業員自らが負う」という約定をした場合、当該約定は無効
と認定されます。

　前記の約定の無効が労働契約のその他の部分の効力に影響しない場合、労働
契約のその他の部分は依然として有効です（労働契約法第27条）。

　労使双方間の約定が有効であるかまたは無効であるかにかかわらず、労働者
が故意に罪を犯した場合、酩酊しまたは薬物を使用した場合、自傷または自殺
した場合は、いずれも労働災害と認定されません（労働災害保険条例（2010 改正施
行）第16条）。

(2) 損害賠償責任

上記(1)の規定により労働契約の一部条項が無効であると認定され、これにより労働者に損害を与えた場合、使用者は賠償責任を負わなければなりません（労働契約法第86条）。

(3) 労災保険への加入義務

使用者は労働災害保険に加入し、全ての労働者のために、労働者の賃金総額に使用者の納付保険料率を乗じて算出した額を労働災害保険料として期日とおりに納付しなければならず^{注1)}、労働者は労働災害保険の給付を受ける権利を有しています（労働災害保険条例（2010改正施行）第2条、第10条）。

使用者が労働災害保険に加入すべきであるところ加入していない場合、労働者に労働災害が生じたとき、当該使用者は、労働災害保険条例に規定された労働災害保険給付項目及び基準に従い関連費用を支払わなければなりません（労働災害保険条例（2010改正施行）第62条2項）。

そこで、労使双方間で上記(1)のような無効となる約定をした場合においても、労働者は依然として法により労働災害保険の給付を受ける権利があります。

(4) 特殊な勤務部署の従業員の場合

特殊な勤務部署の業務に従事するためには、労働者が関連する操作規定などを厳格に守らなければならないなど、労働者に対し厳格な注意義務を課す必要がある場合、使用者は以下の方法により労働者の注意義務を常に喚起し、労災発生のリスクを最小限に抑えると同時に、使用者責任の軽減を図ることができます。

① 労働契約または社内規則制度において、特定勤務部署の業務に従事する労働者に対し、関連する操作規定などの遵守義務や注意義務及び違反時の責任などを予め明確に定めておく。

② 前記①における社内規則制度の有効性を確保するために、労働者に対する告知義務などを履行し（➡ Q11-1 参照）、入職前及び入社後に定期的に社内研修や技術指導などを行い、労災防止に努めると同時に、関連する証拠資料を保管しておく。

③　労災発生時には関連法規及び社内規則制度の規定により遅滞なく処理し、早期かつ適切な解決を図る。

注1）　労働者は労働災害保険料を納付する必要がありません（労働災害保険条例（2010改正施行）第10条1項）。

労働者が業務上の原因で負傷し、労使双方間の示談により労災に関する協議書を締結し、その中で「使用者は労働者に対し一定の示談金を支払った後、その後生じるいかなる問題に対しても一切責任を負わない」といった内容を約定した場合、当該協議書は有効ですか？

A 労使双方間の示談により労災に関する協議書を締結し、その中で「使用者は労働者に対し一定の示談金を支払った後、その後生じるいかなる問題に対しても一切責任を負わない」といった内容を約定した場合、協議書が有効と認定される可能性、協議書の取消しを命じられる可能性及び協議書で約定した示談金の変更を命じられる可能性がありますので、具体的な事案に応じて慎重に判断する必要があります。

解　説

(1)　協議書が有効と認定される可能性

　労働紛争審理解釈（三）第10条1項の規定によれば、労使双方間で労働契約の解除または終了の関連手続の実施並びに賃金報酬、時間外労働手当、経済補償または賠償金の支払い等につき達した合意が、法律及び行政法規の強行規定に違反せず、かつ詐欺もしくは脅迫または労働者の弱みにつけこんでいる情況が存在しない場合には、有効と認定しなければなりません[注1]。

　実務上、被災労働者が障害等級を鑑定される前に労使双方間で労災示談金に関し締結した協議書については、労使双方間で各種費用の補償基準[注2]を合理的に約定しており、当該協議書が法律、行政法規の強行規定に違反しておらず、双方の自由意思に反する事由などが存在していない場合、有効と認定すべきであると判断した裁判例があります[注3]。

⑵ 協議書の取り消しを命じられる可能性

　労働紛争審理解釈（三）第10条2項の規定によれば、労使双方間で労働契約の解除または終了の関連手続の実施並びに賃金報酬、時間外労働手当、経済補償または賠償金の支払い等につき達した合意に<u>重大な誤解</u>または<u>明らかに公平を失する状況</u>が存在し、当事者が取り消しを求めた場合、人民法院はこれを支持しなければなりません。

　つまり、労使双方間で合意した労災示談金が、労働者の享受すべき労災保険待遇の基準を大きく下回る場合は、「明らかに公平を失する状況が存在する」と認定され、当該合意が労働者側の請求により取り消される可能性があります。

　実務上、被災労働者が障害等級を鑑定される前に労使双方間で労災示談金に関する協議書を締結することは、労働者の合法的な権益を損なう可能性が非常に高いため、法に従い当該協議書を取り消すべきと判断した裁判例もあります[注4]。

⑶ 示談金の変更を命じられる可能性

　労働紛争審理解釈（2001）第20条2項によれば、労働報酬、養老金、医療費及び労災保険待遇、経済補償金、研修費並びにその他の関連費用を請求する事件については、給付金額が不当である場合、人民法院はこれを変更することができるとされます。

　つまり、上記⑵のとおり、労使双方間で合意した労災示談金が、労働者の享受すべき労災保険待遇の基準を大きく下回る場合は、「明らかに公平を失する状況が存在する」として、当該合意が労働者側の請求により取り消される可能性がある他、人民法院によって労災示談金の引き上げ、または労災保険待遇の基準を下回る差額分の補填を命じられる可能性があります。

⑷ 実務上の留意点

　上記のように、被災労働者が労災の認定及び労働能力（障害等級）の鑑定を受ける前に使用者との間で労災示談金に関する協議書を締結し、かつ労使双方間で合意した示談金が労災保険待遇の基準を大きく下回る場合は、人民法院によって協議書の取り消しまたは示談金の引き上げなどを命じられる可能性があ

るため、具体的な事案に応じて慎重に判断する必要があります。

　そこで、使用者が労働者のために労災保険に加入している場合は、労使双方間で労災の補償に関する示談を開始する条件として、使用者は労働者またはその近親者に対し、労災の認定と労働能力（障害等級）の鑑定を申請することを書面で提案し、労働者またはその近親者がこれを拒否したときは関連する証拠資料を確保してから、労働者側との示談に応じることが望まれます。

　また、使用者が労働者のために労災保険に加入していない場合は、事前に使用者所在地の政府関連部門に対し問い合わせを行い、労災保険待遇の基準などを把握してから労働者側との示談に望むべきでしょう。

注 1)　労使双方間の関連合意につき、法律及び行政法規の強行規定に違反している場合、詐欺もしくは脅迫または労働者の弱みにつけこんでいる情況が存在している場合は、無効と認定される可能性があります。
注 2)　労働災害傷病治療の医療費用、障害補助器具関連費用、生活介護費、障害手当、医療補助一時金、障害補助一時金、扶養親族救済金、業務上死亡補助一時金など。
注 3)　東莞市中級人民法院民事判決書（2015）東中法民五終字第 1530 号。
注 4)　深圳市中級人民法院民事裁定書（2015）深中法民終字第 2776 号。

地方規定に注目！

〈江蘇〉
江蘇省労働紛争仲裁委員会の「江蘇省労働仲裁事件検討会紀要」の印刷・発行に関する通知（蘇労仲委［2017］1 号）第 10 条（著者抜粋整理）
◎ 当事者間で労災待遇の補償について合意に達した後、労働者が仲裁を申し立てた場合、仲裁委員会はどのように処理すべきか？

Ⓐ 当事者間で労災待遇の補償に関し合意に達した場合は 2 つのケースに分けられる。1 つは、労働者が被災後、労働行政部門による労災認定と労働能力の鑑定（障害等級評価）を経ていない状況において、労使双方間で労災に関する補償合意に達した後に、労働者が仲裁を申し立てたケースで、この場合、<u>仲裁委員会は労災認定書と障害等級鑑定結論を仲裁事件の受理条件としなければならず、障害等級鑑定結論を労働者に送達した日を仲裁時効の起算日とする。</u>

　もう 1 つは、労働者が被災後、既に労災認定と障害等級評価を経ている状況において、労使双方間で労災に関する補償合意に達した後、労働者がまた仲裁を申し立てたケースで、この場合、仲裁委員会は労使双方間で合意に達した日を仲裁時効の起算日としなければならない。<u>仲裁委員会は上述の事件を審理する際、合意の取消しをその前提条件とするべきでなく、労災保険の給付基準に従い、使用者に対し労使双方間の合意基準が労災保険の給付基準を下回る場合の差額分を補填するよう、裁決しなければならない。</u>

Q 6-7　商業保険に加入した場合の労災関連賠償責任の免除

使用者が労働者のために労災保険料を納付しておらず、商業保険の
みに加入しているのですが、労働者が業務上の原因によって事故に
遭い負傷しました。この場合、使用者は当該労働者のために商業保
険に加入したことを理由に労災関連賠償責任の免除を主張すること
はできますか？

A 使用者が労働者のために労災保険料を納付することは法定の義務で
あり、使用者は労働者のために商業保険に加入していることを理由
に労災関連賠償責任の免除を主張することはできません。

解　説 ||||||||||||||||||||||||||||||||||||||||||||||||||||||||||||||||||||||||||||||||||||||||||

(1)　労働災害保険への加入義務

社会保険法第 33 条によれば、労働者は労働災害保険に加入しなければなら
ず、使用者のみが労働災害保険料を納付するとされています。

使用者は、労働災害保険に加入し、全ての労働者のために、労働者の賃金総
額に使用者の納付保険料率を乗じて算出した額を労働災害保険料として、期日
とおりに納付しなければならず、労働者は労働災害保険の給付を受ける権利を
有しています（労働災害保険条例（2010 改正施行）第 2 条、第 10 条）。

つまり、使用者が労働者のために社会保険料を納付することは使用者の法定
義務であり、使用者は労働者のために商業保険への加入手続を行ったとしても、
依然として労働者のために社会保険への加入手続を行わなければなりません。

(2)　労働災害保険への加入義務不履行時の使用者責任

使用者が労働災害保険に加入すべきであるにもかかわらず、これに加入して
いない場合、労働者に労働災害が生じたときは、当該使用者は、労働災害保険

条例に規定された労働災害保険給付項目及び基準に従い関連費用を支払わなければなりません（労働災害保険条例（2010改正施行）第62条2項）。

(3)　使用者の負うべき労災関連賠償金から商業保険の賠償金を控除できるか？

上記(1)の内容により、使用者が労働者のために不慮の事故（中国語：**意外事故** yì wài shì gù）、職業疾病などのリスクに対応する商業保険商品を購入することは、当該労働者に対する福利厚生の一環と見なすことができ、これによって使用者の社会保険料の納付義務が免除されるわけではありません。

また、上記(2)の内容により、使用者は、労働者のために労働災害保険料を納付していない場合、相応の労災関連賠償責任を負わなければなりません。

従って、使用者がその負担すべき労災関連賠償金から、労働者が商業保険契約に基づき既に受領した保険賠償金を控除することを主張または請求した場合、人民法院はこれを支持しない可能性が高いため、注意が必要です。

なお、労働者がその業務職責の履行中に第三者の原因によって被災した場合、労災保険賠償責任と第三者の権利侵害による損害賠償責任の関係については、Q6-1の内容を参照してください。

地方規定 に注目！

〈広東〉
広東高院座談会紀要（2012）第25条
➡使用者と労働者との間で、社会保険の加入手続きを行わない、または労働者に対し社会保険料の直接支給を行うと約定し、労働者がその後上述の約定を撤回し、使用者に対し社会保険の加入手続の履行及び社会保険料の納付を明確に要求した場合、使用者が合理的な期間内において関連手続の履行を拒否し、労働者がこれを理由に労働契約の解除と使用者による経済補償金の支払いを請求したとき、これを支持しなければならない。

〈北京〉
北京市高級人民法院、北京市労働人事紛争仲裁委員会の労働紛争事件における若干の難解な問題に関する解答意見（意見募集稿）（2013年10月）第53条
◎ 使用者が労働者のために商業保険に加入している場合、社会保険に加入しなくても良いか？
Ⓐ 商業保険と社会保険は性質が異なり、労働者のために社会保険料を納付することは使用者の法定義務である。使用者が労働者のために商業保険に加入した後、当該労働者のために社会保険料を納付する使用者の義務が免除されることはない。

江蘇省高級人民法院の現マクロ経済情勢下で労働紛争事件の適切な審理に関する指導意見（［2009］10号，2009年2月）第3条

➡労災保険の賠償と商業保険の賠償の関係を正確に認定しなければならない。<u>使用者がその負担すべき労災保険賠償金から、労働者が生命保険またはその他の商業保険契約に基づき既に受領した賠償金を控除すべきと主張した場合、人民法院はこれを支持しない。</u>

〈浙江〉

浙江省高級人民法院の「労働紛争事件の難解な問題についての討論紀要」の印刷・発行に関する通知（浙高法［2001］240号）第19条：

🅠 使用者は既に労働者のために商業保険への加入手続を行っているが、更に労働者のために社会保険への加入手続を行わなければならないか？

🅐 商業保険と社会保険の性質は異なり、労働者のために社会保険料を納付することは使用者の法定義務であるため、<u>使用者は労働者のために商業保険への加入手続を行ったとしても、依然として労働者のために社会保険への加入手続を行わなければならない。</u>

Q6-7　商業保険に加入した場合の労災関連賠償責任の免除

Q 7-1 出産休暇日数

女性従業員が妊娠した場合、出産休暇や流産休暇は何日間取得できますか？

A 女性従業員の出産休暇日数や流産休暇日数に関しては、国と地方の規定がある場合、国の基準を下回らない前提で使用者所在地の規定を優先的に適用する必要があります。

解 説

出産休暇日数関連規定

適用地域	出産休暇日数	男性育児休暇
国家[1]	98日（出産前の15日を含む）＋15日（難産[2]）＋15日（多胎出産1名毎に15日追加）	—
広東[3]	98日（出産前の15日を含む）＋80日（奨励休暇[4]）＋30日（難産）＋15日（多胎出産1名毎に15日追加）	15日
北京[5]	98日（出産前の15日を含む）＋30日（奨励休暇）＋15日（難産）＋15日（多胎出産1名毎に15日追加）	15日
上海[6]	98日（出産前の15日を含む）＋30日（奨励休暇）＋15日（難産）＋15日（多胎出産1名毎に15日追加）	10日
江蘇[7]	98日（出産前の15日を含む）＋30日（奨励休暇）＋15日（難産）＋15日（多胎出産1名毎に15日追加）	15日

1　女性従業員労働保護特別規定（2012）第7条1項。
2　広州市従業員生育保険実施弁法（2015）第13条によれば、帝王切開などは「難産」に該当します。
3　広東省従業員生育保険規定（2015）第16条、広東省人口及び計画生育条例（2016改正施行）第30条、広東省「女性従業員労働保護特別規定」実施弁法（2017）第11条1項。
4　2017年3月21日付けで廃止された「深圳市経済特区人口及び計画生育条例」第35条では、従業員が高齢出産（晩育）で、かつ計画生育政策に合致する場合、国家、広東省の関連規定により休暇の優遇を享受する以外に、女性は15日の出産休暇を追加するとされていました。
5　北京市人口及び計画生育条例（2016改正施行）第18条。
6　上海市人口及び計画生育条例（2016改正施行）第31条2項。
7　江蘇省人口及び計画生育条例（2016改正施行）第27条2項。

人口及び計画生育法（2015 改正）が改正施行されてから、全国各地方で実施する出産休暇日数は延長傾向にあります。**表**のとおり、各地方の実務運用はかなり異なっており、使用者はその所在地の出産休暇日数に従い女性従業員の出産休暇を手配し、かつ国や現地の政策の変更があればそれに合わせて遅滞なく出産休暇日数の調整を行う必要があります。

　女性従業員労働保護特別規定（2012）第 7 条 2 項によれば、女性従業員が妊娠してから 4 か月未満で流産した場合は 15 日の出産休暇、妊娠満 4 か月で流産した場合は 42 日の出産休暇を取得するとされます。

　ただし、使用者所在地に別段の規定がある場合は、それに従う必要があります。

地方規定に注目！

〈広東〉
広東省「女性従業員労働保護特別規定」実施弁法（2017）第 11 条 2 項
➡女性従業員が妊娠してから 4 か月未満で妊娠を終了した場合は、医療機構の意見に基づき 15 日〜 30 日の出産休暇を取得し、妊娠してから 4 か月以上、7 か月以下で妊娠を終了した場合は 42 日の出産休暇を取得し、妊娠してから満 7 か月で妊娠を終了した場合は 75 日の出産休暇を取得する。

〈北京〉
北京市企業従業員生育保険規定（2005 年 7 月施行）第 14 条 2 項
➡女性従業員が妊娠してから 4 か月未満で流産した場合の出産休暇は 15 日〜 30 日、妊娠してから満 4 か月以上で流産した場合の出産休暇は 42 日とする。

〈上海〉
上海市女性従業員労働保護弁法（2010 改正施行）第 14 条 3 号
➡妊娠してから 3 か月内に自然流産しまたは子宮外妊娠の場合、出産休暇は 30 日、妊娠してから 3 か月以上、7 か月以下で自然流産した場合、出産休暇は 45 日とする。

〈安徽〉
安徽省女性従業員労働保護特別規定（2016 年 3 月施行）第 10 条 4、5、6 号
➡妊娠してから 4 か月未満で流産した場合の出産休暇は 15 日、満 4 か月、7 か月未満で流産した場合の出産休暇は 42 日、7 か月以上で妊娠を終了した場合の出産休暇は 98 日とする。

Q 7-2　出産休暇期間における賃金

産休期間中、使用者は何を基準に従業員に出産休暇賃金（出産手当）を支払うべきですか？　奨励休暇期間中に従業員は出産手当を取得することはできますか？

A 使用者が生育保険に加入している場合、出産手当は使用者における前年度の従業員の平均月額賃金を基準として生育保険基金がこれを支給し、使用者が労働者のために生育保険に加入していない場合、出産休暇中の待遇は女性従業員の出産休暇前の賃金を基準として、使用者が支給します。各地方の規定が異なるため、使用者所在地の出産手当の支給に関する規定に注意する必要があります。

解　説

　女性従業員労働保護特別規定（2012）第8条1項によれば、女性従業員の出産休暇期間における出産手当について、既に生育保険に加入している場合は、使用者の前年度の従業員平均月額賃金を基準として生育保険基金がこれを支給し、生育保険に加入していない場合は、女性従業員の出産休暇前の賃金を基準に使用者がこれを支給するとされます。

　女性従業員の出産または流産の費用は、生育保険の規定項目や基準に従い、生育保険に加入している場合は生育保険基金がこれを支給し、生育保険に加入していない場合は、使用者がこれを支給する必要があります（同2項）。

　国家と一部地方の関連規定によれば、出産手当の支給基準と方法は**次頁の表**でまとめたとおりになります。

　出産手当の計算は、使用者が社会保険機関に申告済みの月額賃金の基数に関係するので、当該基数に基づき算出した出産手当の金額は必ずしも女性従業員の出産休暇前の賃金に相当するわけではありません。

出産手当の支給基準と方法

適用地域	使用者が生育保険加入	使用者が生育保険未加入	備考
国家	使用者の前年度の従業員平均月額賃金を基準に生育保険基金が支給	女性従業員の出産休暇前の賃金を基準に使用者が支給	—
広東[1]	使用者の前年度の従業員平均月額賃金÷30×出産休暇日数	使用者所在地の生育保険待遇基準で支給（生育保険料を未納の場合を含む）	●出産手当が女性従業員の元の賃金基準[2]より低い場合、使用者が差額分を補填 ● 80日の奨励休暇期間中は出産手当を取得することはできず、使用者が規定により賃金を支給
上海[3]	使用者の前年度の従業員平均月額賃金÷30×出産休暇日数	使用者所在地の生育保険待遇基準で支給（生育保険料を未納の場合を含む）	●出産手当が女性従業員の元の賃金より低い場合、使用者が差額分を補填 ● 30日の奨励休暇期間中は出産手当を取得することが可能
北京[4]	女性従業員出産当月の生育保険料納付基数÷30×出産休暇日数	女性従業員の出産休暇前の賃金を基準に使用者が支給	●出産手当が女性従業員本人の賃金より低い場合、使用者が差額分を補填 ● 30日の奨励休暇期間中は出産手当を取得することが可能
江蘇[5]	使用者の前年度の従業員平均月額賃金÷30×128日	女性従業員の出産休暇前の賃金を基準に使用者が支給	● 30日の奨励休暇期間中は出産手当を取得することが可能

1　広東省従業員生育保険規定（2015）第15条、第16条、第17条、広東省「女性従業員労働保護特別規定」実施弁法（2017）第13条。
2　「女性従業員の元の賃金基準」とは、従業員が法に基づき出産休暇を取得する前の12か月の平均月額賃金を指し、従業員が法に基づき出産休暇を取得する前の勤務期間が12か月に満たない場合は、当該従業員の実際の勤務月数により計算します。
3　上海市人民政府による「女性従業員労働保護特別規定」の徹底実施における本市女性従業員の生育保険待遇調整に関する規定の通知（2013）第2条、上海市人民政府による修正後の「上海市計画生育奨励及び補助若干規定」の印刷・発行に関する通知（2016）第2条2項、3項。
4　北京市企業従業員生育保険規定（2005）第15条、第23条、北京市人力資源及び社会保障局による本市従業員の生育保険の関連政策調整に関する通知（2016）第1条。
5　江蘇省人力資源社会保障庁、省財政庁による出産手当の計算・支給基準の調整に関する通知（2016）第1条、第2条。

　上記のように、出産手当が女性従業員の元の賃金基準より低い場合、差額分は使用者がこれを補填しなければなりません。また、出産手当が女性従業員の元の賃金基準を上回る場合、使用者は係る超過部分を当該従業員に支払わなければなりません。

　なお、女性従業員の出産休暇中に、使用者側の理由により所定の出産手当が支給されなかった場合、当該従業員は出産休暇が終了した後1年以内に、使用者所在地の社会保険機関に対し出産手当の給付申請を行うことができます。

女性従業員の妊娠、出産または授乳期間中に労働契約の期間が満了する場合はどう処理すればよいですか？

A 労働契約が女性従業員の妊娠、出産または授乳期間中に期間満了する場合、労働契約の期限は女性従業員の妊娠、出産または授乳期間が終了するときまで延長しなければなりません。ただし、女性従業員自ら労働契約の合意解除を申し出た場合、または労働契約法第 39 条に規定する事由（使用者による一方的な労働契約の解除事由）のいずれかに該当する場合、使用者は労働契約を解除することができます。

第7章 女性従業員

解　説

(1)　労働契約の解除不可と順延事由

　労働契約法第 42 条によれば、女性従業員が妊娠、出産、授乳の期間にある場合、使用者による労働契約の予告解除（同法第 40 条）または整理解雇（同法第 41 条）は禁止されています（➡ Q9-1、9-2 参照）。

　また、女性従業員労働保護特別規定（2012）第 5 条によれば、使用者は女性従業員の妊娠、出産、授乳を理由に、賃金を引き下げ、当該従業員を解雇し、当該従業員との労働契約を解除してはならないとされます。

　女性従業員の妊娠、出産、授乳の期間中に、労働契約の期間が満了する場合、労働契約はその該当する事由がなくなるときまで延長されてから終了するとされます（労働契約法第 45 条）。

　この場合、使用者は、当該従業員に対し、「もとの労働契約の条件で妊娠、出産、授乳期間が満了するときまで労働契約を順延する」旨の書面通知を出すだけで構いません。ここでいう「労働契約の順延」は、「労働契約の更新」ではないため、労働契約を変更または締結し直す必要はありません。

⑵ 労働契約の解除事由

女性従業員が使用者の規則制度に著しく違反するなど、労働契約法第 39 条に規定する事由のいずれかに該当する場合、使用者は女性従業員の妊娠、出産、授乳期間においても、労働契約を解除することができます（➡ Q9-2 参照）。

また、女性従業員が自ら労働契約の合意解除を申し出て、使用者がこれに応じた場合も、法定の経済補償金の支給以外に、女性従業員がその妊娠、出産、授乳期間中に受領すべき賃金または出産手当などの要素を勘案し、労使双方間で補償金について合意の上、労働契約を解除することは可能です。

なお、女性従業員自らが労働契約の解除を申し出た場合、使用者は労働者に対して経済補償金を支払う必要はありません（➡ Q9-3 参照）。

地方規定に注目！

〈広東〉
広東省「婦女権益保障法」実施弁法（2007 改正施行）第 18 条 2 項
➡女性従業員の妊娠期間、出産期間、授乳期間において、労働（雇用）契約の期間が満了する場合、法律が規定する事由を除き、使用者は労働（雇用）契約を終了してはならず、労働（雇用）契約の期間は授乳期間が終了するときまで自動的に延長されなければならない。

深圳中院裁判手引き（2015）第 101 条
➡使用者が「三期（妊娠、出産、授乳）」中の女性従業員との労働契約を違法に解除し、女性従業員が労働契約の継続履行を要求した場合、使用者による労働契約解除の決定を取り消し、労使双方は継続して労働契約を履行しなければならない。当該女性従業員の賃金収入に損失をもたらした場合、使用者は労働契約を違法に解除した期間の賃金を支払わなければならない。事件処理中に労働契約の期間が満了した場合、使用者による労働契約解除の決定を取り消すと同時に、双方の労働契約の終了を認定し、使用者が女性従業員に対して労働契約の終了日までの賃金及び福利厚生待遇並びに労働契約の終了による経済補償金を支給するよう命じなければならない。

女性従業員が労働契約の継続履行を要求していない場合、または労働契約の継続履行が不可能である場合、双方間の労働契約は解除されたものと認定し、「労働契約法」第 48 条及び第 87 条の規定に従い、使用者が労働契約の違法解除による賠償金を支払わなければならない。

佛山指導意見（2011）第 26 条
➡労働契約の期間が満了し、労働者に「労働契約法」第 42 条*に規定するいずれか 1 つの事由が発生した場合、同条 2 号で規定する労働能力を喪失した労働者との労働契約の終了については国の労災保険関連規定が適用されるが、これ以外の事由の場合、労働契約はその該当する事由が無くなるときまで延長されてから終了しなければならない。労働者が使用者に対し、順延した期間において書面の労働契約が未締結であることを理由に 2 倍の賃金を支払うよう要求した場合、これを支持しない。
  ＊ 使用者による労働契約の解除不可事由。

浙江省女性従業員労働保護弁法（2017 年 6 月施行）第 9 条

➡使用者は労働契約または雇用契約において、女性従業員と結婚の制限、出産の制限または出産休暇の短縮など女性従業員の合法的な権益を損害する内容を約定してはならない。

　使用者は、女性従業員の結婚、妊娠、出産、授乳などの事由を理由に、賃金を引き下げ、昇進を制限し、当該従業員を解雇し、当該従業員との労働契約または雇用契約を一方的に解除してはならない。法律、法規に別途規定がある場合は除く。

　労働契約または雇用契約の期間が満了したが、妊娠、出産、授乳期間が満了していない場合、女性従業員が自ら労働契約または雇用契約の解除を申し出た場合を除き、労働契約または雇用契約は、妊娠、出産、授乳期間の満了時までに順延しなければならない。

Q 7-4　計画生育政策に違反して出産した場合の出産休暇と出産手当の取得の可否

> 計画生育政策に違反して出産した場合でも出産休暇や出産手当を取得できますか？　また、使用者はこれを理由に労働契約を解除することはできますか？

A　計画生育政策に違反して出産した場合、「女性従業員労働保護特別規定（2012）」第7条で定める98日の出産休暇を取得することはできますが、各地方で独自に定め実施している奨励休暇またはその他の福利待遇を受けることはできません。使用者が労働契約または社内規則制度において計画生育政策の違反は使用者の規則制度に重大に違反する行為であると明確に規定している場合、使用者は係る違反行為を理由に労働契約を解除することができます。

解　説

（1）　出産休暇と出産手当の取得の可否

　女性従業員労働保護特別規定（2012）第7条1項では、女性従業員が出産する場合、出産前の15日を含む計98日の出産休暇を取得することを定めており、ここで言う「女性従業員」については、「計画生育政策に合致しているか否か」などをその条件として加えていません。

　人口及び計画生育法（2015改正）によれば、法律、法規の規定に合致し、子女を出産する夫婦は、出産休暇延長の奨励またはその他の福利待遇を受けることができ（第25条）、国家の関連規定[注1]に違反して子女を出産した公民は、法により社会扶養費を納付しなければなりません（第41条1項）。

　従って、計画生育政策に違反して出産した場合、女性従業員は98日の出産休暇を取得することはできますが、各地方で独自に定め、実施している奨励休暇またはその他の福利待遇を受けることはできません。

なお、企業従業員生育保険試行弁法（1995）第 7 条によれば、女性従業員は出産または流産後、本人または使用者所在地の計画生育部門が発行した計画生育証明、乳児出生、死亡或いは流産証明を持って、現地の社会保険取扱機構に手続を申請し、手当を受領し、出産医療費の立替分を精算するとされており、計画生育政策に違反して出産した者は上記の「計画生育証明」を提出することはできないため、関連する生育保険待遇を受給することのできない可能性が高いといえます。

　すなわち、出産手当を取得するには計画生育規定に合致しているという証明資料などの提出が求められるため、計画生育政策に違反して出産した者は出産手当を受給できない可能性があり、労使双方とも使用者所在地の関連部門への確認作業が必要でしょう。

(2)　労働契約解除の可否

　従業員が国家の計画生育政策に違反しているか否かは、使用者所在地などの計画生育主管部門の権限事項に該当し、使用者自らこれを判断することはできません。

　計画生育主管部門により、「国家の計画生育政策に違反した出産」であると認定された場合においても、使用者はこれを理由に当該従業員との労働契約を解除してはなりません。

　ただし、労使双方間で締結した労働契約または使用者の社内規則制度において、計画生育政策の違反は使用者の規則制度に重大に違反する行為であると明確に規定し、これらの労働契約または社内規則制度が有効である場合に限って、使用者は係る違反行為を理由に労働契約を解除することができます。

⚖️

注 I)　中国の計画生育政策は、同法改正前の「一人っ子生育政策」から、現行の「二人生育政策」に変化しています（人口及び計画生育法（2015 改正）第 18 条）。

地方規定に注目！

〈広東〉
広東省人口及び計画生育条例（2016 改正施行）第 30 条
➡法律、法規の規定に合致し、子女を出産する夫婦について、女性は 80 日の奨励休暇、男性は 15 日の付添休暇を取得する。規定の休暇期間内は

休暇取得前と同様に賃金が支給され、福利待遇や皆勤賞には影響しない。

広東省従業員生育保険規定（2014 改正施行）第 23 条
➡医師の診察確認の手続を申請するには、以下の資料を提出しなければならない。
(5)　計画生育規定に合致する証明

広州市人口及び計画生育管理弁法（2013）第 36 条
➡規定に合致しない出産である場合、妊婦検診、分娩入院費用及び医薬費は本人が自己
負担し、生育保険待遇及び出産休暇期間の賃金待遇を享受しない。

深圳全市労働人事争議疑難問題研討会紀要（2011）第 8 条
➡女性従業員が未婚で流産した場合、流産休暇を取得しない。女性従業員が医療証明（ま
たは医師の指示書）を提出し、当該従業員が業務を停止し休息する必要があることを証
明する場合、病気休暇待遇に従い処理することができる。

広東高院解答（2017）第 7 条
Ⓠ 労働者が計画生育規定に違反したことを理由に、使用者が当該労働者との労働契約を
解除した場合、労働者は使用者に対し労働契約の違法解除による賠償金を請求できるか？

Ⓐ 労働者が計画生育規定に違反したことを理由に、使用者が当該労働者との労働契約を
解除した場合、労働者が使用者に対し違法解除による賠償金の支払を要求するときは、
これを支払うこととする。ただし、労働契約、集団契約、使用者の規則制度に別途約定
がある場合は除外する。

〈上海〉
上海市人口及び計画生育条例（2016 改正施行）第 41 条
➡本条例の規定に違反して子女を出産する公民に対し、社会扶養費を徴収する以外に、
以下の処理を行う。
(1)　分娩の入院費用や医療費は自費で支払い、生育保険待遇や出産休暇期間の賃金待遇
を享受しない。

〈江蘇〉
江蘇省人口及び計画生育条例（2016 改正施行）第 41 条
➡本条例の規定に違反して子女を出産した場合、男女双方がそれぞれ国務院「社会扶養
費徴収管理弁法」及び本条例の規定により社会扶養費を納付しなければならず、かつ本
条例第 27 条 3 項に規定される待遇（①結婚休暇の 10 日間の延長、②出産休暇の 30 日
間の延長と男性育児休暇 15 日間、③前記の休暇期間は出勤したものと見なし通常の賃金
及び福利待遇を支給、④国の法定祝祭日は前記の休暇期間に計上しない）を享受しない。

Q 7-5 妊娠中に流産・早産予防のため休暇を取得する場合の賃金

女性従業員が流産・早産予防（中国語：保胎 bǎo tāi）のために休暇を取得したいと言っています。この期間の賃金はどのように支給すればよいですか？

A 計画生育の規定に合致する妊娠中の女性従業員については、医師の診察により流産・早産予防が必要であるという診断書がある場合、流産・早産予防のための休暇及びその待遇は、病気休暇の関連規定に基づいて処理することが可能です。

解 説

保胎休息回答（1982）^{注1)}によれば、女性従業員が計画生育に基づき妊娠し、医師が発行した証明により、流産・早産予防のための休息が必要である場合、その流産・早産予防のための休息期間は、使用者が実行する疾病待遇規定に基づき処理するとされています。

また、流産・早産予防のために休息と病気休暇を取得している女性従業員は、計画出産時に、出産日から疾病救済費の支給を停止し、出産休暇の賃金に改め、かつその他の出産待遇を享受することができます。出産休暇が満了した後も、依然として病気休暇が必要な場合は、出産休暇の満了日から継続して疾病救済費を支給するとされています。

女性従業員が妊娠後に流産・早産予防のための休暇の取得を要求した場合、当該従業員に対し、医療機関が発行した診断書または病気休暇提案書を提出させ、これらの内容に偽りがないかを審査すべきでしょう。

また、社内規則制度等において、予め診断資料を発行する病院を明記しておき、従業員から流産・早産予防のための休暇申請があれば、使用者の指定する病院が発行した診断書または病気休暇提案書を提出させるなどの対応が望まれ

ます。

　流産・早産予防休暇の期限及び賃金待遇については、Q5-1、Q5-2 の関連する内容を参照してください。

⚖

地方規定に注目！

〈広東〉

広東省「女性従業員労働保護特別規定」実施弁法（2017）第 10 条 2 号
➡女性従業員が、医療機関の診断により確かに流産・早産予防のための休息が必要であるとされた場合、流産・早産防止の休息期間は病気休暇として処理する。

〈安徽〉

安徽省女性従業員労働保護特別規定（2016 年 3 月施行）第 9 条
➡女性従業員に流産の兆候があり、または流産歴があり、本人が流産・早産予防のための休暇を申請した場合、使用者は医療機関の証明と自社の実際の状況に基づき適切に手配しなければならない。

参考資料 中国各地の出産休暇日数

（2018年1月時点）

国家規定	98日（出産休暇）＋15日（難産の場合）＋15日（多胎出産1名ごとに15日追加）		
地域名	奨励休暇*	男性育児休暇	備考
遼寧	60日	15日	―
北京	30日	15日	女性従業員が所在する単位の同意を経て1～3か月延長することが可能
天津	30日	7日	30日の奨励休暇を手配できない場合は1か月の基本賃金または手取り賃金（中国語：**実得工資**）を別途支給
陝西	60日	15日	夫婦が異なる地域に居住する場合は男性育児休暇は20日、女性従業員が妊娠前検査受診の場合出産休暇10日追加
山東	60日	7日	―
四川	60日	20日	―
重慶	30日	15日	女性従業員本人の申請と単位の批准を経て出産休暇満了後に子供が満1歳になるときまで延長することが可能
上海	30日	10日	―
浙江	30日	15日	使用者は具体的な状況に基づきその他の優遇を与えることが可能
江蘇	30日	15日	使用者は具体的な状況に基づきその他の優遇を与えることが可能
湖北	30日	15日	―
福建	60～82日	15日	出産休暇の調整が可能な範囲内で労使間で合意するが、158日（＝98日＋60日）を下回ってはならない
広東	80日	15日	難産の場合は30日 （国家規定の15日の代わりに）

＊各地域で国が規定する出産休暇日数とは別に奨励休暇日数を独自に定めています。

148

Q8-1　使用者による労働契約解除時の事前通知義務

使用者が一方的に労働契約を解除する場合、事前に解除理由を労働組合に通知しなかったときは、どのような責任を負わなければならないのでしょうか？　労働組合を結成していない使用者は、どのようにその通知義務を果たせばよいのでしょうか？

A 　使用者が事前に労働組合に通知しなかった場合、労働者は使用者による違法解雇を理由に、使用者に対し賠償金の支払いを請求することができます。労働組合を結成していない使用者が一方的に労働契約を解除する前に、通知義務を負うべきか否かに関しては、地方によって取り扱いが異なっています。

解　説

労働契約法第43条によれば、使用者が一方的に労働契約を解除する場合、事前に労働組合にその理由を通知しなければなりません。また、使用者が法律、行政法規の規定または労働契約の約定に違反した場合、労働組合は使用者に対して是正を求める権利を有しており、使用者は、労働組合の意見を検討し、かつ処理結果を書面で労働組合に通知する必要があります^{注1)}。

労働組合は、労働者の合法的権益を保護する職責^{注2)}を負っており、上記の規定は、労働組合がその監督機能を発揮するためのものです。

(1)　労働組合を結成している場合

使用者が、労働契約法第39条^{注3)}、第40条^{注4)}の規定により一方的に労働契約を解除するときに、上記の労働契約法第43条に従い、事前に労働組合に通知しなかった場合、労働者は、使用者による違法解雇を理由に、使用者に対し法定経済補償金の2倍の基準^{注5)}で賠償金の支払いを請求することができます。

ただし、訴訟を提起する前に、使用者が既に労働組合に対する通知手続を済

ませた場合、使用者は労働者に対し違法解雇による賠償金を支払う必要がない
とされます[注6]。

前記のとおり、使用者が労働契約法第 39 条、第 40 条の規定により一方的に
労働契約を解除する場合、事前に労働組合に通知しなければなりませんが、こ
の解雇に関し労働組合から同意を得る必要はありません。

また、使用者が、生産経営に重大な困難が生じた場合や、労働契約の締結時
に拠り所とした客観的経済状況に重大な変化が生じたため、労働契約を履行す
ることができなくなった場合などには、20 人以上の整理解雇、または 20 人未
満であるが従業員総数の 10％以上を占める整理解雇を行うとき、使用者は 30
日前までに労働組合または従業員全体に対して状況を説明し、労働組合または
従業員の意見を聴取した後、整理解雇計画を労働行政部門に届け出て、人員を
削減することができます（労働契約法第 41 条 1 項）。

なお、整理解雇の実施に際し、使用者が所在地の労働行政部門の意見をうか
がわずに整理解雇の実施を開始した場合、労働行政部門から制止され、是正を
命じられる可能性があるため、注意が必要です[注7]。

(2) 労働組合を結成していない場合

上記のように、使用者が労働組合に通知する義務は、労働組合が結成されて
いることを前提としています。しかし、使用者に労働組合が結成されていない
場合、使用者が一方的に労働契約を解除する前に、通知義務を負うべきか否か
に関しては、地方によってその取り扱いが異なっています。

例えば、江蘇省では、労働組合を結成していない使用者が一方的に労働契約
を解除する場合、使用者所在地の労働組合に通知を行うべきと定めています[注8]。

また、各地の裁判実務では、労働組合を結成していない使用者が一方的に労
働契約を解除する場合、使用者所在地の同級／上級の労働組合に通知する必要
はないとの判断を出しているものと、従業員代表に告知し、その意見を聴取す
る方法または使用者所在地の業種協会の労働組合もしくは使用者所在地の同級
／上級の労働組合に通知するなどの方法により、通知義務を履行すべきとの判
断を出しているものがあり、司法判断が統一されていないのが実状です。

そこで、労働組合を結成していない使用者であっても、将来生じ得る労働紛

争に備えて、一方的に労働契約を解除する前に、使用者所在地の労働組合または労働行政部門に対して問い合わせを行い、その指導に従い通知義務を履行したことに関する証拠（送付状、通知書、労働組合が押印した受取書など）を保管しておくことが望まれます。

(3)　違法解雇に対する是正要求を受けた場合の使用者の通知義務

　使用者による一方的な解雇理由が、法律、行政法規の規定または労働契約の約定に違反するとして、労働組合から是正を求められた場合、使用者は労働組合の意見を検討し、かつ処理結果を書面で労働組合に通知する必要があります。使用者が当該通知義務を果たさなかったとき、通知義務の不完全履行を理由に違法解雇と認定される可能性がありますので、注意をする必要があります。

⚖

注1)　労働組合法第21条にも同様の規定が設けられています。

注2)　労働組合法第6条1項。

注3)　使用者による一方的な労働契約の解除事由。

注4)　使用者による労働契約の予告解除事由。

注5)　労働契約法第87条。

注6)　労働紛争審理解釈（四）第12条。

注7)　労働部の「企業人員削減規定（中国語：**企業経済性裁減人員規定**）」の印刷・発行に関する通知（労部発［1994］447号）第4条、第8条。

注8)　江蘇省労働契約条例（2013）第31条。

使用者は整理解雇を行うとき、労働組合の主席を兼任している労働者を任期満了前に解雇することはできますか？

A 使用者は、生産経営に重大な困難があるなどの理由で労働者全員の整理解雇を実施する場合や法定事由に該当する場合を除き、整理解雇時、労働組合の主席を人員削減の対象者リストに載せることはできません。

解　説

労働者が労働組合主席を兼任しており、労働組合主席の任期が未だ満了していない場合、労働契約法第42条[注1]6号に定める「法律、行政法規に規定するその他の場合」に該当し、当該労働者を整理解雇の対象とすることはできません。

労働組合法第18条により、基層労働組合[注2]の主席、副主席または委員を兼任している[注3]（中国語：**非専職 fēi zhuān zhí**）労働者は、労働組合のポストに任職した日より、未だ履行していない労働契約の期間が労働組合における任期より短い場合、当該労働契約の期間は任期満了時まで自動的に延長されます。ただし、労働組合における任期内において、労働者本人に重大な過失があった場合または法定退職年齢に達した場合はこの限りではありません[注4]。

また、労働組合主席の任期が満了する前に、使用者は随意に労働組合主席の職務・勤務部署の配置転換を行ったり、随意に労働組合主席との労働契約を解除してはならず、業務上の理由により職務・勤務部署の配置転換が必要な場合には、同級労働組合委員会及び上級の労働組合の同意を経て、法に基づき民主的な手続を履行しなければなりません[注5]。

なお、労働組合の主席が労働者側の代表として労使双方間の協議に参加し、

その職責の履行期間中に労働契約が満了する場合、労働契約の期間は協議代表としての職責の履行を完了するときまで自動的に延長するとされ、以下に掲げる事由のいずれかに該当する場合を除き、使用者は労働組合主席との労働契約を一方的に解除してはならないとされます（集団契約規定（2004）第 28 条 1 項）。

① 労働紀律または使用者が法により制定した規則制度に著しく違反した場合

② 重大な職務怠慢、自己の利益のための不正行為により、使用者の利益に重大な損害をもたらした場合

③ 法により刑事責任を追及された場合（➡ Q9-10 参照）

　また、労働組合主席が労働者側の協議代表としての職責を履行する期間において、使用者は正当な理由なく労働組合主席の職務・勤務部署の配置転換を行うことは禁止されています（同 2 項）。

　上記のように、労働組合主席の任期内において、労働者本人に重大な過失があった場合または法定退職年齢に達した場合は、使用者は労働契約法第 39 条[注6]により労働組合主席との労働契約を一方的に解除するか、または労働契約法第 44 条 2 号[注7]により労働契約を終了することができ、その他の場合における労働契約の解除権は厳しく制限されています。つまり、使用者は一部の労働者の整理解雇を行う際、労働組合主席を人員削減の対象者リストに載せることはできません。

　ただし、実務上、使用者は、生産経営に重大な困難があるなどの理由で労働者**全員**の整理解雇を実施する必要がある場合、労働組合の主席を人員削減の対象者リストに載せることができる、といった司法判断[注8]があります。

　もっとも、労働契約法第 41 条 1 項で、「使用者は、整理解雇を行う際、30 日前までに労働組合または労働者全員に対して状況を説明し、労働組合または従業員の意見を聴取しなければならない」という旨の規定を設けているため、整理解雇の実施において労働組合の協力を最大限に引き出すといった観点からすれば、労働組合のメンバーを人員削減の対象者リストに載せることは避けるべきでしょう。

⚖️

注 1) 労働契約の解除不可事由。

注2) 中国の労働組合の組織体系で末端に位置する労働組合のことを指します。

注3) 企業労働組合工作条例（試行、2006 施行）第 23 条によれば、従業員が 200 人以上の企業の労働組合は法により専門職（専従）（中国語：**専職**）の労働組合主席を置くとされます。

注4) 企業労働組合主席選出方法（試行）（2008 施行）第 22 条 2 項、企業労働組合工作条例（試行、2006 施行）第 28 条 3 項にも同様の規定が設けられています。

注5) 企業労働組合主席選出方法（試行）（2008 施行）第 22 条 1 項、企業労働組合工作条例（試行、2006 施行）第 28 条 1 項。

注6) 使用者による一方的な労働契約の解除事由。

注7) 労働者が法により基本養老保険待遇を受け始めた場合、労働契約は終了するとされます。

注8) 浙江省寧波市中級人民法院民事判決書（2012）浙甬民一終字第 85 号。

地方規定に注目！

〈広東〉

広東省総工会の会社従業員（労働組合主席を兼任している者）からの「労働組合主席はその任期満了前に人員削減の対象者となれるか」という質問についての回答（2013）（著者抜粋整理）

➡労働者が労働組合の主席を兼任し、その任期が未だ満了してない場合は、労働契約法第 42 条に定める「法律、行政法規に規定するその他の場合」に該当するため、人員削減の対象者とすることはできず、労働組合法第 18 条の規定に基づき、労働組合主席との労働契約はその任期満了時まで自動的に延長される。

〈四川〉

四川省集団契約条例（2000 施行）第 19 条 4 項

➡企業が経済的理由による人員削減（整理解雇）を行う際、（労働者側の）協議代表（労働組合主席等）は、人員削減の対象者リストに載せられない（中国語：**保留工作**）優先的な権利を有する。

> 集団契約の履行により紛争が発生し、労働組合と使用者の協議を経ても解決できない場合、労働組合は労働者に代わって人民法院に対し訴訟を提起できますか？

A 集団契約の履行により紛争が生じた場合、労働組合は仲裁の申立と訴訟を提起することができます。

解　説 ||||||||||||||||||||||||||||||||||||||||||||||||||||||||||||||||||||||||||||||||||

(1)　労働組合の職責

　労働組合は、法に従い労働者の合法的権益を保護し、使用者の労働契約、集団契約の履行状況について監督を行い、使用者が労働関連法律、法規及び労働契約、集団契約に違反した場合、意見を提出するかまたは是正を要求する権利を有しています（労働契約法第78条）。

(2)　集団契約の締結と協議代表の身分保障

　労働契約法第51条1項によれば、労働者側と使用者が平等な協議を通じて、労働報酬、勤務時間、休憩休暇、労働安全衛生、保険福利厚生等の事項について集団契約を締結することができ[注1]、集団契約の草案は、従業員代表大会に提出し、または従業員全体の討論を経て、承認（可決）されなければなりません。

　労働組合を結成している使用者の場合、労働組合が従業員側を代表して使用者と集団契約を締結しますが、労働組合を結成してない使用者の場合、上級の労働組合の指導のもと労働者の推薦する代表者が使用者と集団契約を締結します（同2項）。

　労働組合の主席または副主席など組合のメンバーが労働者側の代表として労使双方間の協議に参加し、その職責の履行期間中に労働契約の期間が満了する

場合、労働契約の期間は協議代表としての職責の履行を完了するときまで自動的に延長するとされ、法定の事由が生じた場合を除き、使用者は協議代表との労働契約を一方的に解除することはできません（➡ Q8-2 参照）。

(3) 仲裁の申立と訴訟の提起

使用者が集団契約に違反し、労働者の労働の権益を侵害した場合、労働組合は、法に基づき使用者に対して責任を負うよう求めることができ、集団契約の履行により紛争が生じ、協議を経ても解決できない場合、労働組合は、労働紛争仲裁機関に対し仲裁を申し立てることができ、仲裁機関がこれを受理しないときまたは仲裁判断に不服があるときは、人民法院に訴訟を提起することができます（労働契約法第 56 条、労働組合法第 20 条 4 項）。

実務上、労働者側と使用者間に集団契約の履行により紛争が生じた場合、当該集団契約に関わる労働者が多人数であり、一部の労働者しか仲裁または訴訟手続に参加しない場合、集団契約による紛争を一括で処理することは難しくなります。

そこで、労働組合は集団契約に基づく権利を享有し、義務を負う契約当事者ではありませんが、労働者が仲裁または訴訟に参加する負担を効果的に軽減するため、仲裁手続における申請人または訴訟手続における原告となることができるとされます。

もっとも、使用者は、労働組合との間で集団契約を締結するか否かを選択する権限を有しており、労働組合は使用者が集団契約を締結していないことを理由に仲裁を申し立て、または訴訟を提起することはできません（➡ Q1-1 参照）。

注 l) 会社法（2013 改正施行）第 18 条にも同様の規定が設けられており、会社は自社の労働組合のために必要な活動条件を提供しなければなりません。

第 9 章

労働契約の終了、解除と補償金

Q 9-1　労働契約の終了

期間が満了する労働契約をどのように終了すべきなのでしょうか？
経済補償金は支払わなければなりませんか？

A　使用者は期間が満了する固定期間労働契約の更新を望まない場合、固定期間労働契約の期間満了日前に労働者に対して労働契約の終了通知をする必要があります。また、固定期間労働契約が終了した場合、使用者は法定の例外的な状況を除き労働者に対して経済補償金を支払わなければなりません。

解　説 ||||||||||||||||||||||||||||||||||||||||||||||||||||||||||||||||||||||||||||||||

(1)　労働契約の終了事由

以下に掲げる事由のいずれかに該当する場合、労働契約は終了するとされます（労働契約法第44条）。

①　労働契約の期間が満了した場合

②　労働者が法に従い基本年金（養老）保険の待遇を受け始めている場合

③　労働者が死亡し、または人民法院から死亡を宣告され、もしくは失踪を宣告された場合

④　使用者が法に従い破産宣告を受けた場合

⑤　使用者が営業許可証を取り消されまたは廃業もしくは取消しを命じられ、または使用者が繰上解散を決定した場合

⑥　法律、行政法規に規定するその他の事由

(2)　使用者の通知義務と経済補償金の支払義務

①　使用者の通知義務

使用者は、固定期間労働契約の期間満了後に契約更新を望まない場合、当該

契約の期間満了日前に労働者に対して労働契約の終了通知をする必要があります。

　労働契約の期間が満了した後、労働者が使用者のもとで引き続き勤務し、使用者が労働契約終了の通知及び離職手続を行うことを放念し、かつ労働者の継続勤務を黙認した場合、後日、労働者は使用者に対し労働契約法第82条1項の規定に基づく2倍の賃金を支払うよう請求することができますので、特に留意する必要があります（➡ Q1-4、Q9-6 参照）。

　使用者は、上記の労働契約終了の通知及び離職手続を履行したことに関する証拠を保管することにより、労働紛争の発生リスクに備えるべきです。

　下記の経済補償金の支払義務に関連して、労働契約更新の際に賃金の引き上げを要求する労働者については、元の労働契約の条件のまま契約更新を提示し、契約終了に繋げる方法も考えられます。

② 　経済補償金の支払義務

　労働契約の期間満了は、労働契約の終了事由に該当し（労働契約法第44条1号）、契約期間の満了により固定期間労働契約を終了する場合、使用者は労働者に対して経済補償金を支払わなければなりません。

　使用者は、固定期間労働契約の期間満了日までに、当該契約に約定する条件を維持しまたは引き上げて労働契約の更新を労働者に提示したが、労働者が契約更新に同意しないため、固定期間労働契約を終了する場合に限り、労働者に対して経済補償金を支払う必要はありません（労働契約法第46条5号）。

(3)　使用者が固定期間労働契約を終了できず無固定期間労働契約の締結要求に応じなければならない場合

　以下に掲げる事由のいずれかに該当し、かつ労働者が労働契約の更新、締結を申し出、または労働契約の更新、締結に同意した場合は、労働者が固定期間労働契約の締結または更新を申し出た場合を除き、無固定期間労働契約を締結しなければなりません（労働契約法第14条2項）。

① 　労働者が当該使用者のもとにおいて、勤続満10年以上である場合

② 　連続して固定期間労働契約を2回締結し、かつ労働者が労働契約法第39条（使用者による一方的な労働契約の解除事由）及び第40条（使用者による労働契

の予告解除事由）1号、2号に定める事由に該当せずに、労働契約を更新する場合

(4) 固定期間労働契約終了の延長事由

　固定期間労働契約の期間が満了し、労働者が以下に掲げる事由のいずれかに該当する場合、労働契約はその該当する事由がなくなるまで延長してから終了しなければなりません（労働契約法第45条、第42条）。

① 　職業病の危険に接触する業務に従事した労働者に離職前職業健康診断を行わず、または職業病が疑われる病人で診断中もしくは医学観察期間にある場合

② 　使用者のもとにおいて職業病を患い、または労災により負傷し、かつ労働能力の喪失もしくは一部喪失が確認された場合[注1]

③ 　病気を患い、または労災以外で負傷し、規定の医療期間内にある場合

④ 　女性従業員が妊娠、出産、授乳期間にある場合

⑤ 　使用者のもとにおいて勤続満15年以上で、かつ法定の定年退職年齢まで残り5年未満である場合

⑥ 　法律、行政法規に定めるその他の事由

　注1）　労働契約の終了については労災保険に関する規定に従うとされます（労働契約法第45条但し書き）。

使用者はどのような場合に労働契約を解除できますか？

A　使用者は、労働契約の解除が可能な法定事由が生じた場合、整理解雇を含め、労働者を解雇することができます。また、使用者は労働者との合意を経て労働契約を解除することができます（➡ Q9-3 参照）。

解　説 ||||||||||||||||||||||||||||||||||||||||||||||||||||||||||||||||||||||||||||||||||||||||||||||||

(1)　従業員に過失がある場合の解除

　使用者は、労働者が以下に掲げる事由のいずれかに該当する場合、事前の通知などを経ることなく、直ちに労働契約を解除することができます（労働契約法第 39 条）。

① 　試用期間において採用条件に不適格であることが証明された場合（➡ Q2-3 参照）

② 　使用者の規則制度に著しく違反した場合

③ 　重大な職務怠慢、自己の利益のための不正行為があり、使用者に重大な損害を与えた場合

④ 　労働者が同時に他の使用者と労働関係を確立し、当該使用者の業務上の任務の完成に重大な影響を与え、または使用者から是正を求められたがこれを拒否した場合

⑤ 　詐欺、脅迫の手段をもってまたは人の弱みにつけこみ、使用者にその真意に反する状況下で労働契約を締結させ、または変更させた場合[注 1)]

⑥ 　法により刑事責任を追及された場合（➡ Q9-10 参照）

　上記の事由が生じた場合、使用者は労働者に対して経済補償金を支払う必要はありません。

労働契約に法律上認められる違約金（➡Q9-12参照）が定められている場合は、使用者は労働者に対して違約金を請求する権利があります。

(2) 従業員に過失がない場合の解除

使用者は、労働者が以下に掲げる事由のいずれかに該当する場合、解除の30日前までに書面により通知するか（**予告解除通知**）、または1か月分の賃金（予告解除通知に代わる補償金で、中国語で「**代通知金 dài tōng zhī jīn**」ともいいます）を余分に支払った後、労働契約を解除することができます（労働契約法第40条）。

① 労働者が病気を患い、または労災以外で負傷し、所定の医療期間の満了後も元の業務に従事できず、使用者が別に手配した業務にも従事することができない場合

② 労働者が業務に不適任であり、研修または勤務部署の調整を経ても依然として業務に不適任である場合

③ 労働契約の締結時に拠り所とした客観的状況に重大な変化が生じ、労働契約の履行が不可能になり[注2]、使用者と労働者との間で協議を経ても労働契約内容の変更について合意に達することができない場合

上記の事由が生じた場合、労働者に対して経済補償金を支払う必要があります。

(3) 整理解雇

以下に掲げる事由のいずれかに該当し、20人以上の人員削減、または20人未満であるが企業の従業員総数の10%以上を占める人員削減を行う場合、使用者は、30日前までに労働組合または全従業員に対して状況を説明し、労働組合または従業員の意見を聴取した後、人員削減計画を現地法人所在地の労働行政部門に届け出て、人員を削減することができます（労働契約法第41条）。

① 企業破産法の規定に従い更生（中国語：**重整 chóng zhěng**）を行う場合

② 生産経営に重大な困難が生じた場合

③ 企業の生産の転換、重大な技術革新または経営方式の調整により、労働契約の変更後もなお人員削減の必要がある場合

④ その他労働契約の締結時に拠り所とした客観的経済状況に重大な変化が生

じたため、労働契約の履行が不可能になった場合

上記の事由が生じ、人員削減を行うとき、以下の人員については、優先的に雇用を継続しなければなりません。

① 当該使用者と比較的長期間の固定期間労働契約を締結している者

② 当該使用者と無固定期間労働契約を締結した者

③ 世帯に他の就業者がなく、扶養を必要とする老人または未成年者がいる者

使用者が人員削減を行った後6か月以内に新たに人員を募集・雇用する場合、削減対象となった人員に通知しなければならず、同等の条件において削減対象となった人員を優先的に募集・雇用しなければなりません。

使用者は、削減対象となった人員に対して経済補償金を支払う必要があります。

(4) 労働契約の解除不可事由

労働者が以下に掲げる事由のいずれかに該当する場合、使用者は労働契約法第40条（**使用者による労働契約の予告解除**）、第41条（**整理解雇**）の規定に従い、労働契約を解除してはなりません（労働契約法第42条）。

① 職業病の危険に接触する業務に従事した労働者に離職前職業健康診断を行わず、または職業病が疑われる病人で診断中もしくは医学観察期間にある場合

② 使用者のもとにおいて職業病を患い、または労災により負傷し、かつ労働能力の喪失もしくは一部喪失が確認された場合

③ 病気を患い、または労災以外で負傷し、規定の医療期間内にある場合

④ 女性従業員が妊娠、出産、授乳期間にある場合

⑤ 使用者のもとにおいて勤続満15年以上で、かつ法定の定年退職年齢まで残り5年未満である場合

⑥ 法律、行政法規に定めるその他の事由

⚖️

注1) 労働契約法第26条1項により当該事由は労働契約の無効事由に該当します。

注2) 「労働法の一部条項に関する説明」を発布することに関する労働部弁公庁の通知（労弁発

［1994］289 号）第 26 条 4 項によれば、「労働契約の締結時に拠り所とした客観的状況に重大な変化が生じ、労働契約の履行が不可能になった場合」とは、「不可抗力事由が発生し、または労働契約の全部もしくは一部の条項を履行不能にさせるその他の状況、例えば企業移転、吸収合併、企業資産の移転などが生じること」をいうとされます。実務上も、支店などの拠点を閉鎖する場合や、会社が現登録住所と全く異なる場所に移転するため、労働者の勤務地が変更される場合など、物理的に労働者の使用維持が不可能となる場合を想定しているものと理解されています。

Q 9-3 労働者による労働契約の解除権

労働者はどのような場合に労働契約を解除できますか？

A 労働者は、使用者との合意を経て、または予告解除通知により労働契約を解除することができるほか、労働契約の解除が可能な法定事由が生じた場合、労働契約を解除することができます。

解説

(1) 労働契約の合意解除

労働契約法第 36 条により、労使双方間の合意を経て労働契約を解除することができます。係る合意解除が使用者の申出による場合、使用者は労働者に対し経済補償金を支払う必要があります（労働契約法第 46 条 2 号）。

ただし、実務上、労働契約の合意解除が使用者からの申し出によるものか否かに焦点が絞られることはほぼなく、労使双方間で労働契約の解除に合意した場合、使用者が労働者に対し一定の経済補償金を支払うのが一般的です。

(2) 労働契約の予告解除

労働者は、30 日前までに書面により使用者に通知して労働契約を解除することができ、試用期間内であれば、3 日前までに使用者に通知して労働契約を解除することができます（労働契約法第 37 条）。

労働者本人の都合による労働契約の予告解除の場合、使用者は労働者に対して経済補償金を支払う必要はありません。

労働契約に法律上認められる違約金（➡Q9-12参照）が定められている場合は、使用者は労働者に対して違約金を請求する権利があります。

(3) 労働契約の法定解除事由

労働者は、以下に掲げる事由のいずれかに該当する場合、労働契約を解除することができます（労働契約法第38条、労働契約法実施条例第18条）。

① 使用者が労働契約の約定に従った労働保護または労働条件を提供しなかった場合

② 使用者が労働報酬を遅延なく満額で支払わなかった場合

③ 使用者が法に従って労働者のために社会保険料を納めなかった場合

④ 使用者の規則制度が法律、法規の規定に違反し、労働者の権益に損害を与えた場合

⑤ 使用者が詐欺、脅迫の手段により、または人の弱みにつけこみ、労働者の真意に反する状況下で労働契約を締結または変更させた場合[注1]

⑥ 使用者が労働契約の中で自己の法定責任を免除し、労働者の権利を排除した場合[注2]

⑦ 使用者が法律、行政法規の強行規定に違反した場合[注3]

⑧ 使用者が暴力、脅しまたは人身の自由を不法に制限する手段により労働者に労働を強要した場合

⑨ 使用者が危険な作業を規則に反して指示しまたは強制的に命じ、労働者の人身の安全を脅かした場合

⑩ 法律、行政法規に定める労働者が労働契約を解除することができるその他の事由

上記の事由のうち、⑧、⑨の事由が生じた場合、労働者は、事前の通知などを経ることなく、直ちに労働契約を解除することができます。

ただし、⑧、⑨を除くその他の解除事由が生じた場合は、労働契約法の定める条件及び手続により、労働者は労働契約を解除できるとされていますが、労働者は使用者に対して事前に知らせる必要があります（➡ Q9-9 参照）。

上記の法定解除事由が生じた場合、使用者は労働者に対して経済補償金を支払う必要があります。

注1）～3） 労働契約法第26条1項により当該事由は労働契約の無効事由に該当します。

Q 9-4　経済補償金の支払責任

経済補償金はどのような場合に支払わなければなりませんか？　経済補償金の支払いが不要とされる場合はありますか？

A　労働契約法第 46 条に、経済補償金を支払う必要がある場合が定められています。労働契約法によれば、経済補償金の支払いが不要とされる場合もあります。

解　説 ||||||||||||||||||||||||||||||||||||||||||||||||||||||||||||||||||||||||||||||||||

(1)　経済補償金の支払いが必要とされる場合

労働契約法で経済補償金の支払いが必要とされる場合は以下のとおりです（労働契約法第 46 条）。

①　労働者による労働契約の法定解除事由が生じた場合[注1]（➡ Q9-3 参照）

②　使用者からの申出により、労使双方間で労働契約を合意解除した場合

③　従業員に過失がない場合の使用者による労働契約の解除（➡ Q9-2 参照）

④　使用者による整理解雇（➡ Q9-2 参照）

⑤　固定期間労働契約の期間が満了し終了した場合[注2]

⑥　使用者が法に従い破産宣告を受けた場合

⑦　使用者が営業許可証を取り消されまたは廃業もしくは取消しを命じられ、または使用者が繰上解散を決定した場合

⑧　法律、行政法規に規定するその他の事由

(2)　経済補償金の支払いが不要とされる場合

労働契約法によれば、経済補償金の支払いが不要とされる場合は以下のとおりです。

①　労働者本人の都合による労働契約の解除（➡ Q9-3 参照）

② 従業員に過失がある場合の使用者による労働契約の解除（➡ Q9-2 参照）

③ 労働者からの申出により、労使双方間で労働契約を合意解除した場合[注3]

④ 固定期間労働契約の期間が満了し、使用者が労働契約に約定する条件を維持しまたは引き上げて労働契約の更新を労働者に提示したが、労働者が契約更新に同意しないため契約終了となった場合[注4]

⑤ 労働者が法に従い基本年金保険の待遇を受け始めたため、労働契約が終了した場合[注5]

⑥ 労働者が死亡し、または人民法院から死亡を宣告され、もしくは失踪を宣告されたため、労働契約が終了した場合[注6]

⑦ 非全日制雇用が終了した場合[注7]

⚖

注1） 使用者に賃金不払いや、法律違反行為などがあるため、労働者が一方的に労働契約を解除した場合を指します。

注2） 使用者が労働契約に約定する条件を維持しまたは引き上げて労働契約の更新を労働者に提示したが、労働者が契約更新に同意しない場合を除きます。

注3） 実務上、労働契約の合意解除が使用者からの申し出によるものか否かにかかわらず、労使双方間の合意解除文書に経済補償金に関する約定が入っているのが一般的です。

注4） 労働契約法第 46 条 5 号。

注5） 労働契約法第 44 条 2 号。

注6） 労働契約法第 44 条 3 号。

注7） 労働契約法第 71 条。

Q 9-5 経済補償金の計算方法

経済補償金の計算方法を教えてください。

A 経済補償金は従業員の勤務年数に応じて計算します。勤務年数満1年につき1か月分の賃金、勤務期間が6か月未満の場合は半月分の賃金、6か月以上1年未満の場合は1年として計算します。

解　説 ||||||||||||||||||||||||||||||||||||||||||||||||||||||||||||||||||||||||||||||||||||||||||||||||

(1)　経済補償金の計算方法（2008年1月1日以降適用）

労働契約法第47条によれば、経済補償は、労働者の当該使用者における勤務年数満1年につき1か月分の賃金を支払うことになっており、6か月以上1年未満の場合は、1年として計算し、6か月未満の場合は、労働者に対し半月分の賃金を経済補償として支払わなければなりません。

月額賃金とは、労働者の労働契約の終了または解除前の12か月間の平均賃金のことをいいます。

<u>経済補償金の支給額＝月額賃金×満勤務年数</u>

また、労働者の月額賃金が、使用者の所在地政府の公布する前年度の従業員月額平均賃金[注1]の3倍を上回る場合は、当該労働者に支払う経済補償の基準は、従業員月額平均賃金の3倍に相当する金額とし、当該労働者への経済補償の支払年数は最高で12年を超えないものとなっています。

(2)　労働契約法施行日（2008年1月1日）前後の取扱に関する経過規定

労働契約法の施行日において存続する労働契約が、同法の施行後に解除され、または終了し、同法第46条の規定（➡ Q9-4 参照）に従い経済補償を支払うべ

き場合、経済補償の年数は同法の施行日より起算し、同法の施行前においてその時の関連規定に従い労働者に対し経済補償を支払うべき場合は、その時の関連規定に従い実施するとされます（労働契約法第97条3項）。

　従って、労働者の当該使用者における勤務期間が2008年1月1日をまたぐ場合には、労働契約法の施行日の前と後との2段階に分けてそれぞれ適用される関連規定に従い経済補償金を計算する必要がありますので注意が必要です。

労働契約法実施前の経済補償金の計算方法*

契約の終了 または解除事由	計算方法	上限規定	備考
合意解除	経済補償金の支給額 ＝月額賃金×勤務年数 ＊月額賃金： 契約解除前の12か月間の 月額平均賃金 ＊勤務年数： 勤務満1年につき1か月分 の賃金を支払い、1年未満 の場合は1年として計算	12か月	—
業務不適任		12か月	—
疾病または業務外負傷		12か月の上限 なし	＊月額賃金が使用者の月額平均賃金を下回る場合は、使用者の月額平均賃金を基準とする。
客観的状況の重大な変化 による契約履行不能			
整理解雇			
解散による契約終了	明文規定なし		—

*　労働契約違反及び労働契約解除に当たっての経済補償弁法（労部発［1994］481号、1995年1月施行、2017年11月廃止）第5条〜第11条、労働契約の解除による経済補償問題についての回答書（労部発［1997］98号、1997年10月公布）第2条より、著者整理。

(3)　月額賃金の確定

　労働契約法実施条例第27条によれば、労働契約法第47条に定める経済補償の月額賃金は、労働者の得るべき賃金支給額（中国語：**応得工資 yīng dé gōng zī**）により計算し、時間当たりの賃金（時間給）または出来高による賃金及び賞与、手当と補助金等の金銭収入（中国語：**貨幣性収入 huò bì xìng shōu rù**）を含むとされます。

　労働契約の解除または終了前の12か月間の平均賃金が、使用者所在地の最低賃金基準を下回る場合は、当該地域の最低賃金基準に基づいて計算し、労働者の勤務期間が12か月に満たない場合は、実際に勤務した月数に基づいて平均賃金を計算するとされます。

⑷ 勤務年数の計算

　同一の使用者における勤務年数には、労働者が病気を患い、または業務上の原因によらずに負傷し、法により取得すべき医療期間や、女性従業員の妊娠、出産、授乳期間などが含まれます。

⑸ 経済補償金の支払時期の判断

　労働契約法第 50 条 2 項によれば、使用者が労働契約法の関連規定に基づき労働者に対して経済補償金を支払わなければならない場合、労使双方間で業務の引継を終了した時に労働者に経済補償金を支払うとされます。

　実務上、労働契約の解除または終了時、労使双方間で、業務の引継の完了を経済補償金の支払条件とすることは多いですが、労使双方間でこのような約定をする際、業務の引継の内容と必要性、引継対象物の価値などにも留意する必要があります。

　というのは、業務の引継の内容やその対象物によっては、業務の引継の完了を経済補償金の支払条件と約定することは、労働者にとって不合理であるとの判断が下される可能性があるためです。

⚖️

注 1）　正確には、使用者の所在する直轄市、区を設置する市級の人民政府の公布する当該地区における前年度の従業員月額平均賃金のことをいいます（労働契約法第 47 条 2 項）。

🔍 **地方規定に注目！**

〈広東〉
広東高院座談会紀要（2012）第 31 条
➡使用者は労働者に対し労働契約の解除または終了による経済補償金または賠償金を支払うとき、経済補償金または賠償金の基数は、労働者の労働契約の解除または終了前の 12 か月間における平均賃金であり、「労働契約法」の施行日の前後に分けて計算する必要はない。労働者の月額賃金が使用者所在地の前年度従業員月額平均賃金の 3 倍を上回る場合、経済補償金または賠償金の基数は、使用者所在地の前年度従業員月額平均賃金の 3 倍を基準に計算する。

同紀要第 32 条
➡「労働契約法」の施行日前に労働関係が成立し、同法の施行後に解除または終了した場合、経済補償金は以下の方法により計算する。
⑴　「労働契約法」の施行日前の関連規定により、使用者が経済補償金を支払う必要が無い場合、労働者の勤務年数は「労働契約法」の施行日から計算する。

⑵　「労働契約法」の施行日の前後の関連規定により、使用者が経済補償金を支払う必要がある場合、労働者の勤務年数は雇用開始日から計算する。（略）

同紀要第 33 条
➡「労働契約法」が施行された後、使用者が法に違反して労働契約を解除または終了し、労働者が労働契約の継続履行を要求せず、または労働契約の継続履行が不可能な場合、使用者は「労働契約法」の規定に従い労働者に対し賠償金を支払わなければならないが、別途経済補償金を支払う必要はない。賠償金の計算年数は、実際の雇用開始日から計算し、「労働契約法」の施行日前の労働者の勤務年数を含まなければならない。

深圳中院裁判手引き（2015）第 97 条
➡経済補償または賠償金を計算する際、労働者が労働契約を解除する前の 12 か月間の平均賃金は、通常の勤務時間の賃金のほか、労働者の時間外労働手当をも含む。労働者が既に受領した年末賞与または年末のダブルペイ（中国語：**年終双薪**）は、12 か月（1 年）に割り振った金額を賃金基数に計上するものとする。
　使用者が雇用開始日から 1 か月以内に労働契約を締結しなかったため、月ごとに労働者に支払うべき 2 倍の賃金については、そのうち付加される 1 倍の賃金は、経済補償または賠償金の計算基数に計上しない。

〈北京〉

北京高院回答（2017）第 21 条⑷
➡労働者が労働契約を解除する前の 12 か月間の平均賃金を計算する際、時間当たりの賃金または出来高による賃金及び賞与、手当と補助金等の金銭収入（中国語：**貨幣性収入**）を含むものとする。そのうち通常の勤務時間の賃金のほか、労働者の時間外労働手当をも含む。労働者が得るべき年末賞与または年末のダブルペイ（中国語：**年終双薪**）は、12 か月（1 年）に割り振った金額を賃金基数に計上する。「労働契約法」第 47 条に規定する経済補償を計算する際の月額賃金基準は、「労働契約法実施条例」第 27 条の規定に従い確定しなければならず、「労働契約法実施条例」第 27 条における「（労働者の）得るべき賃金支給額（中国語：**応得工資**）」は、労働者個人が納付する社会保険、住宅積立金及び所得税を含む。

〈上海〉

上海高院意見（2007）第 9 条の 6
Ⓠ 経済補償金の計算における賃金とは（労働者の得るべき）賃金支給額（中国語：**応得工資**）のことか、それとも手取りの賃金のことか？

Ⓐ 関連規定に基づき、経済補償金は労働関係の解除前の 12 か月間の平均賃金収入を計算基準としなければならない。労働者の毎月の賃金支給額と手取り賃金の差額は、使用者による各種の控除・源泉徴収費用で、これには個人で負担すべき社会保険料、税金または労働組合費等が含まれる。使用者によって控除・源泉徴収された社会保険料、税金等はいずれも労働者個人の労働所得の一部であり、使用者が労働者に代わって納付する義務を負うだけである。従って、経済補償金の計算時には、当該部分の費用を賃金収入に計上しなければならない。

Q 9-6 労働契約未締結の責任が労働者側にある場合の使用者の支払責任

労働者が正当な理由なく労働契約の締結を拒否しています。使用者はこれを理由に労働者との労働関係を終了すべきでしょうか？　使用者が労働契約を終了する場合、労働者に対し書面の労働契約未締結による2倍の賃金と労働契約の終了による経済補償金を支払う必要はありますか？

A 労働者が正当な理由なく労働契約の締結を拒否する場合、使用者は労働者に対し労働関係の終了を書面で通知しなければなりません。労働者側の原因により労働契約を締結できない場合の使用者の責任については、いくつかの状況に分けて、かつ使用者所在地の関連規定に基づいて検討する必要があるため、特に注意が必要です。

解　説

(1)　労働者が雇用開始日から1か月以内に労働契約を締結しない場合

　労働契約法実施条例第5条によれば、雇用開始日から1か月以内に、使用者から書面で通知されたが、労働者が使用者と書面の労働契約を締結しないときは、使用者は労働者に書面で通知して労働関係を終了するものとし、労働者に経済補償を支払う必要はありません。ただし、法により労働者に実際の労働時間の労働報酬を支払う必要があります。

(2)　労働者が雇用開始日から1か月超1年未満の間に労働契約を締結しない場合

① 　使用者から書面通知により労働関係を終了したケース

　労働契約法実施条例第6条1項によれば、使用者が雇用開始日から1か月超1年未満の間に労働者と書面の労働契約を締結しないときは、労働契約法第82条の規定（**書面による労働契約締結義務不履行時の罰則**）により労働者に毎月2倍の

賃金を支払い（➡ Q1-3 参照）、かつ労働者と書面の労働契約を補充的に締結しなければなりません。

労働者が使用者と書面の労働契約を締結しないとき、使用者は労働者に書面で通知して労働関係を終了し、かつ労働契約法第 47 条の規定（➡ Q9-5 参照）により労働者に経済補償を支払わなければなりません（労働契約法実施条例第 6 条 1 項 2 文）。

② 使用者から労働関係の終了を書面で通知せず雇用を継続したケース

広東高院座談会紀要（2012）第 14 条、深圳中院裁判手引き（2015）第 64 条の規定により（下記「地方規定」参照）、使用者は労働者に対し、書面の労働契約の未締結により 2 倍の賃金を支払う必要があります。

③ 使用者から書面通知により労働関係を終了したが、使用者が労働者による労働契約の締結拒否を立証できないケース

使用者側の原因で、雇用開始日から 1 か月超 1 年未満の間に労働契約を締結していない場合、使用者が労働契約を補充的に締結することを労働者に通知したが、労働者がこれを拒否したとして、使用者が労働関係を終了したものの、使用者が労働者による労働契約の締結拒否を立証できないときは、使用者は労働者に対し、書面の労働契約の未締結により 2 倍の賃金を支払うほか、経済補償金を支払う必要があります。

④ 使用者が労働契約の補充締結を書面で通知しても労働者がこれを拒否し、かつ労働契約の継続履行を拒否したケース

上海高院意見（2009）の規定により（下記「地方規定」参照）、使用者から補充締結の書面通知を受けても、労働者が労働契約の締結を拒否し、かつ労働契約の継続履行を拒否した場合は、労働者が一方的に労働契約を終了したと見なされ、使用者は労働者に対し、書面の労働契約の未締結による 2 倍の賃金と経済補償金を支払う必要はありません。

⑶ 労働者が雇用開始日から 1 年経過後無固定期間労働契約を締結しない場合

上海高院民事審判廷紀要（2015）の規定により（下記「地方規定」参照）、労使双方間で雇用開始日から 1 年が経過するまで労働契約を締結していない場合、使用者が無固定期間労働契約の締結を労働者に通知したが、労働者がこれを拒

否したとして書面通知により使用者が労働関係を終了したときは、使用者は労働者に対し、書面の労働契約の未締結による2倍の賃金を支払う必要はありませんが、経済補償金を支払う必要はあるとされます。

　上記のケースにおける使用者の支払責任を整理したものは**下表**になります。ただし、下表では一部地方の規定を引用してまとめた箇所がありますので、当該地方に所在していない使用者はその所在地の関連規定を優先して適用する必

労働契約未締結の責任が労働者側にある場合の使用者の支払責任

具体的な事由 / 使用者の支払責任	実際労働期間の労働報酬	2倍の賃金	経済補償金（法定）
労働者が雇用開始日から1か月以内に労働契約の締結を拒否する場合、書面通知による労働関係の終了。	有	無	無
労働者が雇用開始日から1か月超1年未満の間に労働契約の締結を拒否する場合、書面通知による労働関係の終了。	有	無	有
労働者が雇用開始日から1か月超1年未満の間に労働契約の締結を拒否する場合、労働関係終了の書面通知をせずに雇用を継続。	有	有	－（雇用継続）
使用者側の原因で雇用開始日から1か月超1年未満の間に労働契約を締結していない場合、使用者が労働契約の補充締結を通知したが、労働者がこれを拒否したとして労働関係を終了したケース。ただし、使用者は労働者による労働契約の締結拒否を立証できない。	有	有 [1]	有 [2]
雇用開始日から1か月超1年未満の間に労働契約を締結していない場合、使用者から補充締結の書面通知を受けても、労働者が労働契約の締結を拒否し、かつ労働契約の継続履行を拒否した場合は、労働者が一方的に労働契約を終了したと見なす。	有	無	無
雇用開始日から1年が経過するまで労働契約を締結していない場合、使用者が無固定期間労働契約の締結を通知したが労働者がこれを拒否したとして書面通知による労働関係の終了。	有	無	有

1　使用者による書面通知及び労働関係の終了に関する証明資料に基づき、仲裁員または裁判官が「労働者による労働契約の締結拒否」と認めた場合は、2倍の賃金の支払いが不要と判断される可能性もあります。
2　仲裁員または裁判官によっては、労働契約の違法解除（労働契約法第48条、第87条）と認められる可能性もゼロではありませんので、使用者が関連する立証義務を履行する際は細心の注意が必要です。

要があります。

<広東>

広東高院指導意見（2008）第 21 条
➡雇用開始日から 1 か月以内に、労働者と使用者が労働契約締結事項についての協議が合意に至らず、使用者が労働関係の終了を提示する場合、経済補償金を支払う必要はない。

　雇用開始から 1 か月超 1 年未満の間に、使用者に十分な証拠があり、労働者との間で書面の労働契約を締結できない原因が完全に労働者側にあることを証明し、かつ使用者に過失（中国語：過錯）がない場合、使用者は 2 倍の賃金を支払う必要はない。ただし、使用者が労働関係の終了を申し出た場合は経済補償金を支払わなければならない。

広東高院座談会紀要（2012）第 14 条
➡使用者が、雇用開始日から 1 か月超 1 年未満の間に、労働者と書面による労働契約を締結していない場合、または労働者に書面の労働契約の締結を通知したが、労働者が正当な理由なくこれを拒否し、使用者が労働関係の終了を書面で通知していない場合、「労働契約法」第 82 条の規定に基づき労働者に対し毎月 2 倍の賃金を支払うものとする。

　労働契約の期間が満了した後、労働者が依然として元の雇用先に勤務し、1 か月を超えても労使双方間で労働契約を締結していない場合、労働者が「労働契約法」第 82 条 1 項の規定に基づき 2 倍の賃金の支払を要求する場合、これを支持するものとする。

深圳中院裁判手引き（2015）第 64 条
➡使用者が雇用開始日から 1 か月超 1 年未満の間に、労働者と書面の労働契約を締結していない場合、使用者は雇用開始日から 1 か月が経過した日の翌日から双方間で書面の労働契約を締結した日の前日まで、2 倍の賃金を支払わなければならない。

　労働者が使用者との間で書面の労働契約を締結することを拒否し、使用者が「労働契約法実施条例」第 5 条、第 6 条の規定に従い労働関係の終了を書面で通知しなかった場合、労働者が書面の労働契約の未締結による 2 倍の賃金を支払うよう要求したときはこれを支持するものとする。

　労働契約の期間が満了し、労働者が引き続き雇用先に勤務し、使用者が労働契約の満了日から 1 か月超 1 年未満の間に、労働者と労働契約を締結していない場合、前 2 項の規定を参照し処理する。

深圳中院裁判手引きの説明（2015）第 12 条
➡（深圳中院裁判手引き）第 64 条は、労働者が書面の労働契約の締結を拒否することに関する処理の問題である。「労働契約法実施条例」第 5 条及び第 6 条の規定によれば、使用者に証拠があり、労働者が書面による労働契約の締結を拒否したと証明できる状況において、使用者は一定期間内に労働関係を終了することを書面で労働者に通知しなければならない。使用者が法定期間内に法により労働者に書面で通知して労働関係を終了しておらず、引き続き雇用している場合、使用者は労働関係を終了する権利を放棄したと見なすべきである。この時、労働者が書面の労働契約未締結による 2 倍の賃金を要求する場合、これを支持しなければならない。広東高院座談会紀要（2012）第 14 条（上記

参照）もこの観点を支持している。

深圳中院裁判手引き（2015）第 79 条
➡雇用開始日から 1 か月以内に、労働者が書面による労働契約の締結を拒否し、使用者が労働関係の終了を書面で申し出た場合、使用者は経済補償金を支払う必要がない。ただし、法に基づき労働者に対し労働者の実際の労働期間の労働報酬を支払わなければならない。

　雇用開始日から 1 か月超 1 年未満の間に、労働者が書面による労働契約の締結を拒否し、使用者が労働関係の終了を書面で申し出た場合、使用者は労働者に労働報酬を支払う以外に、労働関係の終了による経済補償金を支払わなければならない。

　雇用開始日から 1 年が経過した後、使用者が労働者と書面による労働契約を締結していない場合、雇用開始日から満 1 年にあたる日に労働者と無固定期間労働契約を締結したものと見なし、使用者は直ちに労働者と書面による労働契約を補充的に締結しなければならない。

　労働契約の期間が満了した後、労働者が引き続き使用者のもとで勤務する場合は上述の規定を参照し処理する。

〈上海〉

上海高院意見（2009）
2、労使双方間で書面の契約を締結していない場合の処理
➡労働契約の締結と履行は、信義誠実の原則を遵守しなければならない。労働者が実際に使用者のために勤務し、使用者が 1 か月が経過しても労働者と書面の契約を締結していない場合、労働者に 2 倍の賃金を支払う必要があるか否かは、使用者が誠実交渉の義務を履行したかどうか、及び労働者が契約締結を拒否したかどうか等の状況を考慮しなければならない。使用者が誠実交渉の義務を果たしており、不可抗力、想定外の状況または労働者による締結拒否など、使用者以外の原因により労働契約を締結できない場合、「中華人民共和国労働契約法実施条例」第 6 条で定める使用者が「労働者と書面の労働契約を締結しない」という状況には該当しない。使用者の原因によって書面の労働契約を締結しない場合、使用者は法により労働者に 2 倍の賃金を支払わなければならない。ただし、労働者が書面の労働契約の締結を拒否し、かつ契約の継続履行を拒否する場合は、労働者が一方的に労働契約を終了したものと見なす。

　労働契約の期間が満了した後、労働者が引き続き使用者に労働を提供し、使用者がこれについて異議を申立ててないが、当事者間で書面の労働契約を更新していない場合、当事者間で遅滞なく書面の労働契約を補充的に締結しなければならない。使用者は信義誠実の義務を果たしたが、労働者が使用者との間で書面の労働契約を締結しない場合、使用者は労働者に書面で通知して労働契約を終了することができ、かつ「労働契約法」第 47 条の規定に基づき経済補償金を支払う。労働者が書面の労働契約の締結を拒否し、かつ契約の継続履行を拒否する場合は、労働者が一方的に労働契約を終了したと見なし、使用者は労働者に対し実際の勤務期間の報酬を支払わなければならないが、経済補償金の支払いは必須ではない。

上海高院民事審判廷紀要（2015）
1、使用者は、労働者が無固定期間労働契約の締結を望まないことを理由に一方的に労働関係を解除できるか、解除すれば経済補償金の支払義務が有るか無いかという問題（著者整理抜粋）

労働契約法第14条3項に基づき、使用者が雇用開始日から1年が経過しても労働者と書面の労働契約を締結しない場合は、使用者が労働者と無固定期間労働契約を締結したと見なされる。このように法律で擬制された無固定期間労働契約は、労働契約の期間のみ確定し、その他の労働契約の権利と義務については書面で約定していない。

　労働契約法実施条例第7条では、使用者が雇用開始日から1年が経過しても労働者と書面の労働契約を締結しない場合は、使用者が労働者と無固定期間労働契約を締結したと見なし、かつ直ちに労働者と書面の労働契約を補充的に締結しなければならないと規定している。要するに、書面の労働契約を補充的に締結することは使用者の法定義務であり、労働者の法定義務でもある。労働契約の期間以外の労働契約の内容について、労使双方は合法、公平、自由意思、協議による合意、信義誠実の原則に則り協議の上、確定しなければならない。使用者が誠実交渉の義務を履行し、無固定期間労働契約の補充締結に際し、合理的な条件（係る合理性の判断は、同部署、同職種あるいは雇用開始日から1年間に形成された事実上の労働権利義務、またはその他合理的な要素を適宜参考し総合的に下すことができる）を提示したが、労働者が本人の都合により書面の労働契約の補充締結を望まない場合は、使用者は労働契約を解除でき、かつ労働者に経済補償金を支払うと解すべきである。

Q 9-7 グループ会社間の統合対象事業部門に在籍する労働者の経済補償金の請求権

> グループ会社間の特定事業部門（対象部門）の統合の決定により、グループ会社（転籍元会社）の対象部門に在籍している従業員（対象社員）をグループ他社（転籍先会社）に転籍させることになりました。グループ会社間の事業統合に伴う転籍に関し、対象社員の同意を得なければなりませんか？　また、対象社員に対し経済補償金を支払う必要はありますか？

A 　対象社員の転籍によって、転籍元会社と対象社員間の労働関係は解除され、対象社員は転籍先会社と新規の労働契約を締結することになります。対象社員は労働関係の解除と新規の労働契約の締結について同意するか否かの権利を有しています。

　転籍先会社が対象社員の転籍元会社における勤務期間を引き継ぐことについて3者間で合意した場合や、対象社員が自ら辞職するなど一方的に労働関係の解除を使用者に通知した場合を除き、転籍元会社は対象社員との間で転籍等について合意することができず、対象社員のために社内での配置転換もできない場合、グループ会社間の事業部門の統合決定に起因する労働関係の解除について経済補償金を支払う必要があります。

解　説 ‖‖‖

(1) 旧労働関係の解除と新労働関係の成立

　転籍元会社からすれば、自社の事業部門の撤廃または特定事業部門の他社への譲渡により、対象社員を転籍先会社に転籍させることは、転籍元会社と対象社員間の労働関係を解除し、対象社員は転籍先会社と新規の労働契約を締結することを意味しています。

　労働契約法の関連規定により、使用者または労働者は、労働関係を一方的に

解除することができますが、新しい労働関係を成立するには、労使間の書面合意は必須です。

　元の使用者から新しい使用者への転籍は、労働契約法第 34 条で定めるような、「使用者に合併、分割等の状況が生じ、元の労働契約は引き続き有効で、労働契約はその権利及び義務を承継する使用者が引続き履行する」といった状況（➡ Q9-8 参照）に該当しないと解されます。

　また、使用者の変更（転籍元会社から転籍先会社に変更）は、労働契約法第 35 条でいう「労使間合意による労働契約内容の書面変更」にも該当していません。

⑵　勤務年数の計算

　実務上、使用者の業務上の命令などにより、労働者が新しい使用者のもとに配置転換されることがありますが、これに関して労使間に何ら書面合意がない場合は、係る不安定な労働関係をどのように処理すべきか、という問題が生じます。

　労働契約法実施条例第 10 条によれば、労働者が本人以外の原因により元の使用者から新しい使用者のもとに配置転換された場合は、労働者の元の使用者における勤務年数を合算して新しい使用者における勤務年数を計算するとされています。

　「労働者本人以外の原因により元の使用者から新しい使用者のもとに配置転換された」場合とは、以下に掲げる事由のいずれかに該当する場合をいいます（労働紛争審理解釈（四）第 5 条 2 項）。

① 　労働者が元の勤務場所、勤務部署での業務に従事し、労働契約における使用者が元の使用者から新しい使用者に変更した場合
② 　使用者が任命派遣または任命の形式により労働者に対し配置転換を行った場合
③ 　使用者の合併、分割などの原因により労働者の配置転換が行われた場合
④ 　使用者及びその関連会社が労働者との間で労働契約を交互に締結した場合
⑤ 　その他合理的な事由が生じた場合

　上記①～⑤の事由はいずれも会社側の都合により、労働者の新雇用先への配置転換が実施済の場合における勤務年数の連続計算を当該新雇用先に義務付け

ることで、労働者の権利を保護しようとしていますが、上記(1)のとおり、本事例において労働者（対象社員）はそもそも旧雇用先（転籍元会社）との労働関係の解除と、新雇用先（転籍先会社）との新規の労働関係の成立について同意するか否かの権利を有しているため、会社側の案を社内で実施する際は留意する必要があります。

(3) 経済補償金の支払請求

① 雇用条件を維持またはこれを引き上げた場合

使用者が、グループ会社間の転籍について、賃金、役職などの雇用条件を維持または引き上げて、転籍先会社が転籍元会社における対象社員の勤務期間を引き継ぐ条件を対象社員に提示した場合には、対象社員がこれに同意する可能性は、使用者が提示した雇用条件が悪化する場合に比べてより高いものとなるでしょう。

対象社員が使用者の提示案に同意した場合は、対象社員に対し経済補償金を支払う必要はありません。この場合、転籍元会社、転籍先会社及び対象社員の3者間で、雇用条件と勤務期間の連続計算などの合意項目を書面にしておくことが安全なやり方です。

② 雇用条件が悪化する場合

賃金、勤務場所や役職などの雇用条件のうち、一部の雇用条件しか維持できず、実質、雇用条件が悪化する場合は、転籍先会社が転籍元会社における勤務期間を引き継ぐことを条件に対象社員に提示しても、対象社員（全員または一部社員）がこれに同意せず、転籍元会社での勤務期間に応じて経済補償金の精算を強く求める可能性があります。

(4) 転籍元会社との労働関係の解除方法

使用者から提示された雇用条件の内容にかかわらず、対象社員は使用者の提示案に同意または同意しない権利を有しています。対象社員（全員または一部社員）が使用者の提示案に同意せず、「転籍元会社での勤務期間に応じた経済補償金の精算なしには転籍に同意しない」と主張し、労使間で短期間で解決する見込みがない場合、転籍元会社と対象社員間の労働関係を解除する方法としては次

のものが考えられます。

①　時期的に対象社員との固定期間労働契約の期間が満了する場合、これを更新せず[注1)]、法定の経済補償金を支払い、対象社員との労働関係を解除する。

②　転籍元会社の事業部門の撤廃または一部事業の他社への譲渡により雇用維持が不可能になったとして、転籍等について労使間で協議するも合意に達することができない場合、予告解除[注2)]し、法定の経済補償金を支払う。

③　労使双方間で合意解除し（労働契約法第36条）、双方間で約定した経済補償金を支払う。

④　対象社員の経済補償金の精算要求に応じた後、転籍先会社に転籍させる。

(5)　転籍案実施時のその他のポイント

　実務上、使用者側の都合により対象社員を転籍させるケースにおいて、転籍先会社が転籍元会社での対象社員の勤務期間を引き継ぎ、対象社員に対する経済補償金を支払わずに、スムーズに対象社員を転籍させるためには、「対象社員の雇用条件の維持または引き上げ」と、「勤務場所が変更される場合などは、これに応じて一定額の交通手当または補助金の支払を約束」することも有効ではないかと思います。

　なお、転籍の実施に際しては、集団労働紛争事件に発展することも考えられます。この防止に十分留意すると同時に、対象社員を一括に転籍させる案のほかにも、その実施過程において、使用者の提示案に強く反対する一部の対象社員については、上記の転籍元会社との労働関係の解除方法を活用することも選択肢の1つです。

⚖️

注1)　対象社員が使用者のもとにおいて勤続満10年以上である場合や、対象社員との間で連続して固定期間労働契約を2回締結しており、対象社員が労働契約の更新、締結を申し出た場合は、当該対象社員と無固定期間労働契約を締結しなければならないとされます（労働契約法第14条2項）ので留意が必要です。

注2)　30日前までに対象社員に書面で通知するか、または1か月分の賃金（中国語：**代通知金**）を余分に支払うことで労働契約を解除することができます（労働契約法第40条3号）。

Q 9-8　吸収合併対象会社の労働者の経済補償金の請求権

中国事業の再編計画によりグループ会社間の吸収合併を行うことに
なりました。吸収合併対象会社の労働者による経済補償金の精算要
求は認められますか？

A 労働契約法の関連規定により、使用者に合併の状況が生じた場合、
吸収合併対象会社と労働者間の労働契約は引き続き有効であり、当
該労働契約はその権利と義務を承継する吸収合併会社が引き続き履行する
とされているため、吸収合併対象会社の労働者は吸収合併に関することを
理由に使用者に対し経済補償金を請求することは認められません。ただし、
労使間の合意により吸収合併完了時期までの経済補償金を精算することも
可能です。

解　説

(1)　対象社員からの要求

　実務上、使用者に合併または分割などの状況が生じた場合、新しい使用者へ
の転籍対象となっている労働者（**対象社員**）からは、「労働契約法第 17 条（**労働
契約の必要記載事項**）に定める使用者の名称が変更したため、労働契約法第 35 条
（**労働契約の変更**）により労使双方間の書面合意を経て労働契約で約定した使用
者の名称等を変更するか、または労使双方間で新しい労働契約を締結しなけれ
ばならない。係る労働契約の変更または再度締結の前提条件として元の使用者
における勤務期間につき経済補償金を精算してほしい」との要求が出されるこ
とは少なくありません。

　また、対象社員が上記の労働契約の変更または再度締結に同意しない場合、
すなわち、吸収合併会社への転籍を拒む場合は、労働契約法第 36 条（**労働契約
の合意解除**）に基づき労使双方間の合意を経て労働契約を解除できるとし、こ

れを理由に経済補償金の支払いを求めることもあります。

(2) 吸収合併会社の労働契約の継続履行義務

労働契約法によれば、使用者に合併、分割などの状況が生じた場合、元の労働契約は引き続き有効であり、当該労働契約はその権利及び義務を承継する使用者が引き続き履行するとされていることから（第34条）、本事例においては、吸収合併会社が、吸収合併対象会社と対象社員間で締結している労働契約を継続して履行する義務を負うことになり、係る労働契約は引き続き有効とされます[注1]。

従って、労使双方間で書面合意により労働契約を変更し、または新しい労働契約を締結する必要はありません。

ただし、吸収合併会社が、労働契約に明記されている対象社員の職務や部署、賃金・福利待遇等を調整する必要がある場合、これは労働契約の変更となり、労使間の書面合意により労働契約を変更しなければならないことから、慎重な取り扱いが望まれます。

(3) 実務上の留意点

本事例において、対象社員は、書面により元の労働契約における使用者の名称を、吸収合併対象会社から吸収合併会社に書き換えることを要求することができますが、吸収合併対象会社における勤務年数に相応する経済補償金の精算をその条件に付けることは認められません。

吸収合併会社としては、吸収合併に関する手続が完了した後、対象社員による使用者の書き換え要求に応じることができます。

実務上、吸収合併会社が、対象社員に対し「労働契約における使用者の名称変更」といった通知を公布し、一括処理に委ねようとすることもありますが、これは対象社員に「労働契約の変更に該当するため対象社員には同意権がある」などの印象を与え、実施時に社内で混乱が生じ、場合によっては集団労働紛争事件にまで発展する可能性がありますので細心の注意をする必要があります。

また、吸収合併対象会社としては、対象社員が経済補償金の精算なしには吸収合併会社への転籍を頑なに拒む場合、吸収合併手続の進行に重大な支障を与

えるような、対象社員本人の都合による行為については、関連法律または社内規則制度の規定に則って処理することになるとの説明をすることができる一方、労使間の合意により労働関係を解除し、経済補償金を精算する選択肢をとることもできます。

　なお、スムーズに対象社員を転籍させるためには、対象社員に対し、吸収合併会社は吸収合併対象会社における対象社員の勤務期間を引継ぎ、誠実にその法定義務を履行すると説明する他に、吸収合併完了後も整理解雇計画がないことを説明または約束することも有効と思われます。

　ただし、こうした約束を守れない場合、具体的な約束事項が将来の新たな労働紛争の種になる可能性があるため留意が必要です。

⚖️

注1）　労働契約法第33条によれば、使用者の名称、法定代表者、主要責任者または投資者（出資者）等の事項の変更は、既存の労働契約の履行に影響しないとされます。

> 雇用開始日前に労使双方間で労働契約を締結しましたが、使用者または労働者は、雇用を開始する前に労働契約を解除することはできますか？

A 　雇用を開始する前に、労使双方間で締結済みの労働契約を解除する権利は、使用者と労働者によって異なります。使用者は、雇用開始前であっても、法定の解除事由（➡ Q9-2 参照）がない限り一方的に労働契約を解除することはできませんが、労働者は雇用開始前であれば、使用者に対し事前の通知により締結済みの労働契約を解除することができます。

解　説

　労働契約法第 7 条によれば、使用者は雇用開始日から直ちに労働者との間で労働関係を成立するとされており、使用者と労働者が雇用開始日前に労働契約を締結した場合、労働関係は雇用開始日から成立するとされます（労働契約法第10 条 3 項）。

　つまり、労使双方間で労働契約を締結しているが、雇用を開始していない場合は、労働関係は成立していないことになります。

　雇用を開始する前に、すなわち労使双方間で労働関係が成立する前に、使用者または労働者が、労使双方間で締結済みの労働契約を解除することができるか否かについて、大陸全土で適用される規定はありませんが、深圳労働関係促進条例第 17 条では以下のとおり関連規定を設けており、他地域の実務運用においても参考になるかと思います。

　使用者が労働者と雇用の開始前に労働契約を締結し、雇用を開始していない段階で、使用者が法に違反して労働契約を解除し、労働者が労働契約の履行を継続するよう要求した場合、使用者は引き続き当該労働契約を履行しなければ

ならず、労働者が労働契約の履行継続を要求しない場合、または労働契約を履行することができない場合、使用者は労働者に対し1か月の賃金基準相当の賠償金及び労働契約の締結や履行準備のために労働者が支出した必要費用を支払わなければなりません（第17条2項）。

労働契約法第40条3号、第41条1項1～4号の規定するいずれかの事由（➡Q9-2参照）に該当する場合には、使用者は労働者に対し事前に通知することにより労働契約を解除することができ、かつ経済補償金を支払う必要はありません。ただし、使用者は労働者に対し労働契約の締結や履行準備のために労働者が支出した必要費用を支払わなければなりません（同条1項）。

一方で、労働者は雇用開始前であれば、使用者に対し事前の通知により労使双方間で締結済みの労働契約を解除することができます（同条3項）。

> 使用者による労働契約の法定解除事由のうち、「労働者が法により刑事責任を追及された場合」とはどのような場合を指しますか？ 労働者が関係機関により勾留され、または逮捕された場合、使用者はどのように対応すべきでしょうか？

A 「労働者が法により刑事責任を追及された場合」とは、人民検察院により起訴を免除されたとき、人民法院により刑罰の判決を受けたとき、刑法第32条に基づき人民法院により刑事処分を免除されたときをいいます。

労働者が関連機関により勾留され、または逮捕されたとき、使用者は当該労働者との労働契約の履行を一時的に停止することができ、この一時的停止期間においては、使用者は労働契約に定められた相応の義務を負わなくてよいとされます。

解　説 |||||||||||||||||||||||||||||||||||||||||||||||||||||||||||||||||||||||||||||||||||

(1)　労働契約の法定解除事由

使用者は、労働者が使用者の規則制度に著しく違反した場合や、法により刑事責任を追及された場合など、労働契約の解除が可能な法定事由が生じた場合、労働契約を解除することができます（➡ Q9-2 参照）。

(2)　「法により刑事責任を追及された場合」の定義

労働法意見（1995）第29条2項によれば、「労働者が法により刑事責任を追及された場合」とは、人民検察院により起訴を免除されたとき、人民法院により刑罰[注1] の判決を受けたとき、刑法第32条[注2] に基づき人民法院により刑事処分を免除されたときをいうとされます。

人民検察院が刑事訴訟法第142条2項の規定[注3] により不起訴の決定を下し

た場合には、労働法第25条4号で定める「法により刑事責任を追及された事由」に該当しないため、刑事訴訟法第142条2項の規定により不起訴の決定が下された従業員に対して、使用者は労働法第25条4号の規定に従い、当該従業員との労働契約を解除することはできないとされます（労働及び社会保障部弁公庁による「従業員が人民検察院から不起訴の決定を受けた際に使用者がこれにより労働契約を解除できるか否かという問題に関する回答書」労社庁函（通知）［2003］367号）。

(3) 犯罪容疑者との労働契約履行の一時停止

労働者が、違法な犯罪に関わっている容疑により、関係機関に身柄を拘束され尋問を受け、勾留または逮捕されたとき、使用者は労働者が身体の自由を拘束されている期間において、労働契約の履行を一時的に停止することができます（労働法意見（1995）第28条1項）。

上記の労働契約の一時的な履行停止期間において、使用者は労働契約に基づく義務を負わないとされ、労働者が身体の自由を誤って制限されたことが証明されたときは、労働契約の一時的履行停止期間における労働者の損失について、労働者は「国家賠償法」に基づいて関係機関に対して賠償を求めることができます（労働法意見（1995）第28条2項）。

(4) 実務上の留意点

労働契約または社内規則制度において、「労働者が法により刑事責任を追及された場合」と規定しているだけでは、労働者への刑罰が最終的に確定するまでの間、労働契約の履行を一時的に停止し、刑罰が確定された日からはじめて労働契約を正式に解除することができると解されます。

「労働者が法により刑事責任を追及された場合」と認定されるまでは、相当長い期間が必要となることがあるため、労働契約の履行を一時的に停止することが許されるとしても、使用者にはこのような不安定な労働関係を早いうちに解消したいというニーズがあります。

そこで、労働者への刑罰が最終的に確定するまでの間の労働関係を適時処理するためには、労働契約または就業規則などの社内規則制度において、「労働者が法により刑事責任を追及された場合」について、「法により勾留または逮

捕などの強制措置をとられて 5 日が経過した場合」などと具体的な規定を設けて労働関係の早期的な解消を図ることがあります。

　また、労働者が関係機関により身柄を拘束された期間に、家族、友人等が病気であるなどとその他の理由を偽って休暇申請をする場合に備えて、社内規則制度において関連規定を設けて、これを無断欠勤と見なし、所定の無断欠勤日数に達したときは当該労働者との労働契約を解除するといった対策を講じることも考えられます。

⚖️

注 1）　刑法第 33 条、第 34 条によれば、刑罰は主刑と付加刑に分けられ、主刑の種類としては、保護観察（中国語：**管制**）、拘留（中国語：**拘役**）、有期懲役、無期懲役と死刑があり、付加刑の種類としては、罰金、政治的権利の剥奪と財産没収があります。

注 2）　1997 年改正施行前の刑法第 32 条（現行刑法第 37 条）によれば、犯罪の情状が軽微で刑罰に処する必要のない場合には、刑事処罰を免除することができるとされています。

注 3）　刑事訴訟法第 142 条 2 項：　犯罪の情状が軽微で、刑法の規定により刑罰に処する必要がなく、または刑罰を免除する場合は、人民検察院は不起訴の決定をすることができる。

Q 9-11　社会保険に加入しないと自ら申し出た労働者による労働契約の解除権と経済補償金の請求権

労働者が入社後自ら社会保険に加入しないと申し出た後、使用者が労働者のために社会保険料を納付しなかったとして、労働契約を解除し、経済補償金を請求することは認められますか？

A　使用者が労働者のために社会保険料を納付することは法定義務であり、労働者も同様に社会保険に加入する義務を負っているため、労働者が自ら社会保険に加入しないと申し出をし、使用者も労働者のために社会保険料を納付しなかった場合、使用者と労働者の両方が法律の強行規定に違反したことになり、労働者による社会保険の放棄の申し出などは無効と認定される可能性が高くなります。

　労働者が、後日、使用者が労働者のために社会保険料を納付しなかったとして労働契約を解除し、経済補償金を請求した場合、こうした請求が認められるかどうかについては地方によって取り扱いが異なっており、注意が必要です。

解　説

(1)　社会保険への加入義務

　労働法第 72 条によれば、使用者及び労働者は、法により社会保険に加入し、社会保険料を納付しなければならないとされており、労使双方が社会保険に加入する法定義務を負っています。

　労働者は養老保険、基本医療保険、労働災害保険、失業保険及び生育保険に加入しなければならず、前記の保険のうち、養老、医療及び失業保険は使用者と労働者が共同で保険料を納付し、労働災害と生育保険は使用者のみが保険料を納付し、労働者が保険料を納付する必要はありません（社会保険法第 10 条、第 23 条、第 33 条、第 44 条、第 53 条）。

(2) 労働者による社会保険の放棄声明等の有効性

労働者が自ら社会保険に加入しないと申し出をし、使用者も労働者のために社会保険料を納付しなかった場合、または労使間で社会保険に加入しない旨の約定を交わした場合、使用者と労働者の両方が法律の強行規定に違反したことになり、労働者による社会保険の放棄の申し出または労使双方間の係る約定は無効と認定される可能性が高いため、これを避けることが望まれます。

(3) 各地の取り扱いの違い

労働者が自ら社会保険に加入しないと申し出た後、使用者が労働者のために社会保険料を納付しなかったとして労働契約を解除し、経済補償金を請求することがあります。

このような請求が認められるかどうかについては、**表**のとおり、地方によって取り扱いが多少異なっており、注意をする必要があります。

また、広東省高級人民法院及び深圳中級人民法院は、使用者に対し合理的な期間内における社会保険料の補充納付を認めるなど、使用者側に配慮した規定

各地の取り扱いの違い

地域	処理方法
広東	労働者が使用者に対し社会保険の加入手続を行い、社会保険料を納付するよう明確に要求した場合、使用者が合理的な期間内（深圳：1か月以内）に手続を行うことを拒否すれば、労働者はこれを理由に労働契約を解除し、かつ使用者に経済補償金を支払うよう請求したとき、これを支持する。 ●佛山：　使用者の責任に帰属しない原因による場合は、労働者による契約解除及び経済補償金の請求を支持しない。 ●中山：　労使双方間の約定を無効と認定しなければならず、双方は各自相応の責任を負わなければならない。
北京	労働者が労働契約法第38条の規定[1]により経済補償金を主張した場合、これを支持しなければならない。
江蘇	使用者の責任に帰属することのできない原因による場合は、労働者による契約解除及び経済補償金の請求を支持しない。
浙江	労働者による社会保険加入放棄に関する書面承諾は無効であり、労働者はこれを理由に労働契約を解除することができる。ただし、使用者に対し経済補償金の支払を要求した場合、これを支持しない。

1　労働契約法第38条（**労働者による労働契約の解除事由**）によれば、使用者が法により労働者のために社会保険料を納付しなかった場合、労働者は労働契約を解除することができるとされます。

を設けている一方で、同じ広東省内の佛山市と中山市の司法実務では、広東省高級人民法院の規定と若干異なる処理方法をとっている点が注目されます。

地方規定に注目！

〈広東〉

広東高院座談会紀要（2012）第 25 条
➡ 使用者が労働者との間で、社会保険の加入手続を行わないまたは社会保険料を直接労働者に支給すると約定し、労働者が事後に前言を撤回し、かつ使用者に対し社会保険の加入手続を行い、社会保険料を納付するよう明確に要求した場合、使用者が合理的な期間内に手続を行うことを拒否すれば、労働者はこれを理由に労働契約を解除し、かつ使用者に経済補償金を支払うよう請求することについて、これを支持するものとする。

佛山中院指導意見（2015）第 8 条
➡ 労働者が自ら納付を望まない等使用者の責任に帰さない原因により、使用者が当該労働者のために社会保険料を納付しない、満額で納付しないまたは特定の社会保険に加入せず、労働者が労働契約の解除を申立て、かつ使用者が経済補償金を支払うことを主張した場合、これを支持しない。

中山中院参考意見（2011）第 8.4 条
➡ 労働者と使用者の間で協議の上、使用者は社会保険料を納付しないことを約定した場合、当該約定条項は国家の法律の強行規定に違反するため、当該約定を無効と認定しなければならない。双方は各自相応の責任を負わなければならない。

深圳中院裁判手引き（2015）第 94 条
➡ 使用者が法に従って労働者のために社会保険料を納付しなかった場合、労働者は法に従い使用者に対し納付を要求しなければならず、使用者が労働者の要求した日から 1 か月以内に規定に従い納付しない場合、労働者は労働契約を解除する権限を有し、使用者は経済補償金を支払わなければならない。ただし、経済補償金の支払期限は 2008 年 1 月 1 日*から起算しなければならない。
　*　労働契約法の施行日。

〈北京〉

北京高院会議紀要（2014）第 46 条
Q 使用者と労働者が、賃金には使用者の負担する養老、医療、失業等の社会保険料を含み、社会保険関連機構に社会保険料を納付しないと約定した場合、その効力をどのように認定するのか？

A 使用者は、自ら申告し、期日どおりに満額で社会保険料を納付するという法的責任を負い、労働者が納付すべき社会保険料は使用者が源泉徴収する。使用者と労働者が、賃金には社会保険料が含まれ、社会保険関連機構に対し社会保険料を納付しないと約定する行為は無効である。
　労働者が社会保険の未加入に関する損害賠償を主張した場合、賠償金額から使用者が約定に従い労働者に支給済みの社会保険料を差し引くことができる。

北京高院会議紀要（2014）第48条

Q 使用者が社会保険料を納付する代わりに労働者に金銭を支給した場合、使用者は社会保険料を補充的に納付した後、労働者に対し支給済みの金銭を返却するよう要求できるのか？

A 使用者が社会保険料を補充的に納付した後、労働者に社会保険に関して既に損失が存在していない場合、使用者は労働者に対し、社会保険料を納付する代わりに支給した金銭を返却するよう要求することができる。

北京高院解答（2017）第25条

Q 労働者が使用者に対し社会保険料を納付しないよう要求し、後になって使用者が社会保険を納付しなかったことを理由に、労働契約の解除を申し出て、かつ経済補償金を主張する場合、これを支持しなければならないか？

A 法に基づき社会保険料を納付することは、労働法に規定された使用者と労働者の法定義務であり、たとえ労働者が使用者に対して当該労働者のために社会保険料を納付しないことを要求したとしても、労働者が労働契約法第38条の規定により経済補償金を主張した場合、依然として<u>これを支持しなければならない</u>。

〈江蘇〉

江蘇高院指導意見（2009）第16条

➡労働者が自ら納付を望まない等使用者の責任に帰属することのできない原因により、使用者が当該労働者のために社会保険料を納付しなかったあるいは満額で社会保険料を納付しなかった、または特定の社会保険に加入しなかった場合、労働者が労働契約の解除を申立て、かつ使用者に対し経済補償金の支給を主張したときは、<u>これを支持しない</u>。

〈浙江〉

浙江高院解答（2012）第11条

Q 労働者が社会保険料を納付したがらず、かつ書面で社会保険への加入放棄を承諾した場合、どのような法的結果があるのか？

A 労働者が社会保険料を納付したがらず、かつ書面で社会保険への加入放棄を承諾した場合、当該書面承諾は無効である。労働者はこれを理由に労働契約を解除することができるが、使用者に対し経済補償金の支払を要求した場合、<u>これを支持しない</u>。

Q9-12　営業秘密の漏洩と競業ビジネスの防止方法

労働者が使用者の秘密情報を漏らしたり、退職後に競合ビジネスを
することを防ぐ方法はありますか？

A 　使用者は秘密情報の漏えいなどを防ぐため、労働契約または秘密保
持契約で秘密保持条項を定めることができます。秘密保持の対象は、
使用者の営業秘密と知的財産権です。

　使用者は、退職後に労働者が競合ビジネスをすることを防ぐため、労働
契約、秘密保持契約または競業避止契約で競業避止に関する条項を定める
ことができます。ただし、法律、法規の規定に違反して、競業避止の約定
をすることは禁止されています。

解　説

(1)　秘密保持条項

　使用者は、労働者との間で、労働契約または秘密保持契約において、使用者
の商業上の秘密（以下「営業秘密」といいます）の保持及び知的財産権に関する秘
密保持事項について約定することができます（労働契約法第 23 条 1 項）。

　労働者が秘密を保持すべき内容について、関連する契約で明確に定めておく
ことの重要性は言うまでもありません。実務上も、関連する契約において接触
可能な使用者のほぼすべての情報を秘密保持の対象とすることで、実質的に秘
密保持の対象を無制限に拡大する傾向がありますが、これによって使用者の権
利が必ず守られるとは限りません。

　というのは、使用者が関連する情報をしっかり区分せず、便宜上こうした情
報を営業秘密として一括処理しようとする点で、使用者の秘密保持管理体制に
本質的な不備があることを示しているからです。また、ほぼすべての情報を秘
密保持の対象とすることは、実質的にこうした情報を管理できていない、また

は管理しきれていないことをも意味しているからです。

　そこで、使用者は自社の営業秘密と知的財産権について整理し区分する作業を行い、労働者に対し社内の秘密保持管理体制（会社が指定した秘密情報へのアクセス権者やアクセス方法、パスワード等の設定と秘密である旨の表示など）を明示する必要があります。

　2017年11月に改正され、2018年1月より施行された反不正当競争法第9条3項によれば、営業秘密は、公に知られていない、商業価値を有し、かつ権利者が相応の秘密保持措置を講じている技術情報と経営情報を指すとされます。

　2017年改正前の反不正当競争法の関連規定[注1]と比べれば、営業秘密の条件として、「実用的で権利者のために経済的利益をもたらす」という内容が削除されました。

　なお、秘密保持義務については、すべての労働者をその対象とすることが可能です。

(2)　競業避止条項

　使用者は、秘密保持義務を負う労働者との間で、労働契約、秘密保持契約または競業避止契約において、競業避止（競業制限ともいいます）に関する条項を約定することができ、係る競業避止条項で、労働者が退職した後（労働契約の解除または終了後）、競業避止期間内において月毎に労働者に対し経済的補償を支払うことについて約定する必要があります（労働契約法第23条2項）。

　ただし、使用者は、労働者が競合ビジネスに従事すること[注2]を、無制限に制約できるわけではなく、競業避止条項の約定には以下のとおり一定の制限があります。

①　対象者の制限

　競業が制限される者は、使用者の高級管理職[注3]、高級技術者及び秘密保持義務を負うその他の者に限定されます（労働契約法第24条1項）。

②　競業避止の期間、範囲、地域

　使用者が競業避止義務を課すことができる期間は、労働契約の解除または終了後2年を超えてはなりません（労働契約法第24条2項）。2年を超える競業避止期間を約定した場合、2年を超過する部分は無効となります。

競業避止の期間、範囲、地域などについては、労使双方間で約定することができますが、競業避止期間の上限規定のように、法律、法規の規定に違反して約定することは禁止されています（労働契約法第 24 条 1 項）。

③　競業避止の代償としての経済的補償の支払い

使用者が、労働者に競業避止義務を負わせるためには、労働者の退職後の競業避止期間内において、当該労働者に対し、毎月経済的補償を支払う必要があります。

経済的補償については、地方によってその金額基準が異なりますので（➡ Q9-13 参照）、労使双方間で約定する際は注意が必要です。

(3)　違約金、解除と賠償責任

①　労働者の違約金支払義務と解除権

労働者が競業避止義務に違反した場合、使用者に対して違約金[注4]を支払う義務を負います。違約金の金額については、労使双方間でこれを合意することができますが、違約金が明らかに高く設定されているとして労働者側から調整請求があった場合、人民法院は違約金の設定の合理性や、労働者の支払能力を遥かに超えているかどうかなどの要素を総合考慮の上、法によりこれを減額する可能性があります。

労働者が競業避止義務に違反し、使用者に対し違約金を支払った後も、使用者は当該労働者に対し、競業避止に関する約定に基づき、競業避止義務の継続履行を要求することができます（労働紛争審理解釈（四）第 10 条）。

使用者が、労使双方間の約定に従い、労働者の離職後の競業避止期間内における経済的補償の支払義務を 3 か月間履行しなかった場合、労働者は競業避止に関する約定を解除するよう請求することができます（労働紛争審理解釈（四）第 8 条）。

労働者による前記の解除権の行使は、労働者が履行済みの競業避止期間に相応する経済的補償の支払いを請求することを妨げるものではありません。

②　使用者の競業避止条項履行義務と解除権

使用者は、競業避止に関する約定に基づき、経済的補償の支払義務を履行しなければなりませんが、労働者の離職後の競業避止期間中に、競業避止に関す

る約定を解除するよう請求することができます（労働紛争審理解釈（四）第9条1項）。

　前記の状況が生じ、競業避止に関する約定を解除することとなった場合、労働者は使用者に対し3か月分の競業避止の経済的補償を余分に支払うよう要求することができます（労働紛争審理解釈（四）第9条2項）。

③　賠償責任

　労働者が秘密保持義務及び／または競業避止義務に違反し、使用者に損害を与えた場合は、使用者は労働者に対し損害賠償責任を追及することが可能です。

⚖️

注1)　反不正当競争法第10条3項。

注2)　労働契約法第24条2項によれば、「競合ビジネスに従事すること」とは、使用者と同種の製品を生産もしくは経営する、同種の業務に従事する競合関係にあるその他の使用者に就業し、または自ら開業して同種の製品を生産もしくは経営し、同種の業務に従事することをいいます。

注3)　会社法第216条によれば、「高級管理職（人員）」とは、会社の総経理、副総経理、財務責任者及び会社定款で定めるその他の人員を指すとされます。

注4)　労働契約法上、労働者による違約金の負担を約定できるのは、競業避止義務違反時の違約金のほか、もう1つあります。使用者は、労働者のために使用者の費用負担で専門技術研修を行う場合、当該労働者との間で勤務義務期間（中国語：**服務期**）を約定することができます（➡ Q11-3参照）。労働者が勤務義務期間の約定に違反した場合、使用者に対し、勤務義務期間の未履行部分に応じた研修費用を超えない限度で違約金を支払う必要があります（労働契約法第22条）。

Q 9-13 競業避止義務に起因する経済的補償
とその支払基準

> 労使双方間で締結した競業避止条項において経済的補償について明
> 確に約定してない場合、当該条項は有効と認定されますか？　経済
> 的補償の支払基準があれば教えてください。

A 労使双方間で経済的補償の支払基準を明確に定めていないことのみ
をもって、直ちに競業避止条項を無効と認定することはできません。
経済的補償については、地方によってその金額基準が異なりますので、労
使双方間で約定する際は注意が必要です。

解　説 ‖‖‖

(1)　経済的補償の支給基準

　労働紛争審理解釈（四）が公布されるまでは、競業避止義務に起因する経済
的補償に関し、全国一律の支払基準はなく、地方によって異なる規定が実施さ
れていました。

　労働紛争審理解釈（四）の第6条1項によれば、当事者が労働契約または秘
密保持契約において競業避止義務を約定したが、労働契約の解除または終了後
の労働者に対する経済的補償を約定せず、労働者が競業避止義務を履行し、使
用者に対し労働者の労働契約の解除または終了前の12か月の月額平均賃金の
30％を基準に月毎に経済的補償を支払うよう要求した場合、人民法院はこれを
支持しなければなりません。

　また、前記の月額平均賃金の30％が、労働契約の履行地における最低賃金
基準を下回る場合は、労働契約の履行地の最低賃金基準に従い支払う必要があ
ります（同2項）。

　労働紛争審理解釈（四）が公布される前に、地方の司法実務（下記「地方規定」
参照）において、上記の労働紛争審理解釈（四）で定める経済的補償の支給基
準を下回る規定を設けている場合、その下限金額につき、労働紛争審理解釈（四）

で定める経済的補償の支給基準に合わせる必要があります。

　深圳など経済特区の場合は、経済特区の範囲内で経済特区条例の関連規定を優先して適用するとされています^{注1)}。

(2)　経済的補償の支給基準を明確に約定していない場合の競業避止条項の有効性

　労使双方間の労働契約または秘密保持協議などにおいて競業避止条項を約定したが、経済的補償の支給あるいは具体的な支給基準について約定していない場合、労使双方は労働関係の存続期間中または労働契約を解除、終了する際に、経済的補償の支給基準について協議を行うことができます。

　労使双方間で協議を経ても合意に達することができない場合は、使用者所在地の関連規定及び／または労働紛争審理解釈（四）の関連規定により経済的補償の支給基準を確定することが可能です。

　つまり、労使双方間の競業避止についての意思が一致しているため、競業避止条項は労使双方に対して依然として拘束力を有すると認定すべきであり、労使双方間で締結した競業避止条項において、経済的補償の支払基準を明確に定めていないことのみをもって、直ちに当該競業避止条項を無効と認定することはできません。

(3)　在職期間中の月額賃金に経済的補償が含まれるという約定の有効性

　労使双方間で、労働者の在職期間中の月額賃金に競業避止の経済的補償が含まれるという約定をすることがみられますが、当該約定は労働契約法第23条2項に定める「労働契約の解除または終了後（すなわち離職後）、競業避止期間内において月毎に労働者に対し経済的補償を支払う」という規定に違反するとして、無効とされる可能性が高いので、このような約定を交わすことはお勧めできません。

　前記の約定が無効と判断された場合、使用者は労働者が離職した後の競業避止期間において、依然として競業避止の経済的補償を支払う義務があります。

　安全なやり方としては、労使双方間で競業避止条項を締結する際、関連規定の最低支払基準を下回らない限度で、競業避止期間中の補償金の計算と支払方法、競業避止の期間、中途解約条項等について具体的かつ明確に約定すること

が望まれます。

⚖️

注1) 例えば深圳中院裁判手引き（2015）第107条によれば、「深圳経済特区企業技術秘密保護条例」及び「深圳経済特区和諧労働関係促進条例」の競業避止に関する規定と「最高人民法院による労働紛争案件の審理における法律適用の若干の問題に関する解釈（四）」の関連規定と一致しない場合、深圳経済特区条例の関連規定を優先して適用するとされます。もっとも、経済特区範囲内で経済特区法規の規定を適用することに関しては「立法法」第90条2項に根拠規定があります。

地方規定に注目！

〈広東〉

深圳技術秘密保護条例（2009改正）第24条
➡ 競業避止協議で約定した補償費は、月額で計算した場合、当該労働者が離職する前の直近12か月の月額平均賃金の2分の1を下回ってはならない。約定した補償費が前記の基準を下回るまたは補償費を約定していない場合、補償費は当該労働者が離職する前の直近12か月の月額平均賃金の2分の1を基準に計算する。

佛山中院意見（2005）第15条
Ⓠ 競業避止の経済的補償はどのように確定するのか？

Ⓐ 競業避止の経済的補償基準について、契約に約定がある場合はその約定に従う。約定がなければ、補償基準をどのように確定するかは裁判官の自由裁量権に属する。ただし、一般的に年間単位で計算する場合、競業避止の補償金は、当該労働者が離職する前の直近1年間で当該使用者から得た報酬総額の3分の1を下回ってはならない。競業避止協議において補償費を約定していない場合、補償費は当該最低基準に従い計算する。

〈北京〉

北京高院会議紀要（2009）第38条
➡ 使用者と労働者間の労働契約あるいは秘密保持協議において競業避止の条項を約定したが、補償費の支給あるいは具体的な支給基準について約定していない場合、これにより係る競業避止条項を無効と認定してはならず、労使双方は労働関係の存続期間中あるいは労働契約を解除、終了する際に、協議を通じて補充合意に達することができる。協議を経ても合意に達することができない場合は、労使双方の労働関係が終了する前の直近の年度における労働者の賃金の20〜60％を補償費の金額として確定することができる。使用者が補償費を支払わないと明確に表明している場合、競業避止の条項は労働者に対して拘束力を持たない。

〈江蘇〉

江蘇省労働契約条例（2013年5月施行）第28条1項
➡ 使用者は、競業避止期間にある離職した労働者に対して月毎に経済的補償を支給しなければならず、月毎の経済的補償額は当該労働者が使用者のもとを離職する前の12か月の月額平均賃金の3分の1を下回ってはならない。

上海高院意見（2009）第 13 条

当事者間で競業避止条項の約定が不明確である場合の処理

➡労働契約の当事者間で、労働者は競業避止義務を履行しなければならないことだけを約定したものの、労働者に対し補償金を支払うかどうかを約定してない場合、または労働者に対し補償金を支払うことを約定したが、具体的な支払基準を約定していない場合、当事者間の競業避止についての意思が一致していることから、競業避止の条項は労使双方に対して依然として拘束力を有すると認定することができる。補償金の金額が不明確である場合、労使双方は引き続き補償金の基準について協議を行うことができる。協議を経ても合意に達することができない場合、使用者は労働者の直近の通常賃金の 20 〜 50％を基準に支給しなければならない。協議を経ても合意に達することができない場合、競業避止期限は最長で 2 年を超過してはならない。

中国各地の競業避止の経済補償基準

（2018 年 1 月時点）

適用地域	約定がないまたは不明である場合などの競業避止の経済補償基準	法的根拠
国家 遼寧 陝西 山東 四川 重慶 湖北 福建 広東（下記の深圳・佛山を除く）	労働契約の解除または終了前の 12 か月の月額平均賃金の 30％を基準に月毎に経済的補償を支払う。ただし、労働契約の履行地の最低賃金基準を下回る場合は、当該最低賃金基準に従い支払う。	労働紛争審理解釈（四）
北京	労働関係が終了する前の直近の年度における労働者の賃金の 20 ～ 60％を補償費の金額として確定する。	北京高院会議紀要（2009）
天津	労働者の在職期間における賃金基準の 1/2 を下回らず、且つ最低賃金基準を下回ってはならない。	天津市労働及び社会保障局による商業秘密保持協議、違約金及び就業補助金の支払い等労働契約に関する問題の通知（2005）
上海	労働者の直近の通常賃金の 20 ～ 50％を基準に支給する。	上海高院意見（2009）
浙江	労働契約の解除または終了前の 12 か月の月額平均賃金の 30％を基準に毎月支給し、かつ契約履行地の最低賃金基準を下回ってはならない。	浙江高院解答（2015）
江蘇	労働者が離職する前の 12 か月の月額平均賃金の 3 分の 1 を下回ってはならない。	江蘇省労働契約条例（2013）
深圳	労働者が離職する前の直近 12 か月の月額平均賃金の 2 分の 1 を下回ってはならない。	深圳技術秘密保護条例（2009 改正）
佛山	従業員が離職する前の直近 1 年間で企業から得た報酬総額の 3 分の 1 を下回ってはならない。	佛山中院意見（2005）

＊　国家基準と地方の基準が異なる場合、使用者は関連労働者との間で競業避止義務による経済的補償を約定する際、どちらか高い基準を適用する必要があります。

第 10 章
労務派遣

Chapter ⑩　労务派遣

Q 10-1　労務派遣制度の概要

労務派遣制度の概要について説明してください。

A 労務派遣制度については、労働契約法の 2012 年 12 月改正で、労務派遣事業者及び派遣先使用者の法的責任を厳格化した経緯があり、これを受けて労務派遣に関する細則規定が施行されています。この労務派遣制度の概要については解説の内容を参照してください。

解　説

「労務派遣」とは、労務派遣事業者（中国語：**労務派遣単位 láo wù pài qiǎn dān wèi**）が派遣先使用者（中国語：**用工単位 yòng gōng dān wèi** [注1]）の間で締結した労務派遣協議書または労務派遣契約に基づいて、自ら雇用する労働者を派遣先使用者に派遣し、派遣労働者が派遣先使用者の指揮命令により業務を遂行することをいいます。

　労務派遣に関する規定を設けている法律法規としては、労働契約法、労働契約法実施条例、労務派遣暫定規定（2014）、労務派遣行政許可実施弁法（2013）などがあり、これらの規定によれば、中国の労務派遣制度の主な内容は以下のようになります。

(1)　労務派遣事業者の資質要件

　労務派遣事業を営むためには、登録資本金が 200 万人民元を下回ってはならず、事業展開に必要な固定の経営場所と施設並びに関連法令に合致する労務派遣管理制度を確立するなどの要件を満たさなければなりません（労働契約法第 57 条 1 項）。

　もっとも、労務派遣事業者の乱立と不正行為を抑止するために、労働契約法

の 2012 年 12 月改正では、労務派遣事業を営むための最低登録資本金が 50 万人民元から 200 万人民元までに引き上げられるとともに、労務派遣事業者及び派遣先使用者が違法行為を行った場合、是正を命じ、過料に処する（労働契約法第 92 条 2 項）など、労務派遣事業者及び派遣先使用者の法的責任が厳格化された経緯があります。

労務派遣事業を経営するためには、労働行政部門に行政許可を申請し、法に従って会社登記を行わなければならず、許可を得ていない場合は労務派遣事業を営んではなりません（労働契約法第 57 条 2 項）。

⑵　労務派遣形態の位置づけ及び派遣労働者の使用条件

労働契約法は、労務派遣について、「臨時性、補助性または代替性のある業務部署（中国語：**工作崗位 gōng zuò gǎng wèi**）でのみ用いることができる」と規定しており、労働契約に基づく正社員の雇用形態に比べて、あくまで補完的な形態であることを明記しています（労働契約法第 66 条 1 項、労務派遣暫定規定第 3 条 1 項）。

労務派遣形態を用いることが可能な業務部署*

臨時性	存続期間が 6 か月を超えない業務部署
補助性	主要業務部署のために役務を提供する非主要業務の部署
代替性	派遣先使用者が雇用する労働者が就学、休暇等により業務を行えない一定期間内に、その他の労働者が業務を代替できる業務部署

*　労働契約法第 66 条 2 項、労務派遣暫定規定第 3 条 2 項。

ただし、上記の規定によっても、実務上、補助的な業務部署を確定することは困難であることから、労務派遣暫定規定第 3 条 3 項では、派遣先使用者は派遣労働者を使用する「補助的な業務部署」を決定する際に、従業員代表大会または従業員全体による討議を経て方案と意見を提出し、労働組合または従業員代表との平等な協議によって確定し、派遣先使用者内部に公示しなければならないと規定しています。

⑶　派遣労働者の平等権益の保障

① 報酬及び福利待遇

派遣労働者は派遣先使用者の労働者と同一の労働を行った場合、同一の報酬

を受ける権利があります。派遣先使用者は、同一業務同一報酬（中国語：**同工同酬** tóng gōng tóng chóu）の原則に基づき、派遣労働者に対して、同類の業務部署の正社員と同様の報酬配分方法を実施しなければならず、派遣先使用者に同類の業務部署がない場合には、派遣先使用者の所在地における同一または類似する業務部署の労働者の報酬を参照して確定します（労働契約法第63条1項）。

派遣先使用者は、派遣労働者に対し業務部署に相応する福利待遇を提供しなければならず、派遣労働者を差別してはなりません（労務派遣暫定規定第9条）。すなわち、派遣労働者は派遣先使用者の労働者と同一の労働を行った場合、賃金の同一性だけではなく、福利厚生においても同一の待遇を受けることができます。

もっとも、同一または類似する業務部署で勤務する労働者であっても、労働者個々人の業務経験や技能、業務評価の結果などの要素を総合的に考慮した上で労働者個々人の賃金及び福利待遇に差をつけること自体は問題ありません。

ただし、派遣労働者ということのみを理由に賃金・福利待遇に差をつけることは許されないので、派遣先使用者としてはこの点に留意が必要です。社内規則制度の整理と見直しが必要かどうかの確認作業も必要でしょう。

② 労務派遣が地域をまたぐ場合の社会保険

労務派遣事業者が複数の地域にまたがって労働者を派遣する場合、派遣先使用者の所在地で派遣労働者のための社会保険に加入し、派遣先の所在地の規定に従って社会保険料を納付しなければなりません（労務派遣暫定規定第18条）。

労務派遣事業者が派遣先の所在地に事業所（中国語：**分支機構** fēn zhī jī gòu）を有する場合は、事業所が派遣労働者のために社会保険の加入手続を行い、事業所を設立していない場合は、派遣先使用者が労務派遣事業者に代わって派遣労働者のために社会保険の加入手続を行います（労務派遣暫定規定第19条）。

(4) 派遣労働者の使用比率規制と当該比率調整の経過措置

労働契約法では、「派遣先使用者は派遣労働者の数を厳格に制限しなければならず、その使用する労働者総数の一定比率を超えてはならない」と規定していましたが（労働契約法第66条3項）、労務派遣暫定規定（2014）はこれを受けて、「派遣先使用者が使用する派遣労働者の数は派遣先使用者が使用する労働者総

数の10%^{注2)}を超えてはならない」と明記しました（労務派遣暫定規定第4条1項）。

ここでいう「派遣先使用者が使用する労働者総数」とは、派遣先使用者との間で労働契約を締結している正社員と派遣先使用者が使用する派遣労働者の合計人数のことをいいます（労務派遣暫定規定第4条2項）。

労務派遣暫定規定施行日前の派遣労働者の使用比率が10%を超えている派遣先使用者は、派遣労働者使用の調整案を制定しなければならず、同暫定規定の施行日（2014年3月1日）から2年以内に（すなわち2016年2月末まで）当該使用比率を10%以下にまで引き下げなければなりませんでした。

また、施行日以前の派遣労働者の使用比率を10%以下に引き下げるまでは、新たに派遣労働者を使用してはならないとされています（労務派遣暫定規定第28条3項）。

(5) 対応策の検討

労務派遣暫定規定の施行を受けて、労務派遣事業者と派遣先使用者はそれぞれの立場から対策に乗り出しています。派遣先使用者としては、派遣労働者の労務派遣事業者への戻し、派遣労働者の正社員化や製造請負化、または工場閉鎖もしくは移転などの選択肢があります。

一方、労務派遣事業者は、派遣先使用者の要請に応じて、派遣先使用者により受け入れやすい解決方法を見出す努力をしており、そのうち、製造請負事業が従来の労務派遣事業に代わるものとして急浮上しているのが新しい動向といえます。

ただし、①派遣労働者の使用比率は10%以下に抑えられるか、②派遣労働者の権利を守ることができるか、③偽装請負問題に神経を尖らせている労働行政部門による監督はどこまで厳格に行われるかなど、不安定な要素も多いのが現状です。

⚖️

注1）「用工単位」という用語に対し、使用者（雇用主）のことを中国語で「用人単位」といいます。

注2）　外国企業常駐代表機構などが派遣労働者を使用する場合、「臨時的、補助的または代替的」な業務部署に限るとする派遣労働者の使用条件と派遣労働者の使用比率の規制を受けません（労務派遣暫定規定第25条）。

Q 10-2　労務派遣事業者及び派遣先使用者の義務と責任

労務派遣事業者及び派遣先使用者は、派遣労働者に対してどのような義務と責任を負っているのでしょうか？

A 労務派遣事業者及び派遣先使用者の派遣労働者に対する義務と責任については解説の内容を参照してください。

 解　説 ‖‖‖

(1)　労務派遣事業者及び派遣先使用者の義務

労働契約法及び労務派遣暫定規定（2014）は、労務派遣事業者及び派遣先使用者の派遣労働者に対する義務を以下のとおり定めています。

労務派遣事業者の派遣労働者に対する義務[*]

●派遣労働者との間で2年以上の固定期間の労働契約を締結すること
●派遣労働者に対し、雇用主としての告知義務[1]、規則制度及び労務派遣協議書の内容[2]の告知義務を果たすこと
●研修制度を確立し、職務遂行に必要な知識及び安全教育に関する研修を行うこと
●労働報酬及び関連する福利待遇を支払うこと
●社会保険加入手続を行い、社会保険料を納付すること
●労働保護及び労働安全衛生条件を提供するよう派遣先使用者を督促すること
●労働契約の解除または終了に関する証明書を発行すること
●派遣労働者と派遣先使用者との間の紛争処理に協力すること
●労務派遣事業者がその資質要件に合致しなくなった場合[3]、既に派遣労働者との間で締結済みの労働契約を期間満了まで履行すること

第10章　労務派遣

> ●法律、法規及び規則により規定されるその他事項

> ＊　労務派遣暫定規定第5条、第8条、第11条。
> 1　労働契約を締結する前の使用者による業務内容、勤務条件、勤務地、労働報酬その他事項の告知義務（労働契約法第8条）。
> 2　派遣先の業務部署名とその性質、勤務地、派遣労働者の人数及び派遣期間、労働報酬の金額及び支払方法、社会保険料の金額及び支払方法、勤務時間と休憩・休暇関連事項、労災・生育・疾病期間の待遇、労働安全衛生及び研修関連事項、経済補償等費用、労務派遣協議書の期限、労務派遣サービス費用の支払方法と基準、違約責任並びにその他規定すべき事項（労務派遣暫定規定第7条）。
> 3　労務派遣事業者の行政許可の有効期間が延長されず、または「労務派遣経営許可証」が取り消された（中国語：**被撤銷**）場合もしくは同許可証を取り上げられた（中国語：**被吊銷**）場合（労務派遣暫定規定第11条）。

派遣先使用者の派遣労働者に対する義務*

●国家の労働基準を実行し、相応の労働条件及び労働保護を提供すること
●派遣労働者の業務上の要求及び労働報酬を告知すること
●時間外労働手当（残業代）、業績報奨金を支払い、業務部署に関連する福利待遇を提供すること
●在職する派遣労働者に対して業務部署で必要とされる研修を行うこと
●派遣労働者の使用を継続する場合、正常な賃金調整メカニズムを実行すること
●派遣労働者を別の使用者に再派遣してはならないこと

＊　労働契約法第62条。

(2)　労務派遣事業者及び派遣先使用者の責任

　労働契約法及び労務派遣暫定規定（2014）は、労務派遣事業者と派遣先使用者の法的責任について規定を設けており（労務派遣暫定規定第6条、労働契約法第7章）、その中でも基本的な規定となるのは労働契約法第92条です。

　労働契約法第92条2項によれば、労務派遣事業者及び派遣先使用者が違法行為を行った場合、是正を命じ、過料に処するほか、派遣先使用者が派遣労働者に損害をもたらした場合は、労務派遣事業者と派遣先使用者は派遣労働者に対して連帯賠償責任を負わなければなりません。

　更に、労働者の合法的な権益の保護などに関しては、労働保障監察条例（2004）及び各地方の労働保障監察関連規定が施行されており、これらの規定にも留意すべきです。

Q 10-3　派遣労働者の戻し事由

派遣先使用者はどのような事由が生じた場合に派遣労働者を労務派
遣事業者に戻すことができますか？

A　派遣先使用者による派遣労働者の戻し事由については解説の内容を
参照してください。派遣先使用者が関連規定に違反して派遣労働者
を労務派遣事業者に戻し、派遣労働者に損害を与えた場合、派遣先使用者
と労務派遣事業者は連帯して賠償責任を負わなければなりません。

第10章　労務派遣

解　説 ‖‖‖

⑴　派遣労働者の戻し事由

　労働契約法及び労務派遣暫定規定（2014）は、派遣先使用者が派遣労働者を
労務派遣事業者に戻すことのできる事由（以下「戻し事由」といいます）を以下の
とおり定めています。

① 　派遣労働者が労働契約法第 39 条[注1]及び第 40 条[注2] 1 号、2 号で規定する
　事由に該当する場合（労働契約法第 65 条 2 項）

② 　派遣先使用者に労働契約法第 40 条 3 号もしくは第 41 条[注3]に規定される
　状況がある場合（労務派遣暫定規定第 12 条 1 項 1 号）

③ 　派遣先使用者が法に従って破産宣告されたり、営業許可証を取り上げられ
　たり、閉鎖を命じられたり、（登記を）取り消されたり（中国語：**撤銷 chè
　xiāo**）、経営期間満了前の繰上解散を決定したりまたは経営期間満了に伴い経
　営を継続しないと決めた場合（労務派遣暫定規定第 12 条 1 項 2 号）

④ 　労務派遣協議書が期間満了により終了した場合（労務派遣暫定規定第 12 条 1
　項 3 号）

(2)　派遣労働者の戻し不可事由と違反時の法的責任

　労務派遣暫定規定（2014）第 13 条によれば、派遣労働者が以下に掲げる事由（労働契約法第 42 条）のいずれかに該当する場合、派遣先使用者は、派遣期間が満了する前に、労務派遣暫定規定第 12 条 1 項 1 号の規定（上記参照）により派遣労働者を労務派遣事業者に戻してはなりません。

① 　職業病の危険に接触する業務に従事した労働者に離職前職業健康診断を行わず、または職業病が疑われる病人で診断中もしくは医学観察期間にある場合

② 　使用者において職業病を患い、または労災により負傷し、かつ労働能力の喪失もしくは一部喪失が確認された場合

③ 　病気を患い、または労災以外で負傷し、規定の医療期間内にある場合

④ 　女性従業員が妊娠、出産、授乳期間にある場合

⑤ 　使用者のもとにおいて勤続満 15 年以上で、かつ法定の定年退職年齢まで残り 5 年未満である場合

⑥ 　法律、行政法規に規定するその他の場合

　派遣労働者が上記いずれかの事由に該当し、派遣期間が満了した場合、その該当する事由が無くなるまで派遣期間を延長しなければならず、当該延長期間が満了したときに派遣労働者を労務派遣事業者に戻すことができます。

　派遣先使用者が労務派遣暫定規定に違反して派遣労働者を労務派遣事業者に戻し、派遣労働者に損害を与えた場合、派遣先使用者と労務派遣事業者は連帯して賠償責任を負わなければなりません（労務派遣暫定規定第 24 条、労働契約法第 92 条 2 項）。

(3)　地方規定

　上記(1)のように、労働契約法第 65 条 2 項で定める「派遣先使用者が派遣労働者を労務派遣事業者に戻すことのできる事由」に加えて、労務派遣暫定規定第 12 条 1 項では新たに戻し事由が追加されました。

　上海市の場合、労務派遣適用法律の若干の問題に関する上海市人力資源社会保障局、上海市高級人民法院の会議紀要（2014 年 12 月 31 日）第 6 条によれば、労務派遣暫定規定第 12 条第 1 項に定める戻し事由の他にも、次に掲げる事由

のいずれかに該当するときは、派遣先使用者は派遣労働者を労務派遣事業者に戻すことができるとされています。

① 労働契約の期間が満了した場合（労働契約法第44条1号）

② 労働者が法に従い基本年金保険の待遇を受け始めた場合（労働契約法第44条2号）

③ 労働者が法定の退職年齢に達し労働契約が終了した場合

④ 労務派遣協議書が解除された場合

⑤ 労務派遣事業者、派遣先使用者及び派遣労働者の3者が合意した場合

⑥ 派遣先使用者が義務を履行しないため労務派遣事業者が自ら派遣労働者を呼び戻した場合

⑦ 労務派遣暫定規定第16条[注4]に基づき、労務派遣事業者が抹消登記手続を行う前に、派遣先使用者と労務派遣事業者が協議の上、派遣労働者を戻した場合

⑧ 労務派遣事業者が法律規定に違反して労務派遣を行い、是正を命じられて是正を行う場合

⚖️

注1） 使用者による一方的な労働契約の解除事由。

注2） 使用者による労働契約の予告解除事由。

注3） 使用者による整理解雇事由。

注4） 労務派遣事業者が法に従って破産宣告されたり、営業許可証を取り上げられたり、閉鎖を命じられたり、（登記を）取り消されたり、経営期間満了前の解散を決定したりまたは経営期間満了に伴い経営を継続しないと決めた場合、労働契約は終了する。派遣先使用者は、労務派遣事業者と協議して派遣労働者を適切に配置（中国語：**安置**）しなければならない。

> **労務派遣と製造請負の違いについて説明してください。**

A 労務派遣と製造請負の違い並びに実務上の留意点については解説の内容を参照してください。

解　説 ||||||||||||||||||||||||||||||||||||||||||||||||||||||||||||||||||||||||||||||||||||||

(1)　労務派遣と製造請負の法的関係

　労務派遣暫定規定（2014）の施行を受けて、労務派遣事業者と派遣先使用者はそれぞれの立場から対策に乗り出してはいます（➡ Q10-1 参照）。しかし、派遣先使用者が派遣労働者の正社員化を極力避けて、従来の労務派遣形態に代わる何らかの解決策を望む場合、製造請負は有力な代替案といえます。

　労務派遣の場合における労務派遣事業者、派遣先使用者及び派遣労働者 3 者間の関係図と、製造請負の場合における製造請負事業者、発注者及び労働者 3 者間の関係図は、次頁のようになります。

　図 1 の労務派遣の形態に比べて、**図 2** の製造請負の形態の方がその法的関係は簡単です。

　というのは、労務派遣においては雇用主でない派遣先使用者が労働者の業務遂行について指揮・監督・命令権限などを行使する[注1]のに対して、製造請負においては雇用主である製造請負事業者が直接労働者に対し指揮・監督・命令権限を行使し、請負契約に基づく民事法律関係と労働契約に基づく労働法律関係がはっきり区別できるからです。

　しかし、発注者が労働者による請負業務の遂行に対して何らかの形で介入した場合などは、雇用主である製造請負事業者が行使すべき指揮・監督・命令権限が弱まり、本来単純明快な製造請負の法的関係が崩されることは必至です。

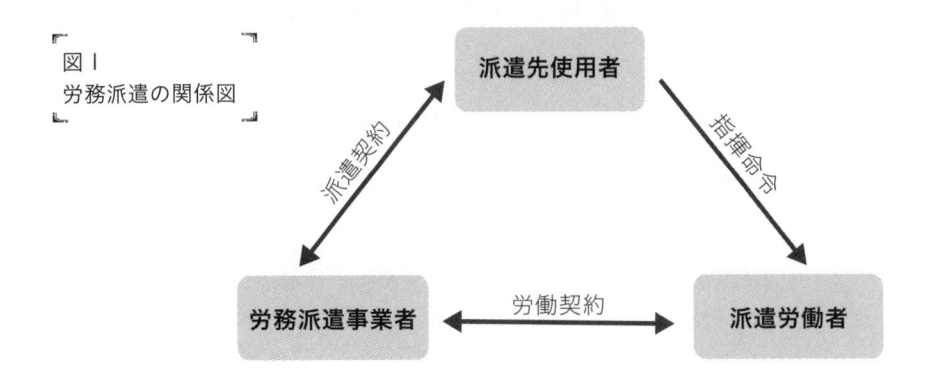

図1
労務派遣の関係図

派遣先使用者

派遣契約

指揮命令

労務派遣事業者 ⟷ 労働契約 ⟷ 派遣労働者

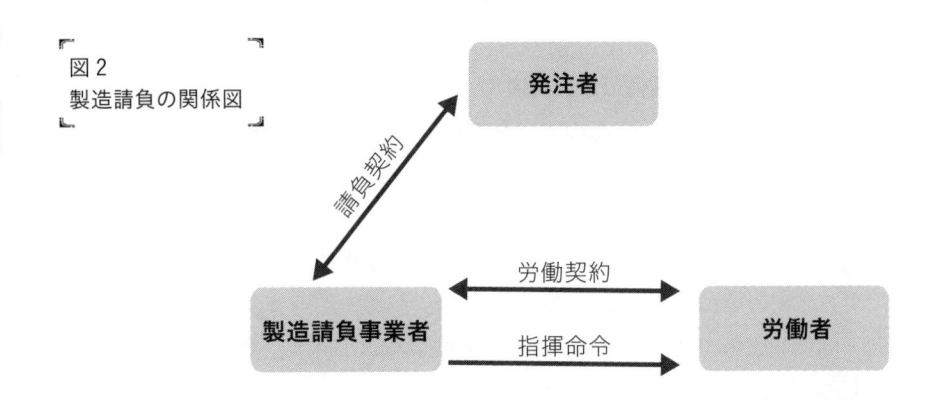

図2
製造請負の関係図

発注者

請負契約

製造請負事業者 ⟷ 労働契約 ⟷ 労働者

指揮命令

　特に、派遣先使用者が、労務派遣暫定規定（2014）の施行を受けて派遣労働者の使用比率規制に合致させるためにやむを得ず製造請負形態を選択したが、製品またはサービスの品質管理などの必要性から、製品の製造過程またはアウトソーシングサービスの提供過程にまで介入し、実質的に労働者に対し業務の指揮・監督・命令などを行った場合、「偽装請負」と判断される可能性があります。

　労務派遣と製造請負の違い、並びに企業が労務派遣形態と製造請負形態をそれぞれ選ぶ場合の主なメリットとデメリットは以下の**表**のとおりになります。

労務派遣と製造請負の違い及びそれぞれのメリット・デメリット

	労務派遣	製造請負
基本契約	労務派遣契約	製造請負契約
雇用主	労務派遣事業者	製造請負事業者
業務遂行の指揮・監督・命令権者	派遣先使用者	製造請負事業者
業務遂行及びその成果物等の責任者	派遣先使用者	製造請負事業者
メリット（派遣先使用者または発注者にとって）	●雇用主としての責任を負わない。 ●派遣労働者に直接指揮命令ができる。	●労務管理上の問題が解消 ●業務遂行及びその成果物に関しては製造請負事業者の責任
デメリット（派遣先使用者または発注者にとって）	●派遣労働者の使用比率規制を遵守しなければならない。 ●派遣労働者に損害を与えた場合、派遣先使用者と労務派遣事業者は連帯して賠償責任を負わなければならない。	●発注者は労働者に直接指揮命令ができないため、品質管理などの徹底化が困難 ●労務派遣と製造請負の区分に関する基準などが明確でないため、発注者が何らかの形で請負業務の遂行に介入した場合、「偽装請負」と判断されるリスクがある。

(2) 実務上の留意点

　労務派遣形態に代わり得る製造請負形態について、労務派遣暫定規定（2014）では「使用者が請負（中国語：承攬 chéng lǎn）、アウトソーシング（中国語：外包 wài bāo）などの名目で、労務派遣の方式により労働者を使用する場合、本規定に基づき処理する」（労務派遣暫定規定第 27 条）と規定しているのみです。当該規定からすれば、「製造請負名目での労務派遣」、すなわち「偽装請負」問題については中央政府主管機関もかなり神経を尖らせている様子が窺われます。

　労務派遣事業者の資質要件については、労働契約法の改正などにより規制強化されてきた経緯があります。その狙いは「労働者の合法的な権益の保護」と派遣先使用者による派遣労働者の正社員化の促進であるといえます。

　ただし、製造請負事業者に関しては、今のところ基本的に何の規制もないことから、派遣先使用者が従来の労務派遣形態に代わるものとして製造請負形態を検討していることが多く、また、労務派遣事業者または第三者が製造請負事業への新規進出を図るケースも少なくありません。

もっとも、労務派遣または製造請負の形態を取り入れる企業にとっては、連帯責任を負わされる可能性のある労務派遣の形態より、製造請負事業者の1社が責任を負う製造請負の形態がより受け入れやすいのでしょう。こうした強い要請がある限り、従来の労務派遣の形態に代わり製造請負の形態が広く受け入れられる可能性はありますが、偽装請負問題など解決しなければならない難題が存在しているのも事実です。

　現段階で、偽装請負の禁止に関する中央政府レベルの規定は、労務派遣暫定規定（2014）第27条（上記参照）及び「労務派遣暫定規定を徹底的に実施することに関する人力資源社会保障部弁公庁の通知」（人社庁発（2014）13号）第2条[注2]しかありません。

　中央政府主管機関による規定の他に、一部地方の関連規定[注3]が公布されているものの、いずれも原則的な規定に止まっており、偽装請負の判断基準が依然として不明確なままです。従って、企業側（発注者または派遣先使用者）としては所在地域の関連規定や裁判例などを常に把握し、見落とさないよう特に留意すべきでしょう。

⚖️

注1）　図1のうち、派遣先使用者と派遣労働者との関係の属性については「労務関係または用工関係」と表現されることが多い。

注2）　派遣先使用者が業務のアウトソーシング、請負などの方法を用いて派遣労働者の使用比率を引き下げる場合について、派遣先使用者が関連法律と政策規定に則って発注などを行い、法により現在使用中の派遣労働者の労働関係の移転と引継ぎ作業をしっかり進めるよう指導し、偽装請負（中国語：**假外包真派遣**）などの問題の発生により派遣労働者の合法的な権益を侵害することを防止しなければならない。

注3）　労務派遣適用法律の若干の問題に関する上海市人力資源社会保障局、上海市高級人民法院の会議紀要（2014年12月31日）。

Q11-1　社内規則制度を制定する際の注意事項

使用者が社内規則制度を制定する際の注意事項を教えてください。

A 使用者は労働者の利益に直接関わる社内規則制度などを制定する際、労働契約法第4条で定められた民主的な手続を履行しなければならず、その内容の合法性と合理性を保障すると同時に、確定済みの社内規則制度及び重要事項の決定を公示し、または労働者に告知しなければなりません。

解　説

（1）　社内規則制度を制定する際の留意点

① 民主的な手続の履行

労働契約法第4条2項によれば、使用者は、労働報酬、勤務時間、休憩休暇、労働安全衛生、保険及び福利厚生、従業員研修、労働規律並びに労働定額管理等の労働者の切実な利益に直接関わる規則制度または重大事項を制定、改正または決定する際、従業員代表大会または従業員全体の討論を経て、試案及び意見を出し、労働組合または従業員代表と平等に協議を行い、これを確定しなければなりません。

つまり、社内規則制度または重大事項の制定、改正または決定案については、討論、意見徴収及び協議の過程を経る必要があります。

使用者は、規則制度または重大事項を制定、改正または決定する際、労働者または労働組合から出された意見を整理、検討の上、使用者側の意見を提出し、または説明を行うことができます。

ただし、使用者が労働者または労働組合から出された意見を必ず受け入れなければならないことはないと解されます。

② 内容の合法性と合理性

　使用者は法により労働規則制度を確立しかつこれを整備し、労働者の労働する権利の享受及び労働義務の履行を保障する必要があります（労働契約法第4条1項）。

　また、使用者の規則制度が法律、法規の規定に違反し、労働者の権益に損害を与えている場合、労働者は労働契約を解除し、経済補償金の支払いを請求する権利を有しています（労働契約法第38条[注1]1項4号、第46条）。

　更に、使用者が規則制度において自社の法定責任を免除し、労働者の権利を排除する規定を設けた場合、当該規定は無効と認定される可能性があります（労働契約法第26条1項2号）。

　要するに、労働者の立場から見て使用者の規則制度の規定が明らかに不合理であるなどの場合は、人民法院は関連規定について無効と認定し、係る規定を労働者に対する処分決定の根拠とすることを認めないか、または労働者の請求に応じて労働者の利益や負担能力などを勘案の上、使用者による処分決定、主張または請求の内容を調整することができます。

③ 労働者への告知

　使用者は、労働者の切実な利益に直接関わる規則制度及び重要事項の決定を公示し、または労働者に告知しなければなりません（労働契約法第4条4項）。

④ 実施過程における改正意見の提出権

　労働者の切実な利益に直接関わる規則制度及び重要事項の決定を実施する過程において、労働組合または労働者が不適切であると判断した場合、使用者に申し出て、協議を通じてこれを改正し、改善する権利を有します（労働契約法第4条3項）。

(2) 労働紛争事件を審理する際の根拠規定となるための要件

　労働紛争審理解釈（2001）第19条によれば、使用者が労働法第4条の規定に基づき、民主的な手続を通じて制定した規則制度が、国家の法律、行政法規及び政策規定に違反しておらず、かつ労働者に対し既に公示している場合、人民法院は労働紛争事件を審理する際の根拠とすることができます。

　使用者の規則制度は、使用者による労働契約の解除権を含む自社の労働者に

対する雇用管理権を有効に行使するための大変重要な規定であることから、その内容の合法性と合理性を保障すると同時に、以下の方法などにより、将来生じ得る労働紛争の法的リスクを予防または軽減する必要があります。

① 民主的な手続の履行方法

　実務上、使用者側で用意した規則制度の一部内容に反対意見を提出し、使用者の意見または説明に頑なに反対する労働者が従業員全体の中で少数を占めていると確認できる場合は、当該規則制度の内容の合法性と合理性を前提に、従業員代表大会または従業員大会の表決にかけて、大多数の従業員の同意により可決することができたとき、当該規則制度は民主的な手続を履行したものと認定されます。

② 公示または告知方法

　労働者に対する有効な公示または告知方法としては、使用者の規則制度または重大事項を制定、改正または決定する際、労働者全員から当該規則制度または重大事項の制定、改正または決定に関する手続、内容の確認並びに遵守の約束に関し、署名をしてもらうことが一番安全なやり方です。

　また、規則制度に関する社内研修会、勉強会などを定期的に開催し、労働者に熟知させると同時に、これに関する証拠（出席した労働者及び使用者側の人員が署名確認した書類及び録画データなど）を残しておくことも有効な方法です。

(3)　規則制度の内容と労働契約の内容が一致しない場合の処理

　使用者が制定した社内規則制度が、労働契約で約定した内容と一致しない場合、労働者が契約の約定を優先的に適用するよう請求した場合、人民法院はこれを支持しなければなりません（労働紛争審理解釈（二）第16条）。

　つまり、同一事項につき、使用者の規則制度と労働契約の内容が一致しない場合は労働契約を優先的に適用することになりますので、労使双方間で労働契約の内容を約定する際は特に注意をする必要があります。

　実務上、使用者側から労働者に労働契約を提示することが一般的ですが、使用者はこのような主導権を効率的に行使すべきです。

　すなわち、使用者所在地政府部門の推薦する労働契約の雛形などをそのまま社内用に回すことは避けるべきであり、自社の状況に基づき労働契約の内容を

独自に整備するといった視点が必要です。

⚖️

注 1) 労働者による一方的な労働契約の解除事由。

地方規定に注目！

〈広東〉

広東高院指導意見（2002）第 18 条 2 項
➡労働者が使用者の規則制度に対して異議を申し立てる場合、使用者は規則制度が国の法律、行政法規及び政策の規定に違反しておらず、かつ労働者に対し公示していることを証明しなければならない。

広東高院指導意見（2008）第 20 条 2 項
➡労働契約法が施行された後、使用者が労働者の切実な利益に直接係わる規則制度または重大事項を制定、改正する際、労働契約法第 4 条 2 項に定められた民主的な手続を履行していない場合、原則上は使用者の雇用管理の根拠とすることはできない。ただし、規則制度または重大事項の内容が法律、行政法規及び政策の規定に違反しておらず、明らかに不合理な事由が存在せず、かつ労働者に対し既に公示または告知し、労働者に異議がない場合、労働仲裁及び人民法院による審理の根拠とすることができる。

深圳労働関係促進条例（2008）第 12 条 2 項、3 項
➡使用者は、労働者の切実な利益に直接係わる規則制度を労働者に公示または告知し、かつ労働者に書面書類を提供しなければならない。
　使用者の規則制度と労働契約の約定が一致しない場合、労働契約の約定を優先して適用する。

〈北京〉

北京高院会議紀要（2009）第 36 条
➡使用者が労働契約法の施行前に制定した規則制度は、労働契約法第 4 条 2 項に規定する民主的な手続を経ていないものの、その内容が法律、行政法規及び政策の規定に違反しておらず、かつ労働者に対し既に公示または告知している場合、使用者の雇用管理の根拠とすることができる。

〈江蘇〉

江蘇高院指導意見（2009）第 18 条
➡使用者が労働契約法の施行前に制定した規則制度が、労働契約法第 4 条 2 項に規定する民主的な手続を経ていないものの、その内容が法律、行政法規及び政策の規定に違反しておらず、明らかに不合理な事由が存在せず、かつ労働者に対し既に公示または告知している場合、労働紛争を処理する際の根拠とすることができる。
　使用者が労働契約法の施行後に規則制度を制定、改正し、法定の民主手続を経て労働組合または従業員代表と協議したが、合意に達することができなかった場合、当該規則制度の内容が法律、行政法規の規定に違反しておらず、明らかに不合理な事由が存在せず、かつ労働者に対し既に公示または告知しているときは、労働紛争を処理する際の根拠と

することができる。

　独立法人の資格を有する子会社が親会社の規則制度を執行する場合、もし子会社が労働契約法第 4 条に規定する民主的な手続を履行し、または親会社が労働契約法第 4 条に規定する民主的な手続を履行し、かつ子会社内で労働者に対し公示または告知した場合、親会社の規則制度を子会社の労働紛争を処理する際の根拠とすることができる。

〈浙江〉

浙江労仲指導意見（2009）第 30 条
➡使用者が労働契約法の施行前に制定した規則制度が、労働契約法第 4 条 2 項に規定する民主的な手続を経ていないものの、その内容が法律、行政法規、政策及び集団契約の規定に違反しておらず、明らかに不合理な事由が存在せず、かつ労働者に対し既に公示または告知している場合、仲裁委員会が労働紛争事件を処理する際の根拠とすることができる。

　労働契約法の施行後に、使用者が労働者の切実な利益に直接係わる規則制度または重大事項を制定、改正または決定する際、労働契約法第 4 条 2 項に定められた民主的な手続を履行していない場合、原則上は仲裁委員会が労働紛争事件を処理する際の根拠とすることはできない。ただし、規則制度または重大事項決定の内容が法律、行政法規、政策及び集団契約の規定に違反しておらず、明らかに不合理な事由が存在せず、かつ労働者に対し既に公示または告知しているときは、仲裁委員会が労働紛争を処理する際の根拠とすることができる。

使用者はどのような場合に労働者の勤務部署と月額賃金の調整を行うことができるのでしょうか？ 労働者が使用者による配置転換決定に同意しない場合、使用者はこれを理由に労働契約を解除することはできますか？

A　業務内容（勤務部署）、労働報酬などの労働契約の必要記載事項について変更する場合は、労使双方間で書面の合意を得なければなりません。ただし、使用者は関連法律に定められた事由が生じた場合、または労働契約もしくは社内規則制度において勤務部署と月額賃金の調整について約定をしている場合は、当該規定または約定に従い勤務部署と月額賃金の調整を行うことができます。法定の解除事由が生じた場合、使用者は関連規定により労働契約を解除することができます。

解　説 ||||||||||||||||||||||||||||||||||||||||||||||||||||||||||||||||||||||||||||||||||||||||||||||||

(1) 使用者による配置転換権と解除権

労働契約法第 17 条によれば、労働契約は、業務内容（勤務部署）、労働報酬などの必要記載事項を約定しなければならず、労働契約で約定済みの業務内容（勤務部署）または労働報酬などを変更するためには、労使双方間で書面の合意を得る必要があります（労働契約法第 35 条）。

また、労働契約法第 40 条 1 号、2 号の規定によれば、以下の事由が生じた場合、使用者は一方的に労働者の業務内容または勤務部署の調整を行うことができます。

① 労働者が病を患い、または労災以外で負傷し、規定の医療期間の満了後も元の業務に従事できない場合

② 労働者が業務に不適任である場合

更に、上記①のケースにおいて、労働者が、使用者が別に手配した業務にも従事することができない場合、上記②のケースにおいて、労働者が使用者による研修または勤務部署の調整を経ても依然として業務に不適任である場合、並びに労働契約の締結時に拠り所とした客観的状況に重大な変化が生じ、労働契約の履行が不可能になり、使用者と労働者との間で協議を経ても労働契約内容の変更について合意に達することができない場合（同第40条3項）、使用者は、30日前までに労働者本人に書面形式で通知するか、または労働者に1か月分の賃金を余分に支払った後、労働契約を解除することができるとされています（労働契約法第40条）。

(2) 実務上の留意点

① 労働契約または社内規則制度で約定している場合

労働契約または社内規則制度において、労働者に次に掲げるいずれかの事由（例示）[注1] が生じた場合、使用者は労働者の勤務部署または業務内容を調整することができ、かつ調整後の勤務部署または業務内容に応じて労働報酬を新たに確定する権限があると定めている場合、当該労働契約または社内規則制度が有効である[注2] ことを前提に、使用者は当該労働契約または社内規則制度における関連規定により配置転換と同時に労働報酬の調整を行うことが可能であり、労働者もこれら関連規定の拘束を受けることになります。

ⅰ） 労働者が業務に不適任であると評価判断された場合

ⅱ） 労働者が病気を患い、または労災以外で負傷し、規定の医療期間の満了後元の業務に従事できない場合

ⅲ） 使用者の生産経営方式の調整または事業部門の統廃合など、使用者の生産経営上の必要性に起因して、労働者の勤務部署の調整が必要な場合など

② 労働契約または社内規則制度で約定していない場合

労働契約または社内規則制度において、使用者による勤務部署及び月額賃金の調整権を定めていない場合は、上記(1)の関連規定により処理することになります。

例えば、労働者の元の勤務部署の規模縮小など、使用者の生産経営上の必要

性に起因する事由により、労働者に対し他の部署への配置転換を求めたが、労働者がこれを拒否する場合、上記(1)の労働契約法第40条3号により、労使双方間で勤務部署の調整及び労働条件の変更などについて協議を経ても合意に達することができないときは、使用者は労働契約の予告解除を行うことができます。

　労働者が出勤拒否などの方法により、使用者の要求または提案に強く反発している場合は、使用者の社内規則制度または労働契約における「無断欠勤」などに関する規定に基づいて、使用者は一方的に労働契約を解除することができます。

③　労働者から配置転換の申請があった場合

　労働者本人から使用者に対し勤務部署の調整に関する申請があった場合、使用者は労働契約の変更に関する規定（労働契約法第35条）により、勤務部署（業務内容）及び労働報酬などの変更について、労使双方間で書面の合意を得ることが望まれます。

④　証明責任

　上記①〜③のいずれの場合においても、労働紛争が生じた際、使用者には以下に掲げる関連事項の証明責任が課されますので特に注意をする必要があります。

ⅰ）　労働者の業務不適任または業務従事不可の評価基準及び評価方法などの事前告知

ⅱ）　前記ⅰ）の評価基準、評価方法及び評価結果の合法性と合理性

ⅲ）　配置転換決定は確実に生産経営上の必要性に起因していること

ⅳ）　配置転換後の労働報酬などの労働条件の合理性

ⅴ）　労働者との間で協議を重ねてきたことなど

　なお、一部地方では以下のとおり使用者による勤務部署の調整などについて特別な規定を設けていますので、使用者所在地の関連規定にも留意すべきでしょう。

⚖

注1）　使用者の諸事情と必要性などを踏まえて、労働契約または社内規則制度において関連する事

由を具体的、明確に定めておく必要があり、かつその内容の合法性と合理性を確保する必要があります。

注2) 社内規則制度を制定する際の注意事項については Q11-1 を参照してください。

地方規定に注目！

〈広東〉

広東高院座談会紀要（2012）第 22 条
➡使用者による労働者の勤務部署の調整が、**以下に掲げる事由に合致して**いる場合、使用者が雇用に関する自主権を合法に行使したものと見なし、労働者が、使用者が無断で自分の勤務部署を調整したことを理由に労働契約の解除を要求し、かつ使用者に対し経済補償金を支払うよう請求した場合、これを支持しない。
（1）労働者の勤務部署の調整は使用者の生産経営に必要である
（2）勤務部署を調整した後、労働者の賃金水準は元の勤務部署と基本的に同じである
（3）（勤務部署の調整は）侮辱性と懲罰性を有してない
（4）法律法規に違反するその他の事由がない
　使用者が労働者の勤務部署を調整し、かつ上述の事由がなく、労働者が 1 年を超過しても異議を唱えず、その後になって労働契約法第 38 条 1 項 1 号の規定*をもって労働契約の解除を要求し、かつ使用者に対し経済補償金を支払うよう請求した場合、これを支持しない。
　*　「（使用者が）労働契約の約定に従った労働保護または労働条件を提供しない場合」、労働者は労働契約を解除することができるとされています。

広州中院紀要（2014）第 23 条
➡広東高院座談会紀要（2012）第 22 条は、労働契約の変更について必ず労使双方間の合意を得なければならないといった「労働法」、「労働契約法」の規定を排除していない。（第 22 条における）「使用者の生産経営に必要である」ことについては、具体的な事案に合わせて具体的に分析しなければならない。一般的には、使用者に客観的な調整の必要性が存在し、かつ使用者が意図的に勤務部署調整の方法により労働者に妨害を与える、または労働者を離職に追い込むようなことが存在してない場合は、いずれも「生産経営に必要である」と認定することができる。賃金水準の証明責任は、使用者が負わなければならない。

〈北京〉

北京高院解答（2017）第 5 条
Q 使用者が労働者の勤務部署の調整を行った場合、どのように処理するのか？

A 労使双方間で、生産経営の状況に基づき労働者の勤務部署を調整することができると約定している場合、審査の上、生産経営の状況に既に変化が発生し、勤務部署の調整は合理的な範疇であると、使用者がこれを証明できた場合、使用者による労働者の勤務部署の調整を支持しなければならない。
　使用者と労働者が労働契約において勤務部署を約定していない、または約定が不明確である場合、使用者に正当な理由があり、生産経営の必要性に基づき労働者の勤務部署を合理的に調整することは、使用者の自主的な雇用行為に属する。合理性の判断は、以下の要素を考慮しなければならない。使用者の経営上の必要性、目的の正当性、労働者が配置転換後の勤務部署に適していること、賃金待遇等の労働条件に労働者に不利な変

更はないこと。

　使用者と労働者が締結した労働契約において明確に勤務部署を約定しているが、どの
ように配置転換を行うかについては約定していない場合、労働契約法第 40 条に定める事
由に合致しないときは、使用者自ら労働者の勤務部署を調整することは違約行為に該当
し、労働者に損失をもたらしたとき、使用者は賠償しなければならず、元の勤務部署の
賃金水準を参照してその差額を補充的に支給する。労働者が元の勤務部署への復職を主
張する場合、実際の状況に基づき処理する。審査の上、元の勤務部署への復職が難しい
と判断した場合、労働者に対し別途権利を主張するよう説明し、説明後も労働者が依然
として元の勤務部署への復職を要求する場合は、係る要求を却下することができる。

　使用者が勤務部署の調整と同時に賃金の調整を行い、労働者が配置転換については受
け入れたものの、賃金の調整については受け入れない場合、使用者が調整の理由を説明
する。使用者の実際の状況、労働者の勤務部署調整後の業務部署の性質、双方間の契約
の約定等の内容に基づき、労働者の合法的な権益を侵害しているか否か、総合的に判断
しなければならない。

〈浙江〉

浙江高院意見（2009）第 42 条
➡使用者が労働者の勤務部署を調整するには、一般的には労働者の同意を得なければな
らない。労働契約の主な内容に変更がなく、または変更があるものの、確かに使用者の
生産経営上の必要性に起因しており、かつ労働者の報酬及びその他の労働条件に労働者
に不利な変更はない場合、労働者は使用者による配置転換に従う義務がある。

> 使用者はどのような状況であれば労働者との間で勤務義務期間を約定することができるのでしょうか？

A 　使用者は、労働者のために使用者の費用負担で専門技術研修を行う場合、当該労働者との間で勤務義務期間（中国語：服務期 fú wù qī）及び違約金に関する内容を約定することができます。

解　説

(1) 勤務義務期間の約定条件

使用者が労働者のために特別の研修費用を提供し、当該労働者に対し専門技術研修を行う場合、当該労働者との間で契約を締結し、勤務義務期間を約定することができます（労働契約法第22条1項）。

つまり、労使双方間で勤務義務期間を約定する前提条件は、使用者による研修費用の負担と専門技術研修を行うことです。

① 専門技術研修の定義

使用者が労働者のために入職前の社内研修、職場研修、配置転換のための研修、労働安全に関する研修などを実施する場合、これらの研修に関し、労働者との間で勤務義務期間を約定することはできません。

実務上、以下に掲げる研修は、「専門技術研修」と認められる可能性が高くなります。

　ⅰ) 学歴教育
　ⅱ) 全日制の大学、専門学校、科学研究機構、研修センターなどにおける研修
　ⅲ) 労働能力の向上を目的とする実務研修（例えば外国語研修、専門技術研修、労働技能研修等）

iv） 外国または使用者所在地以外の地域で行う職業訓練、研修など

② 研修費用の負担

労働契約法実施条例第 16 条によれば、上記の労働契約法第 22 条 2 項に定める研修費用には、使用者が労働者に対して専門技術研修を行うために支払った証憑のある研修費用、研修期間の出張旅費及び研修に起因して生じた当該労働者に用いたその他の直接費用が含まれるとされます。

⑵ 勤務義務期間と違約金の約定

労使双方間で勤務義務期間に関する契約を締結する場合、上記⑴に記載した労働契約法及びその実施条例の規定に違反して合意することはできません。

勤務義務期間[注1]については、労使双方間でこれを合意することができますが、明らかに不合理である場合は、人民法院により無効と認定される可能性があります。

そこで、使用者は、専門技術研修の期間、研修費用などの要素を総合的に勘案した上で、合理的な勤務義務期間を約定する必要があります。

勤務義務期間に関する違約金は、使用者の負担した研修費用を上回らない限度で設定しなければならず、労働者が勤務義務期間の履行中に解約を申し出た場合、労働者は勤務義務期間の未履行部分に応じた研修費用を超えない限度で違約金を支払うことになります（労働契約法第 22 条 2 項）。

⑶ 労働契約の勤務義務期間満了時までの延長

労働契約の期間が満了したが、労使双方間で締結した勤務義務期間に関する契約に定められた勤務義務期間が満了していない場合、双方間に別段の約定がある場合を除き、労働契約は当該勤務義務期間が満了するときまで延長しなければなりません（労働契約法実施条例第 17 条）。

⑷ 労働契約及び勤務義務期間に関する契約の解除

労使双方間で勤務義務期間に関する契約を締結し、労働者が労働契約法第38 条（**労働者による一方的な労働契約の解除事由**）の規定により労働契約を解除した場合、勤務義務期間に関する約定への違反には該当せず、使用者は労働者に対

して勤務義務期間に関する違約金の支払いを要求することはできません（労働契約法実施条例第 26 条 1 項）。

しかし、労働者が次に掲げるいずれかの事由に該当し、使用者が勤務義務期間に関する契約または労働契約を解除する場合、労働者は勤務義務期間に関する約定に従い、使用者に対し違約金を支払わなければなりません（労働契約法実施条例第 26 条 2 項）。

ⅰ） 労働者が使用者の規則制度に著しく違反した場合

ⅱ） 労働者に重大な職務怠慢、自己の利益のための不正行為があり、使用者に重大な損害をもたらした場合

ⅲ） 労働者が同時に他の使用者と労働関係を確立し、現使用者における業務上の任務の完成に深刻な影響を与え、または現使用者から是正を求められたがこれを拒否した場合

ⅳ） 労働者が詐欺、脅迫の手段により、または人の危急につけこみ、使用者にその真意に反する状況下で労働解約を締結または変更させた場合

ⅴ） 労働者が法により刑事責任を追及された場合

使用者は、勤務義務期間の履行中に、労働契約の法定解除事由（➡ Q9-2 参照）が生じてない限り、勤務義務期間に関する違約金の放棄のみをもって、一方的に労働契約を解除することはできません。

⚖️

注 1） 勤務義務期間は専門技術研修が終了した日の翌日から起算されるのが一般的です。

地方規定に注目！

〈広東〉
中山中院参考意見（2011）第 6.4 条
➡労働契約法第 22 条の規定に基づき、労働者が労働契約の勤務義務期間に関する約定に違反した場合、当該約定に従い違約金を支払わなければならない。ただし、労働契約法第 38 条*、第 41 条**に定める事由に該当する場合は除く。約定した違約金が高すぎる場合、労働契約法第 22 条 2 項の規定に基づき調整しなければならない。

労働契約法第 22 条に規定する「研修費用」には、労働者が特別な研修を受ける期間に受領した基本賃金は含まれない。「専門技術研修」とは、労働者の特定技能を向上するために提供する研修を指し、入職前の研修や日常業務研修は含まれない。

使用者は、労働者が労働契約の勤務義務期間に関する約定に違反したことを理由に、

労働者に対し違約金を請求する場合、当該労働者のために既に特別な研修を行い、かつ具体的な費用を提供したことに関する事実について証明責任を負わなければならない。

   ＊　労働者による一方的な労働契約の解除事由。

   ＊＊　使用者による整理解雇事由。

同参考意見第 6.5 条（著者抜粋整理）

➡使用者が本市の戸籍を持たない採用人員のために本市の戸籍登録を行う場合、係る特殊な待遇を受ける当事者との間で、本市の戸籍登録に起因する勤務義務期間及び違約責任を約定した場合、これを認めることができる。

  約定した勤務義務期間及び違約金の金額が不合理である場合、当事者の具体的な違約事由、違約の程度に基づき、情状を酌量して調整することができる。

〈北京〉

北京高院会議紀要（2009）第 33 条

➡使用者がその採用した労働者のために本市の戸籍登録を行い、労使双方間で戸籍登録に起因する勤務義務期間及び違約金を約定し、使用者が係る約定を根拠に労働者に対し違約金の支払いを要求した場合、これを支持しないものとする。確かに労働者が信義誠実の原則に違反し、使用者に損失を与えた場合、労働者は賠償を行わなければならない。

〈上海〉

上海高院解答（2006）第 7 条（著者抜粋整理）

➡使用者が本市の戸籍を持たない採用人員のために本市の戸籍登録を行う場合、係る特殊な待遇を受ける当事者との間で、本市の戸籍登録に起因する勤務義務期間及び違約責任を約定した場合、労働紛争処理機構はこれを認めることができる。

  約定した勤務義務期間及び違約金の金額が不合理である場合、当事者の具体的な違約事由、違約の程度に基づき、情状を酌量して調整することができる。

〈江蘇〉

江蘇高院指導意見（2009）第 12 条

➡使用者が、労働者が勤務義務期間の約定に違反したことを理由に労働者に対し違約金の支払いを請求した場合、人民法院、仲裁機構は、使用者が当該労働者のために特別な研修費用を提供し、専門技術研修を行ったか否かについて審査しなければならない。

  使用者が労働者に対し入職前の研修及び日常の業務研修を行った場合は、これらの研修を専門技術研修と認定してはならない。

  労働者が特別な研修を受ける期間に受領した基本賃金を特別な研修費用と認定してはならない。

Q 11-4　パートタイム従業員雇用の法的リスク

> パートタイム従業員の雇用にはどのような法的リスクがあります
> か？

A パートタイム従業員を雇用している場合（中国語：非全日制用工 fēi quán rì zhì yòng gōng）、使用者には全日制雇用と認定されるリスク、使用者秘密の漏洩リスクや労働災害保険の給付リスクなどがあります。

解　説

(1)　非全日制雇用に関する規定

　非全日制労働契約とは、労働者の同一の使用者における1日当たりの平均労働時間が4時間を超えず、1週間の労働時間が累計で24時間を超えないという時給制の労働契約を指しており（労働契約法第68条）、双方当事者はいずれも相手方に随時通知することにより契約を終了させることができ、使用者が雇用終了に伴う経済補償金を支払う義務を負いません（労働契約法第71条）。

　非全日制雇用の場合、時間給は使用者所在地の最低賃金基準を下回ってはならず、労働報酬の精算支払周期は、最長でも15日間を超えてはなりません（労働契約法第72条）。

(2)　非全日制雇用時の社会保険への加入

①　基本養老保険

　社会保険法第10条によれば、労働者は基本養老保険に加入しなければならず、使用者及び労働者が共同で基本養老保険料を納付するとされています（1項）。

　また、使用者のもとで基本養老保険に加入していない非全日制従業者は、基本養老保険に加入することができ、個人で国の規定に従い基本養老保険料を納付するとされています（同2項）。

② 基本医療保険

社会保険法第 23 条によれば、労働者は基本医療保険に加入しなければならず、使用者及び労働者が共同で基本医療保険料を納付するとされています(1項)。

また、使用者のもとで基本医療保険に加入していない非全日制従業者は、基本医療保険に加入することができ、個人で国の規定に従い基本医療保険料を納付するとされています（同 2 項）。

③ 労働災害保険

非全日制従業者が 2 つまたは 2 つ以上の使用者のもとで同時に就業している場合、各使用者はそれぞれ当該従業者のために労働災害保険料を納付しなければならず、従業者が被災したとき、当該従業者が被災時に勤めていた勤務先が法により労働災害保険の給付責任を負うことになります（「社会保険法」の実施に関する若干の規定（2011 年 7 月施行）第 9 条）。

(3) 非全日制雇用の法的リスク

① 全日制雇用と認定されるリスク

実務上、1 日 4 時間、1 週間 24 時間という労働時間と労働報酬の精算支払周期（**最長で 15 日を超過してはならない**）に関する規定を厳格に遵守しなかったとして、労使双方間の労働関係を「全日制の雇用関係」と認定され、労働者から時間外労働手当の精算、未取得分の年次有給休暇の補償及び社会保険料の補充的な納付等を請求される法的リスクがあります。

具体的にいうと、1 日の労働時間が 4 時間超、または 1 週間の労働時間が 24 時間超の期間が含まれている一定期間の労働時間を割り振って、1 日平均 4 時間以下、または 1 週間平均 24 時間以下といった計算結果となるケースや、月毎に労働報酬を精算したケースにおいて、これを「全日制の雇用関係」と認定する可能性がありますので、注意が必要です。

また、非全日制雇用の勤務時間記録表などは、毎回の賃金支給時に労働者に署名確認させるほか、時間給以外に手当または補助金を支給する場合は、使用者所在地の最低賃金基準が引き上げられる可能性などに備えて、こうした手当または補助金は時間給に計上するほうがよいでしょう。

なお、労働契約法第 69 条 1 項により、非全日制雇用の両当事者は口頭で契

約を締結することができるとされていますが、口頭形式では契約内容などを証明することが難しいため、非全日制雇用時に、勤務時間と契約期間、業務内容、労働報酬、労働保護及び労働条件などについて書面で契約を締結することが無難でしょう。

② 使用者秘密の漏洩リスク

非全日制従業者は同時に複数の勤務先と雇用関係を成立することができるため、同業種の勤務先など、競業関係が存在する複数の勤務先で業務に従事する可能性があります。

そこで、従業員管理や使用者の商業上の秘密保持に関する体制を強化していなければ、使用者の商業上の秘密が競業他社などに漏洩されてしまうリスクがありますので注意が必要です。

③ 労働災害保険の給付リスク

上記の「社会保険法」の実施に関する若干の規定（2011年7月施行）第9条により、非全日制従業者を雇用する場合においても、使用者には当該従業者のために労働災害保険料を納付する義務があります。

使用者が労働災害保険に加入せず、労働災害保険料の納付義務を履行していない場合、非全日制従業者が勤務時に被災したときは、使用者は労働災害保険条例（2010改正施行）などの関連法規で定められた基準により、当該従業者に対し労働災害保険の給付を行わなければなりません。

非全日制従業者の社会保険の加入に関し、各地の規定が多少異なるため、使用者は事前に所在地の労働行政部門または社会保険部門に問い合わせを行うことが必要でしょう。

地方規定に注目！

〈上海〉

上海市労災保険実施弁法（2013）第51条

➡非全日制従業者を雇用する使用者は、本弁法に規定する納付基数及び納付率に従い、当該従業者のために労働災害保険料を納付しなければならない（1項）。

　非全日制従業者が業務上の原因により事故で傷害を負いまたは職業病を患った後、使用者との間の労働関係は、労働契約法、上海市労働契約条例の規定により執行し、下記の労働災害保険の待遇を享受する（略）。

上海市労働人事争議指導意見（2010）第 4 条（著者抜粋整理）

Q 本市における特殊な労働関係にある従業員は年次有給休暇を取得できるか？

A 年次有給休暇の規定は、本市の行政区域内の企業、個体経済組織等の使用者及びそれと労働関係を成立した従業員に適用される。<u>非全日制従業者、使用者が雇用した定年退職者については、原則上、年次有給休暇に関する規定を適用しない</u>。ただし、双方間に別途約定がある場合はその約定に従う。

〈江蘇〉

江蘇省労働契約条例（2013）第 41 条

➡非全日制雇用とは、時間給による報酬計算を主とし、通常、労働者の同一の使用者における 1 日あたりの平均勤務時間が 4 時間を超過せず、毎週の勤務時間累計が 24 時間を超過しない雇用形式を指す。

　<u>非全日制雇用は、年次有給休暇、時間外労働、医療期間等の規定を適用しない</u>。使用者と労働者との間に別途約定がある場合は除外する。

〈湖北〉

湖北省労災保険実施弁法（2014 年改正施行）第 13 条

➡従業員（非全日制従業者を含む）が、2 つまたは 2 つ以上の使用者との間で同時に労働関係が存在している場合、使用者はそれぞれ当該従業員のために労働災害保険料を納付しなければならない。従業員に労働災害が生じた場合、当該従業員が被災時に勤めていた勤務先が法により労働災害保険の責任を負う。

労働時間中の休憩時間は労働時間に計上する必要はありますか？

A 労働時間中の休憩時間を労働時間として計上すべきか否かについて、一部の地方規定を除き、現行の法律、行政法規では明確な規定を設けていないことから、実務上、1日8時間の労働時間を超えない前提で、労働時間中の休憩時間を労働時間に計上する使用者と、休憩時間を労働時間に計上しない使用者の両方が存在しています。休憩時間を労働時間に計上せず、労働者が当該休憩時間に労働を提供していない場合、労働契約または使用者の社内規則制度において労働時間中の休憩時間の取り扱いについて予め明確に約定している場合は、その約定に従うことになります。

解　説 ‖‖‖

　労働法第36条及び国務院による従業員の労働時間に関する規定（1995年改正施行）第3条によれば、労働者の1日の労働時間は8時間を超えず、1週間の労働時間は40時間を超えてはなりません。

　労働時間中の休憩時間を労働時間として計上すべきか否かについて、一部の地方規定（下記「地方規定」参照）を除き、現行の法律、行政法規では明確な規定を設けていないのが現状[注1]です。

　実務上、午前の労働時間（例：8時30分から12時までの3.5時間）と午後の労働時間（例：13時から17時30分までの4.5時間）中に、それぞれ10分ずつの休憩時間を設けるケースがある一方で、午前と午後の労働時間を計8時間にするが、午前と午後にそれぞれ設けた休憩時間を労働時間に計上せず、労働時間以外で休憩時間を設けるケースも存在しています。

　労働時間中の休憩時間を労働時間に計上している使用者の場合は、使用者に

よる労働者の拘束時間が全体で 8 時間を超えないため、全く問題にはなりません。

　ただし、休憩時間を労働時間に計上していない使用者の場合、使用者による労働者の拘束時間は全体で 8 時間を超えることになるため、労働者がこの 8 時間を超える分について時間外労働手当を請求することがあります。

　上記の労働法第 36 条及び国務院による従業員の労働時間に関する規定（1995 年改正施行）第 3 条の規定によれば、労働者の 1 日の労働時間が 8 時間を超えなければ合法とされます。

　そこで、休憩時間を労働時間に計上していないケースにおいても、労働者が当該休憩時間に労働を提供しておらず、労働者の 1 日の労働時間が 8 時間を超えていない場合は、労働者に対し休憩時間に相応する時間外労働手当を支給する必要はないと解されます。

　労働者は、労働時間中の休憩時間に労働を提供したと主張する場合、関連事実について証明責任を負う必要があります。一方で、使用者は、労働者の労働時間が 1 日 8 時間を超えていないことについて証明できない場合は、時間外労働手当の支給を命じられる可能性があるため注意が必要です（➡ Q3-7 参照）。

　休憩時間を労働時間に計上しない使用者の場合、労働契約または使用者の社内規則制度において労働時間中の休憩時間の取り扱いについて予め明確に約定し、かつ労働者に対する告知義務を履行したときは、当該約定に従うことになります。

　実務上、1 日 7 時間・1 週間 35 時間など、法定基準を下回る労働時間制を実行している使用者もいますが、これを労働契約または使用者の社内規則制度において明記した場合は、1 日の労働時間が 7 時間を超える分について労働者から時間外労働手当を請求されることがあることから、労働契約または社内規則制度などにおいて、明確に定めておくことは避けた方がよいでしょう。

⚖️

注 1)　人力資源及び社会保障部による「特殊労働時間管理規定（**意見募集稿**）」（2012 年 5 月 8 日）第 27 条 1 項では、「企業が正常な生産運営を保障する状況下で、<u>1 日の労働時間が 4 時間を超える場合、労働者が 20 分を下回らない労働時間中の休憩時間を取得することを保証しなければならず、労働時間中の休憩時間は労働時間に計上する</u>」という規定が定められていますが、当該規

定は未だに施行されていません。

地方規定に注目！

〈江蘇〉

江蘇省労働及び社会保障庁による「企業従業員の1日3交替勤務制（中国語：三班制）の労働時間に関する伺いに対する返答」（労社弁函［2000］23号）

➡ 1、労働時間は、法律法規に定められた、労働者が一定時間内に生産または業務に従事する時間を指し、毎日の労働時間数、毎週の労働日数及び時間数を含む。

労働時間は労働者の実際の勤務時間を含むほか、労働者が生産または業務に従事するための準備時間、勤務を終了する前の整理及び引継ぎの時間をも含み、更に、勤務時間内の休憩時間、水分補給、排泄等人体が自然に必要とする時間、女性従業員の授乳時間及び法規もしくは上級管理職の要求に基づき勤務部署を離れてその他の活動に従事する時間（労働組合の活動時間、出張時間、社会的職責を履行するための時間等）も含む。

2、生産、業務が連続されなければならない、1日3交替勤務制を実施している企業の従業員が勤務中に食事を取ること自体は、生理的に必要であり、業務上においても必要であることから、勤務中に短時間で済ませた食事時間は労働時間に計上しなければならない。

> 使用者が未成年の労働者を雇用する場合、何か特別な労働保護を提供する必要がありますか？

A 使用者が未成年（満16歳以上18歳未満）の労働者を雇用する場合、国が定める労働時間、労働報酬と福利待遇、社会保険及び休暇等の関連規定を執行する他に、未成年労働者に対し特別の労働保護を実施しなければなりません。

解　説 ‖‖‖

(1)　16歳未満の未成年者の雇用禁止

労働法第15条1項により、使用者が16歳未満の未成年を採用することは禁止されています。

使用者が16歳未満の未成年者を不法に招聘（しょうへい）し、採用した場合は、労働行政部門が是正を命じ、過料に処するとされ、情状が重大である場合は、工商行政管理部門が営業許可証を没収することになります（労働法第94条）。

また、刑法第244条の1[注1]第1項によれば、使用者が16歳未満の未成年者を不法に雇用し、超強度の肉体労働に従事させた場合、高所、地下作業に従事させた場合、または爆発性、可燃性、放射性、有毒性があるなどの危険な環境において労働に従事させ、その情状が重い場合には、直接責任者に対して3年以下の有期懲役または拘留に処し、罰金を併科し、情状が特に重い場合には、3年以上7年以下の有期懲役に処し、罰金を併科するとされます。

更に、使用者が16歳未満の未成年者（中国語：**童工** tóng gōng）を不法に雇用し、勤務期間中において未成年労働者に身体障害が生じ、または未成年労働者が死亡した場合、「不法使用者（中国語：**非法用工単位** fēi fǎ yòng gōng dān wèi）傷亡人員一次性賠償弁法」（人社部令第9号、2011年）の関連規定により、使用者は医療

費用、介護費用、食事・交通等の費用及び賠償一時金などの巨額費用の負担を強いられることになります。

(2) 未成年労働者の保護

未成年労働者とは、満 16 歳以上 18 歳未満の労働者のことをいい、国は、未成年労働者に対して、以下のとおり特別の労働保護を実施しています（労働法第 58 条）。

つまり、未成年労働者については、未だ成長発育期にあること、義務教育を受ける必要があることなどの要素を勘案して、特別な労働保護措置を講じる必要があります。

使用者が、未成年労働者の保護規定に違反し、その合法的な権益を侵害した場合は、労働行政部門が是正を命じ、過料に処するとされ、未成年労働者に損害をもたらした場合、使用者は賠償責任を負わなければなりません（労働法第 95 条）。

① 入職前の教育研修

使用者は、未成年労働者が入職する前に、未成年労働者に対し、職業安全衛生教育と研修を実施しなければなりません（未成年労働者特殊保護規定（労部発［1994］498 号、1995 年 1 月施行）第 10 条）。

② 危険労働、重労働の禁止

労働法第 64 条により、使用者が、未成年労働者を鉱山の坑道内の労働、有毒有害の労働または国の定める第 4 級の労働強度の肉体労働その他従事することを避けなければならない労働に従事させることは禁止されています。

③ 定期健康診断の実施

使用者は、未成年労働者に対し定期的に健康診断を行う義務を負います（労働法第 65 条）。

使用者が未成年労働者を雇用する場合、以下の時点において、未成年労働者に対し、所定の「未成年労働者健康診断表」に列記される項目に従い健康診断を実施しなければなりません（未成年労働者特殊保護規定（労部発［1994］498 号、1995 年 1 月施行）第 6 条、第 7 条）。

　ⅰ） 入職の前

ⅱ） 勤務年数が満1年のとき

ⅲ） 満18歳になり、前回の健康診断日から既に半年超経過したとき

使用者は、未成年労働者の健康診断結果に基づき当該労働者に見合う労働に従事させ、元の勤務部署の業務に不適任である場合は、医務部門が発行した証明書類に基づき労働量を軽減させる、またはその他の労働を手配しなければなりません（未成年労働者特殊保護規定（労部発［1994］498号、1995年1月施行）第8条）。

(3) 未成年労働者雇用時の登記制度

未成年労働者特殊保護規定（労部発［1994］498号、1995年1月施行）第9条によれば、未成年労働者の雇用及び特別保護については以下の内容のとおり登記制度を実行するとされます。

① 使用者所在地の県級以上の労働行政部門に登記し、労働行政部門が「未成年労働者健康診断表」、「未成年労働者登記表」に基づき「未成年労働者登記証」を発給する。

② 各級の労働行政部門が、関連規定に従い、健康診断の状況及び未成年労働者に対し手配する予定の労働範囲を審査する。

③ 未成年労働者は必ず「未成年労働者登記証」を携帯して入職する。

なお、未成年労働者の健康診断及び登記に関する費用は、使用者がこれを負担することになっています（未成年労働者特殊保護規定（労部発［1994］498号、1995年1月施行）第10条）。

⚖️

注1） 未成年者を雇用して危険労働、重労働に従事させる罪。

地方規定に注目！

〈広東〉

広東省高温天気労働保護弁法（広東省人民政府令第166号、2012年3月施行）第11条
➡使用者は、妊娠中の女性従業員及び未成年労働者を35度以上の高温の天気における露天での作業及び温度が33度以上の作業場所に勤務させてはならない。

深圳経済特区「未成年者保護法」実施弁法（2003年改正施行）第41条
➡使用者が未成年労働者の時間外労働を手配する場合、未成年労働者本人とその所在す

る労働組合の同意を得なければならず、かつ関連する法律、法規の規定を遵守しなければならない。

同弁法第 42 条
➡未成年者の進入が禁止または制限される場所に該当する場合、未成年労働者の招聘・雇用を禁止する。

〈湖北〉
湖北省高級人民法院による労働紛争事件審理における若干の問題に関する意見（試行）
（2004 年 3 月）第 28 条 2 項
➡16 歳未満の未成年者が他人と偽ってその名義で使用者と労働契約を締結した場合、または使用者との間で事実上の労働関係を形成した場合、労働契約は無効である。ただし、使用者は依然として契約の約定に従い労働報酬を支払わなければならない。当該未成年者が業務上の原因により傷害を受けた場合、使用者は人身損害賠償責任を負わなければならない。

Q 11-7　使用者と定年退職年齢に達した労働者との関係

> 使用者と定年退職年齢に達した労働者の関係は「労働関係」と「労務関係」のどちらに該当しますか？

A 労働者が定年退職年齢に達し、かつ法に従い基本養老保険の給付を受け始めた場合または退職金を受領し始めた場合、使用者との関係は労務関係に従い処理することになります。労働者が定年退職年齢に達したが、基本養老保険の給付を受け始めていない場合または退職金を受領していない場合、使用者との関係については、「労務関係」として処理する場合と「労働関係」として処理する場合があり、使用者所在地の関連規定に注意をする必要があります。

解　説

(1)　定年退職年齢

労働及び社会保障部による「国の規定に違反して企業従業員の早期退職手続を行う問題を阻止及び是正することに関する通知」（労社部発［1999］8号）によれば、国が定める企業従業員の定年退職年齢は、男性満60歳、女性満50歳（**政府機関、事業単位などの女性幹部の場合は満55歳。ただし、外資系企業や民営企業などの女性管理職は「女性幹部」に該当しないと解されます**）となっています。

坑道内、高所、高温など超強度の肉体労働またはその他身体の健康に有害な労働に従事する場合の退職年齢は、男性満55歳、女性満45歳となっています。

病気もしくは労災以外の原因で身体障害を負い、労働能力の完全喪失について、病院による証明と労働鑑定委員会による確認を経た場合の退職年齢は、男性満55歳、女性満45歳となっています。

⑵ 労働関係終了時期の判断基準

労働契約法第44条2号により、労働者が法に従い基本養老保険の給付を受け始めた日から、労働契約は終了することになります。

また、労働契約法実施条例第21条によれば、労働者が法律で定められた定年退職年齢に達したときは、労働契約は終了するとされます。

しかし、定年退職年齢に達しても基本養老保険の給付を受け始めていない労働者の場合、当該労働者が定年退職年齢に達した時をもって労働関係が終了したものと即断してよいものか、上記の規定だけでは判断が難しいため、最高人民法院から具体的な判断基準に関する司法解釈などが公布されており、その内容は以下のとおりとなっています。

労働紛争審理解釈（三）第7条では、使用者と、使用者が雇用した法により既に養老保険の給付を受けている者または退職金を受領している者との間で労働紛争（中国語：用工争議 yòng gōng zhēng yì）が発生し、人民法院に訴訟を提起した場合、人民法院はこれを労務関係として処理しなければならないと定めています。

また、最高法院民一廷回答（2015）によれば、法定の退職年齢に達し、または法定の退職年齢を超過した労働者（農民の季節労働者を含む）と使用者との間の労働契約関係の終了は、当該労働者が養老保険の給付を受けているか否か、または退職金を受領しているか否かをその基準としなければなりません。

⑶ 定年退職年齢に達したが基本養老保険の給付を受けられない場合

実務上、労働者が定年退職年齢に達したが基本養老保険の給付を受けられない主な事由として以下のものが考えられます。

① 使用者が法に従い労働者のために基本養老保険に加入していない。

② 基本養老保険に加入しているが、法定の退職年齢に達したときに保険料の累計納付期間が15年未満である。

③ 労働者が地域をまたいで就業しており、異なる地域間で養老保険の移行手続がスムーズに進まない。

上記の最高人民法院の公布した規定では、労働者が法により養老保険の給付を受け始めている場合または退職金を受領している場合は、使用者との間の関

係を「労働関係」ではなく、「労務関係」として処理することを認めています。

　しかし、労働者が定年退職年齢に達したが、基本養老保険の給付を受け始めていない場合または退職金を受領していない場合における使用者との関係については、労働者が定年退職年齢に達したものの、基本養老保険の給付を受けられないまたは退職金を受領できない事由を検討し、かつ使用者所在地の関連規定（下記「地方規定」参照）により処理する必要があります。

⑷　労働関係を終了し労務関係として処理する場合の留意点

　使用者は、定年退職年齢に達した労働者または基本養老保険の給付を受け始めた労働者を雇用または継続雇用する場合、双方間で締結する「労務契約」において、労働契約法など労働関連法律法規の適用を受けない旨を明記すると同時に、双方の権利及び義務や商業保険[注1]への加入などについて明確に約定することが望まれます。

　また、継続雇用のケースにおいては、定年退職年齢に達したことまたは基本養老保険の給付を受け始めたことなどを理由に、労働契約を終了させる旨の書面通知を労働者に交付または発送し、遅滞なく定年退職手続を行う必要があります。

　使用者が定年退職年齢に達した労働者に対し、労働契約の終了通知の交付または発送及び退職手続を行わず、労働者が定年退職年齢に達した後も引き続き使用者のもとで勤務する場合、双方間の労働関係は自動的に終了せず、労働関係が存続しているものと認定される可能性があるため注意が必要です。

⚖️
注1)　従業員の意外事故、職業疾病などのリスクに対応する保険商品のことを指します。

🔍 **地方規定
に注目！**

〈広東〉
広東高院座談会紀要（2012）第11条
➡️使用者が、法定の定年退職年齢に既に達したが、未だ基本養老保険の給付を受けていないまたは退職金を受領していない労働者を招聘・雇用する場合、双方間で形成される雇用関係は労務関係として処理する。

深圳中院裁判手引き（2015）第56条

➡使用者と、使用者が招聘・雇用した法定の定年退職年齢に既に達した者との間で労働紛争が発生した場合、労務関係として処理しなければならない。

同第 87 条
➡労働者が法定の定年退職年齢に達したときは、労働契約は終了する。労働者が使用者に経済補償金の支払いを要求する場合、これを支持しない。

〈北京〉

北京高院会議紀要（2014）第 12 条
Ⓠ 法により養老保険の給付を受けている者、退職金を受領している者、法定の定年退職年齢に達した者が、元の使用者または新しい使用者との間で雇用関係を確立する場合、どのように処理するのか？

Ⓐ 法により養老保険の給付を受けている者、退職金を受領している者、法定の定年退職年齢に達した者と、元の使用者または新しい使用者との間の雇用関係は、労務関係として処理する。

〈上海〉

上海高院審理要件手引き（2013）第 8 条
➡法律、行政法規、司法解釈では、既に法定の定年退職年齢に達したが、養老待遇を享受することのできない者に対し、労働関係として処理するのか、それとも労務関係として処理するのか、ということについて明確な規定を設けていないため、司法の実践では比較的に大きな論争が存在している。これについて、我々は状況ごとに区分して処理するべきと考える。労働者が法により既に基本養老の給付を受け始めている場合は、厳格に労働紛争審理解釈（三）の規定に従い、労働者と使用者との間に紛争が発生したときは労務関係として処理しなければならない。既に法定の定年退職年齢に達しているが、使用者が当該労働者と労働関係を解除せず、依然として雇用を継続し、規定に従い退職手続を行わなかった場合、労働関係として処理する。既に法定の定年退職年齢に達しており、かつ使用者が当該労働者と労働関係を解除済みであるが、労働者の社会保険料の納付年数が足りないことで養老保険の待遇を享受することができない場合、労働者は「社会保険法」の関連規定に従い社会保険料を補充納付した後で養老保険の待遇を享受することができ、当該労働者の再就職後、使用者との間で紛争が発生した場合、労務関係として処理する。

〈江蘇〉

江蘇高院指導意見（2009）第 3 条
➡使用者が、既に法定の定年退職年齢に達した者を雇用する場合、双方間で形成される雇用関係は労務関係として処理する。

江蘇省労働人事紛争仲裁委員会による「江蘇省労働人事紛争の難解な問題についての検討会紀要」の印刷・発行に関する通知（蘇労人仲委［2017］1 号）1 の(2)
➡法定の定年退職年齢に達し、または法定の定年退職年齢を超えたが、基本養老保険の待遇を享受する条件に合致していない労働者の雇用関係の問題について

使用者と、使用者が招聘・雇用した、法により既に基本養老保険の待遇を享受し、または退職金を受領している者との間で労働紛争が発生した場合、労務関係として処理する。

使用者と、使用者が招聘・雇用した法定の定年退職年齢に既に達し、または法定の定年退職年齢を超えたが、基本養老保険の待遇を享受してない、または退職金を受領してない者との間で労働紛争が発生した場合、双方間の雇用状況が労働関係の特徴に合致するときは、労働関係の特別な状況として処理しなければならない。労働者が「労働法」、「労働契約法」に定める労働報酬、労働保護、労働条件、勤務時間、休息休憩、職業危害防護、福利待遇の享受を請求した場合、これを支持しなければならない。ただし、労働者が無固定期間労働契約の締結、2倍の賃金、経済補償金、賠償金及び社会保険の給付を請求した場合は、これを支持しない。双方間で別段の約定がある場合は除外する。

> 使用者と外国人、台湾・香港・マカオ籍労働者（住民）との間に労働関係が存在するか否かはどのように判断されるのでしょうか？

A 外国人、台湾・香港・マカオ籍労働者が有効な就業許可証及び居留許可証を取得している場合、使用者との間には労働関係が存在します。ただし、外国人、台湾・香港・マカオ籍労働者が就業許可証及び居留許可証を取得していない、または当該証明書の期間満了後に遅滞なく更新していない場合もしくは就業許可の内容に変更が生じた後遅滞なく変更手続を履行してない場合などには、使用者との間に労働関係が存在していないものとして処理されます。

解　説

(1)　就業許可の取得

　外国人の中国における就業管理規定（2017年改正施行）第2条、第5条によれば、当該規定でいう「外国人」とは、中国国籍を有してない者をいい、中国の定住権を取得している外国人を除き、使用者が外国人を雇用するにあたっては、当該外国人のため就業許可を申請しなければならず、「外国人就業許可証書」を取得した後に限り外国人を雇用することができるとされます。

　また、台湾・香港・マカオ籍労働者の中国大陸（中国語：**内地 nèi dì**）における就業についても就業許可制度を実施しており、「台湾・香港・マカオ人員就業証」を取得する必要があります（台湾・香港・マカオ籍住民の中国大陸における就業管理規定（2005）第4条1項）。

(2)　外国人、台湾・香港・マカオ籍労働者の就業時の労働管理

① 　外国人の就業時の労働管理

使用者は、雇用対象の外国人と労働契約を締結しなければならず、労働契約の期間は最長で 5 年とされています（外国人の中国における就業管理規定（2017 年改正施行）第 17 条）。

中国で就業する外国人の労働時間、休日休暇、労働安全衛生及び社会保険は、国の関連規定により執行し、賃金は使用者所在地の最低賃金基準を下回ってはなりません（同規定第 21 条、第 22 条）。

外国人が中国の法律に違反して公安機関により居留資格を取り消された場合、使用者は労働契約を解除しなければならず、労働部門は就業証を取り消さなければなりません（同規定第 24 条）。

なお、労使双方間で労働紛争が生じた場合は、労働法関連法律法規により処理することになります（同規定第 25 条）。

② 台湾・香港・マカオ籍労働者の就業時の労働管理

台湾・香港・マカオ籍住民の中国大陸における就業管理規定（2005）第 4 条 1 項によれば、就業許可を取得した台湾・香港・マカオ籍労働者の中国大陸における就業は関連法律により保護されます。

使用者は、雇用対象の台湾・香港・マカオ籍労働者と労働契約を締結しなければならず、かつ関連規定により社会保険料を納付する必要があります（同規定第 11 条）。

なお、労使双方間で労働紛争が生じた場合は、国の労働紛争処理に関する規定に従い処理するとされます（同規定第 15 条）。

(3) 労働関係成立の判断基準

労働紛争審理解釈（四）第 14 条 1 項の規定によれば、外国人、無国籍者が法により就業証書を取得せず、中国国内の使用者と労働契約を締結し、及び香港特別行政区、マカオ特別行政区と台湾地区に籍を有する労働者が法により就業証書を取得せず、中国大陸の使用者と労働契約を締結し、当事者が使用者との間で労働関係が存在することの確認を請求した場合、人民法院はこれを支持しないとされます。

つまり、外国人、台湾・香港・マカオ籍労働者が関連規定により就業証書を取得し、中国国内の使用者と労働契約を締結した場合は、双方間に労働関係が

存在しているものと認定されます。

　しかし、外国人、台湾・香港・マカオ籍労働者が就業証書などを取得せずに中国大陸で就業した場合、不法就業と認定され、締結済みの労働契約は無効と認められます。また、労働関連紛争が生じた際は、労働契約の履行地または使用者所在地の労働紛争仲裁委員会及び人民法院によって労働紛争に該当しないとして受理されない可能性が高いため、注意が必要です。

地方規定に注目！

〈広東〉

広東高院指導意見（2008）第18条
➡外国人、香港・マカオ・台湾地区住民の中国大陸における就業により生じた雇用関係は、労働関係に従い処理しなければならない。外国人、香港・マカオ・台湾地区住民が法により「外国人就業証」、「台湾・香港・マカオ人員就業証」の取得手続を行っていない場合、関連する労働契約は無効の労働契約と認定しなければならない。外国人、香港・マカオ・台湾地区住民が既に労働を提供した場合、使用者が契約の約定を参照して労働報酬を支払う。

深圳中院裁判手引き（2015）第53条1項
➡外国人、香港・マカオ・台湾人員が中国大陸において就業する際、相応の雇用手続を行わなければならず、それより生じた雇用関係は労働関係として処理する。法により「外国人就業証」、「台湾・香港・マカオ人員就業証」等の雇用手続を行っていない場合、関連する労働契約は無効の労働契約と認定しなければならず、外国人、香港・マカオ・台湾人員が既に労働を提供した場合、勤務先が契約の約定を参照して労働報酬を支払う。
第54条：既に就業証の手続を行った外国人、台湾・香港・マカオ人員が、就業証に登録済みの使用者のもとを離れ、新たな使用者に入職し、就業証上の使用者情報を変更していない場合、当該入職者と新たな使用者との間で労働関係は成立しない。

〈北京〉

北京高院会議紀要（2009）第15条
➡外国人、香港・マカオ・台湾地区住民が法により「外国人就業証」、「台湾・香港・マカオ人員就業証」の手続をしていない場合、使用者と締結した労働契約は無効の労働契約と認定すべきである。外国人、香港・マカオ・台湾地区住民が既に労働を提供した場合、使用者が契約の約定を参照して労働報酬を支払う。

〈上海〉

上海高院審理要件手引き（2013）第10条（著者抜粋整理）
➡外国人、台湾・香港・マカオ住民が、中国国内の雇用主との間に合法的な労働関係が存在していると主張する場合、以下の要件事実が同時に存在していることについて自ら立証しなければならない。
(1)　中国国内の雇用主との間に労働関係が存在していること
(2)　就業ビザまたは相応の就業証及び居留証を所持し、かつ有効期間内にあること
(3)　中国国内の雇用主が必ず就業証に明記された使用者と一致していること
　上述の要件事実に合致しているものの、以下に掲げるいずれかの事由が存在している

場合、中国国内の雇用主との間に労働関係が存在しているものと認定することはできない。
(1)　外国法人から任命派遣されて中国国内で就業している者
(2)　外国企業常駐中国代表機構の首席代表、代表
(3)　中国国内で投資し、かつ企業の経営管理に直接参与しない投資者

上海市高級人民法院の労働紛争事件の審理における若干の問題に関する意見（1996 年 10 月）1 の 6
➡外国人と香港・マカオ・台湾人員が許可を経ず、無断で就業し紛争が生じた場合、労働紛争仲裁委員会及び人民法院はこれを受理しない。

〈浙江〉

浙江高院意見（2009）第 4 条
➡外国人、無国籍者または台湾・香港・マカオ人員が使用者との間に雇用関係を形成する場合、労働関係として処理する。上述の人員が法により「外国人就業証」または「台湾・香港・マカオ人員就業証」の手続を行っていない場合、関連する労働契約は無効と認定しなければならない。ただし、労働者が既に労働を提供している場合、使用者は契約の約定を参照して労働報酬を支払わなければならない。

> 労働紛争仲裁委員会による仲裁判断が最終的な判断となる労働紛争
> とはどのような紛争を指していますか？

A　労働紛争仲裁委員会による仲裁判断を最終的な判断とし、当該仲裁判断はこれが下された日から法的効力を生じるとされる労働紛争は、労働報酬、労働災害医療費、経済補償金または賠償金の請求事件で、請求金額がいずれも使用者所在地の月額最低賃金基準の 12 か月分の金額を超えない紛争と、国の労働基準の執行により労働時間、休息休暇、社会保険等の分野において生じた紛争のことを指します。

解　説 ||||||||||||||||||||||||||||||||||||||||||||||||||||||||||||||||||||||||||||||||||

(1)　仲裁判断が最終的な判断となる労働紛争

　労働争議調解仲裁法第 47 条によれば、次に掲げる労働紛争については、同法に別段の定めがある場合を除き、仲裁判断を最終的な判断とし、当該仲裁判断はこれが下された日から法律上の効力を生じるとされます。

① 労働報酬、労災医療費、経済補償金または賠償金を請求するもので、現地の月額最低賃金基準の 12 か月分の金額を超えない紛争

② 国の労働基準の執行により、労働時間、休息休暇、社会保険等の分野において生じた紛争

　労働報酬、労働災害医療費、経済補償金または賠償金の請求事件において、係る請求が数項目に及び、各項の請求金額がいずれも使用者所在地の月額最低賃金基準の 12 か月分の金額を超えない場合、労働紛争仲裁委員会による仲裁判断を最終的な判断として処理しなければなりません（労働紛争審理解釈（三）第 13 条）。

　なお、労働紛争仲裁委員会による同一の仲裁判断において、仲裁判断が最終

第 11 章　その他よくある労務管理相談事例

的な判断となる労働紛争とそうでない労働紛争の両方について判断を下し、当事者が当該仲裁判断を不服として人民法院に訴訟を提起した場合、人民法院は「仲裁判断が下された日から法的効力を生じない仲裁判断」（中国語：**非終局裁決 fēi zhōng jú cái jué**）として処理しなければならないとされます（労働紛争審理解釈（三）第14条）。

(2) 最終的な判断となる仲裁判断を不服とする場合

労働者が、上記の労働争議調解仲裁法第47条により最終的な判断となる仲裁判断を不服とする場合は、仲裁判断書を受領した日から15日以内に、人民法院に訴訟を提起することができます（労働争議調解仲裁法第48条）。

使用者は、上記の労働争議調解仲裁法第47条により最終的な判断となる仲裁判断が次の各号に掲げる事由のいずれかに該当することを証明する証拠がある場合は、仲裁判断書を受領した日から30日以内に、労働紛争仲裁委員会の所在地の中級人民法院に当該仲裁判断の取消しを申し立てることができます（同法第49条1項）。

① 法律、法規の適用に明らかな誤りがある場合
② 労働紛争仲裁委員会が管轄権を有さない場合
③ 法定の手続に違反した場合
④ 仲裁判断の根拠とされた証拠が偽造されたものである場合
⑤ 相手方当事者が公正な判断に十分に影響を及ぼす証拠を隠蔽した場合
⑥ 仲裁人に当該事件の仲裁に際して賄賂の要求もしくは収賄行為、自己の利益を図る不正行為または法を曲げて仲裁判断を下す行為があった場合

つまり、仲裁判断が最終的な判断となる労働紛争において、労働者は当該仲裁判断を不服とする場合人民法院に提訴することができますが、使用者は仲裁判断の取消しを申し立てる方法以外の手段を講じることはできません。

上記の規定により、最終的な判断となる仲裁判断を不服とし、労働者が基層人民法院に訴訟を提起し、使用者も労働紛争仲裁委員会の所在地の中級人民法院に仲裁判断の取消しを申し立てた場合、中級人民法院は使用者による申立を受理してはならず、既に受理した場合は使用者による申立を却下する裁定を下さなければなりません（労働紛争審理解釈（三）第15条1項）。

労働者による提訴が人民法院によって却下された場合、または労働者自ら提訴を取り下げた場合、使用者は裁定書を受領した日から 30 日以内に、労働紛争仲裁委員会の所在地の中級人民法院に仲裁判断の取消しを申し立てることができます（労働紛争審理解釈（三）第 15 条 2 項）。ただし、使用者に、上記の労働争議調解仲裁法第 49 条 1 項に定める仲裁判断の取消事由に該当することを証明する証拠がある場合に限ります。

　なお、人民法院が合議廷による審査確認の上、仲裁判断が上記①〜⑥のいずれかの事由に該当すると判断し、仲裁判断を取り消す裁定を下した場合、労働者及び／または使用者は、係る裁定書を受領した日から 15 日以内に、当該労働紛争事項について管轄権のある人民法院に訴訟を提起することができます（労働争議調解仲裁法第 49 条 2 項、3 項）。

地方規定に注目！

〈広東〉

広州中院会議紀要（2011）第 3 条

➡労働紛争審理解釈（三）第 13 条の規定に基づき、労働紛争仲裁委員会による仲裁判断が最終的な判断であるか否かを確定するには、当該**仲裁判断書における金額**を根拠としなければならず、労働者による請求金額をその根拠としてはならない。

　仲裁判断が複数の請求項目に及ぶ場合、仲裁判断の項目毎に分けてこれを確定し、当該仲裁判断書における総額に従い確定しない。現地の最低賃金基準の 12 か月分の金額を超えない仲裁事項は、仲裁判断が最終的な判断となる判断事項（中国語：**終局裁決事項**）である。

　同一の仲裁判断において、仲裁判断が最終的な判断となる判断事項及び仲裁判断が最終的な判断とならない判断事項の両方を含んでいる場合、「仲裁判断が下された日から法的効力を生じない仲裁判断」（中国語：**非終局裁決**）として処理する。

〈北京〉

北京高院会議紀要（2009）第 4 条

➡労働争議調解仲裁法第 47 条の規定に基づき、仲裁判断が最終的な判断となる労働紛争事件（中国語：**一裁終局**）には 2 種類がある。1 つは小額の請求事件で、労働報酬、労災医療費、経済補償金または賠償金の請求だけに限定され、当事者が仲裁を申し立てたときの現地の月額最低賃金基準の 12 か月分の金額を超えない財産紛争事件である。もう 1 つは基準が明確な事件で、国の労働基準の執行に起因して労働時間、休息休暇等の分野で生じた紛争事件である。1 つ目の事件については、一般的には当事者が仲裁を申し立てたときの**各請求項目の総額**を基準に、仲裁判断が最終的な判断となる労働紛争事件に該当するか否かを確定しなければならない。2 つ目の事件については、当該事件は一般的に具体的な金額に及ばず、主に国の労働基準の執行に起因して生じた紛争のことを指す。

〈江蘇〉

江蘇省高級人民法院、江蘇省労働紛争仲裁委員会による「労働争議調解仲裁法」適用の若干の問題に関する意見」の印刷・発行の通知（蘇高法審委［2008］19 号）第 13 条
➡労働者が労働報酬、労災医療費、経済補償金または賠償金を請求する労働紛争において、その<u>仲裁請求が数項目に及び</u>、**請求項目毎に計算した金額**が<u>現地の月額最低賃金基準の12 か月分の金額</u>を超えない場合、仲裁判断は最終的な判断となる。

労働紛争が生じた場合の解決手段について説明してください。

A 　労働紛争が生じた場合、労使双方間の和解合意または労働組合等を介しての和解合意、調停機構による調停、労働紛争仲裁委員会による仲裁及び人民法院による訴訟により、労働紛争を解決することができます。

解　説

(1)　労働紛争の範囲

労働争議調解仲裁法第2条によれば、中国国内の使用者と労働者の間に生じた次に掲げる労働紛争は同法を適用するとされています。

① 　労働関係の確認に起因して生じた紛争

② 　労働契約の締結、履行、変更、解除及び終了に起因して生じた紛争

③ 　除籍、解雇及び辞職、離職に起因して生じた紛争

④ 　労働時間、休息休暇、社会保険、福利、研修及び労働保護に起因して生じた紛争

⑤ 　労働報酬[注1]、労働災害医療費、経済補償金または賠償金等に起因して生じた紛争

⑥ 　法律、法規に定めるその他の労働紛争

(2)　労働紛争の解決手段

労働紛争が生じた場合、①労使双方間の和解合意または労働組合等を介しての和解合意、②調停機構による調停[注2]、③労働紛争仲裁委員会による仲裁、④人民法院による訴訟により、労働紛争を解決することができます（労働争議

第11章　その他よくある労務管理相談事例

和解合意	●労使双方間の和解合意 ●労働組合または第三者を介しての和解合意 ➡和解合意書を締結
調　停	協議を望まない場合、和解合意に達することができない場合、和解合意に達した後に和解合意書を履行しない場合は、調停機構に調停を申請することが可能 ➡調停合意書を作成
仲　裁	調停を望まない場合、調停が成立してない場合、調停合意に達した後に調停合意書を履行しない場合は、労働紛争仲裁委員会に仲裁を申し立てることが可能 ➡仲裁判断を下す
訴　訟	仲裁判断を不服とする場合、当事者は人民法院に対し訴訟を提起することが可能 ➡一審、二審判決（再審ケースも）

調解仲裁法第 4 条、第 5 条）。

労働紛争の解決手段とその手順は上記の**図**のとおりになります。

(3) 労働仲裁

労使双方が協議もしくは調停を望まない場合、または労使双方間で協議もしくは調停を経ても労働紛争を解決することができない場合、当事者は労働契約の履行地または使用者所在地の労働紛争仲裁委員会に仲裁を申し立てることができます。

つまり、労使双方は、上記の図における和解合意及び調停を行わずに、直接労働紛争仲裁委員会に仲裁を申し立てることができ、労働仲裁申請の時効期間は、当事者がその権利が侵害されていることを知り、または知り得べき日から起算して 1 年とされます（労働争議調解仲裁法第 27 条 1 項）。

労働関係の存続期間中に、労働報酬の支払遅延に起因して紛争が生じた場合は、労働者による仲裁の申立ては上記 1 年の仲裁の時効期間の制限を受けないとされます。ただし、労働関係が終了した場合は、労働関係の終了日より 1 年以内に仲裁の申立てをしなければなりません（労働争議調解仲裁法第 27 条 4 項）。

労働紛争は、労働契約の履行地または使用者所在地の労働紛争仲裁委員会が

管轄し、当事者がそれぞれ労働契約の履行地及び使用者所在地の労働紛争仲裁委員会に対し仲裁を申し立てた場合は、労働契約の履行地の労働紛争仲裁委員会が管轄することになります（労働争議調解仲裁法第 21 条 2 項）。

(4) 訴訟

労働争議調解仲裁法第 5 条の規定により、同法が適用される労働紛争に関して、労働紛争仲裁委員会による仲裁判断を不服とする場合、当事者は人民法院に対し訴訟を提起することができるとされますので、労働紛争事項については、労働紛争仲裁委員会による仲裁を経なければ、訴訟手続に入ることはできません（➡ Q3-5 参照）。

ただし、①労働紛争仲裁委員会が仲裁申立事件を受理しない場合、②労働紛争仲裁委員会が仲裁申立を受けた日から 5 日以内に受理するか否かの決定を下さない場合、③労働紛争仲裁委員会が所定の仲裁期間内[注3] に仲裁判断を下さない場合、当事者は当該労働紛争事項について人民法院に訴訟を提起することができます（労働争議調解仲裁法第 29 条、第 43 条 1 項）。

なお、労働紛争事件が訴訟手続に入った場合は民事訴訟法が適用されます。

注 1) 使用者による労働報酬の支払義務不履行時の労働者の直接提訴権については、Q3-5 を参照してください。

注 2) 使用者に労働紛争調停委員会が設置されている場合、労働紛争調停委員会の主宰のもとで当事者間で達した調停の合意は、労働契約に類する拘束力を有し、人民法院の裁判での根拠とすることができるとされます（労働紛争審理解釈（二）第 17 条 1 項）。

注 3) 労働紛争仲裁委員会が仲裁申立を受理した日から 45 日以内に労働紛争事件を終結しなければならず、係る仲裁期間を延長する場合、延長期間は 15 日を超えてはならないとされます（労働争議調解仲裁法第 43 条）。

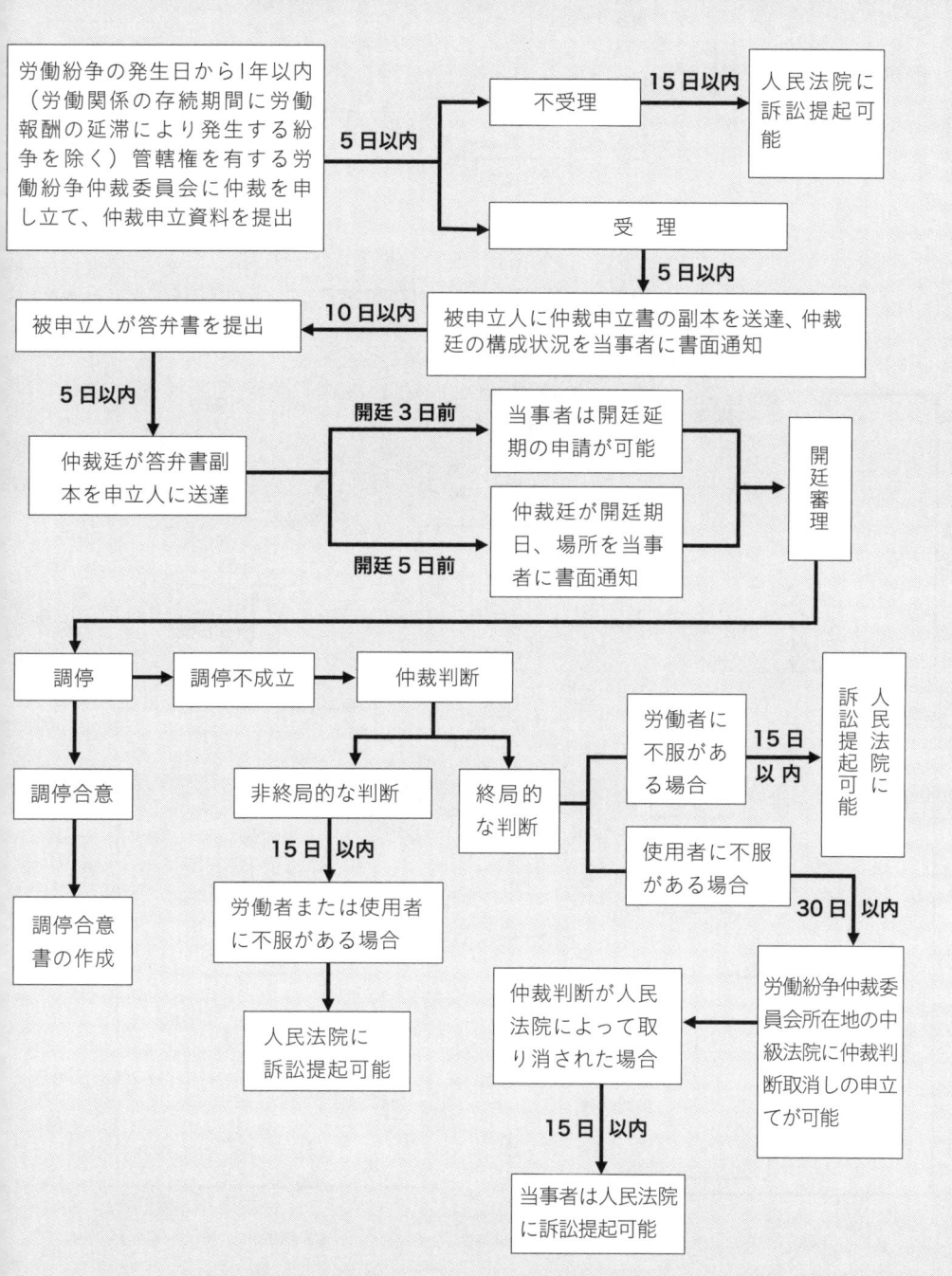

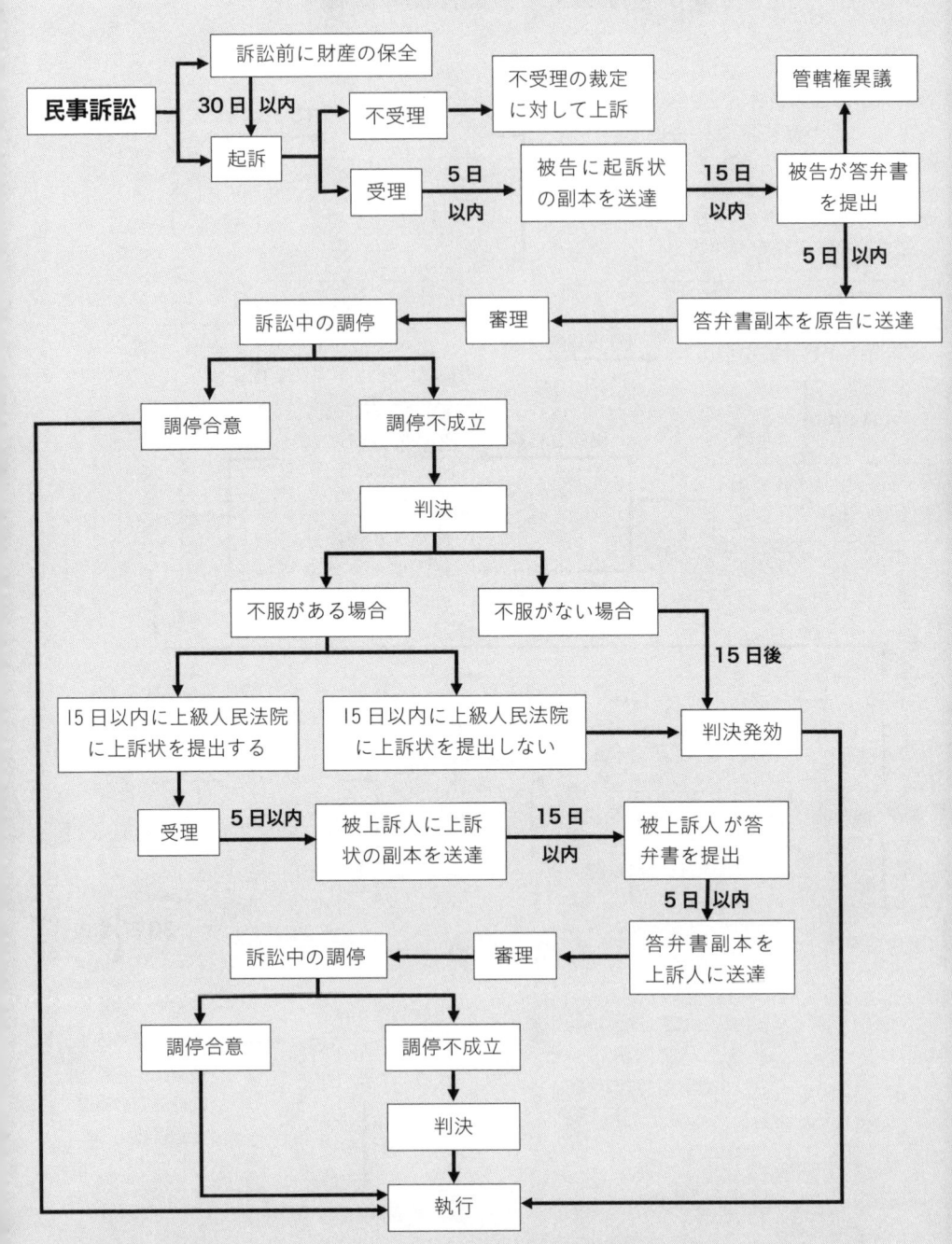

参考資料 中国での裁判審理の流れ

注）　中国国内に住所がない当事者がいるなど渉外訴訟の場合、上訴期限や答弁書の提出期限が 30 日となっています。

外国人の中国における就労

Chapter 12　外国人在华就业

Q 12-1　外国人就労許可の新制度と最新実務

2017年4月1日から中国全土で導入された外国人就労許可の新制度の概要及び関連実務について説明してください。

A 外国人就労許可の新制度が試験運用を経て 2017 年 4 月 1 日から中国全土で導入されましたが、政府関連当局の柔軟な対応等もあり、華南地域の進出日系企業の間では大きな影響は生じていない模様です。外国人就労許可の新制度の概要及び関連実務については解説の内容を参照してください。

解　説

(1) 新制度の実施経緯と趣旨

　従来の外国専門家と一般外国人に分かれていた就業許可[注1]を「外国人来華就業許可」に一本化する新制度[注2]（いわゆる「**二証統合**」）が中国国家外国専門家局の主導で、2016 年 10 月から 2017 年 3 月まで、北京、天津、上海、広東、四川など 10 の地域で試行されていましたが、2017 年 4 月 1 日から中国全土で実施されました[注3]。

　新制度では「ハイレベル人材に対し積極誘致、専門人材に対し適宜制限、一般人員に対し厳格に制限」という方針を掲げており、中国で就労する外国人を 3 つのランクに分け、審査を実施するとしています。

　新制度の趣旨としては主に以下の 3 点が考えられます。

① 関連手続の電子化などによる利便性の向上と外国人就業許可手続の簡素化

② 海外人材[注4] の選別と外国人就業管理の厳格化

③ 外国人就業許可手続審査基準の明記による透明性の増大と担当者の恣意性の排除

(2) 外国人就業分類基準

新制度では、中国で就労する外国人につき、**表1**のとおりＡ類（ハイレベル人材）、Ｂ類（専門人材）及びＣ類（一般人員）に分類しています。

外国人就業分類基準表（表1）

Ａ類[1]（人数無制限）	Ｂ類（適宜制限）	Ｃ類（厳しく制限）
(1) 国内人材誘致計画に選定された人材 (2) 国際公認の専門的成果認定基準に合致する人材 (3) 市場志向に合致する奨励類職位（中国語：**鼓励類崗位**）で必要とする外国人人材[2] (4) イノベーション人材 (5) 優秀な青年人材 (6) ポイント加算で85点以上の人材	(1) 学士以上の学歴と2年及びそれ以上の関連業務経験を有する者[3] (2) 国際的に通用する職業技能資格証書を有する人材、または緊急に必要とされる技術職の人材 (3) 外国語教員 (4) 平均年収が雇用先所在地域の前年度社会平均年収の4倍以上の者 (5) 国の関連部門が規定する専門人材とプロジェクト実施の人員に該当する者 (6) ポイント加算で60点以上の人材	(1) 現行の「外国人の中国における就業管理規定」に該当する人員 (2) 臨時性・季節性労働、短期（90日を超えない）労働に従事する人員 (3) 割当管理を実施する人員（政府間協議に基づき訪中し実習を受ける外国青年、規定条件に該当する外国人留学生、中国国外の大学を卒業した外国籍の人員、遠洋漁業等特殊な労働に携わる外国人等を含む）

1 　Ａ類のハイレベル人材は、中国社会の経済発展に貢献できる人材であり、年齢や学歴、業務経験の制限を受けないとされていますが、年齢については、Ａ類人材でも実質的に就業が許可されるのは70歳までと回答している地域もあるため、事前に雇用先所在地域の政府関連部門に対し問い合わせを行うことが望まれます。
2 　申請者の平均年収が雇用先所在地域の前年度の社会平均年収の6倍以上の場合はＡ類人材として認められます。前年度の社会平均年収は、雇用先所在地域の統計局等の部門が公布した数値を基準とします。
3 　これには外国企業駐在員事務所の首席代表または一般代表、外資系現地法人の中間管理職以上の人が該当します。

(3) ポイント加算の評価基準

Ａ、Ｂ類とも、**表1**の各1〜5号に該当しない場合は、下記の**表2**の「ポイント加算の評価基準表」により**表1**の各6号に該当するか否かを審査することとなります。国家外国専門家局など4部門の「外国人の中国での就業許可制度の全面的な実施に関する通知（［2017］40号）」により、ポイント加算の評価基準が**表2**のとおり試験運用時から一部変更されていますので、注意をする必要があります。

ポイント加算の評価基準表（表2）

項目	具体的な事由	試行基準	現行基準
就労資格 直接付与	国内人材誘致計画に選ばれた人材、国際公認の専門的成果認定基準に合致する人材	—	—
	市場志向に合致する奨励類職位で必要とする人材	—	—
	イノベーション人材と優秀青年人材	—	—
中国国内の雇用先から支給される年収[1]（単位：万元）	45 及びそれ以上	20	20
	35 以上〜45 未満	17	17
	25 以上〜35 未満	14	14
	15 以上〜25 未満	11	11
	7 以上〜15 未満	8	8
	5 以上〜7 未満	5	5
	5 未満	0	0
学歴または職業技術資格認定	博士、国際的に通用する高等職業技能資格証書、または高級技師あるいはそれに相当	20	20
	修士、技師またはそれに相当	15	15
	学士、高級工またはそれに相当	10	10
勤続年数	2 年以上の場合、1 年間ごとに 1 点追加	最高 15	最高 20
	2 年	5	5
	2 年未満	0	0
年間勤務期間（単位：月）	9 か月及びそれ以上	15	15
	6 か月以上〜9 か月未満	10	10
	3 か月以上〜6 か月未満	5	5
	3 か月未満	0	0
中国語レベル	中国国籍を有していた外国人	—	5
	中国語専攻の学士及びそれ以上の学位を取得	10	5
	中国語水準試験（HSK）5 級以上	10	5
	中国語水準試験（HSK）4 級	8	4
	中国語水準試験（HSK）3 級	6	3
	中国語水準試験（HSK）2 級	4	2
	中国語水準試験（HSK）1 級	2	1
勤務地（該当するものを 1 つ選択）	西部区域	10	10
	東北地域など旧工業区域	10	10
	国家級貧困県等の特別地区	10	10

項目	具体的な事由	試行基準	現行基準
年齢 （単位：歳）	18 〜 25	10	10
	26 〜 45	15	15
	46 〜 55	10	10
	56 〜 60	5	5
	60 歳を超える [2]	0	0
中国国外のハイレベルな大学を卒業またはフォーチュングローバル500 企業での職務経験及びその他の規定条件を有する	中国国外のハイレベルな大学を卒業	5[3]	5
	フォーチュングローバル 500 企業での職務経験	5	5
	特許等知的財産権を有する	—	5
	中国での就業期間が既に連続して 5 年及びその他	—	5
地方奨励点加算	地方経済社会の発展に緊急に必要な人材（省級外国人工作管理部門が具体的な基準を制定）	0-10	0-10

1 広州市や深圳市では、香港・マカオ・台湾を含む中国大陸以外での収入も課税対象とし、中国国内であわせて個人所得税を納付した場合、中国大陸以外での収入を中国国内での年収として認めています。外国人を新規で雇用する場合は、申請時に収入が記載された労働契約書などを提出することになります。

2 深圳市外国専門家局へ電話で問い合せた結果、外国人就業者の年齢は一般的に 60 歳を超えてはなりませんが、企業投資者、法定代表人、董事会メンバー、監事会メンバー及び人材不足により至急必要な上層管理技術人員などについては、その個人の身体状況が良好で、且つ企業が担保状（①具体的な会社紹介、②年齢超過の申請者を雇用する原因、③申請者のために良好な就労及び生活環境を提供することを保証し、かつ関連保険に加入すること）を提出することを前提とし、年齢の上限を適切に緩和することができるとのことです。

3 試験運用時は、「世界上位 100 の外国の有名大学を卒業」と規定されていましたが、現行基準では「中国国外のハイレベルな大学を卒業」に変更されており、ポイント加算点の変更はありません。

⑷ 就業許可手続のフロー

　外国人就業許可証（中国語：**工作許可証 gōng zuò xǔ kě zhèng**）」の取得に当たっては、以前は窓口でも申請が可能でしたが、2017 年 5 月 1 日以降は、オンラインでの申請に一本化されました。ただし、一部地域の取り扱いが異なる可能性がありますので、事前に確認することをお勧めします。

　海外から新たに中国へ赴任する際の就業許可手続のフロー（**就業日数が 90 日を超える場合**[注5]）は、以下の**表3**のとおりになります。つまり、従来は雇用先所在地の政府関連部門から入手する必要があった「招聘確認状」の提出が不要となっています。

就業許可手続のフロー（表3）

旧	新
1. オンライン申請 （アカウント登録等） ↓ 2.「外国人来華工作許可通知」の取得 ↓ 3.「招聘確認状」の出状 ↓ 4. 中国駐外国大使館・領事館、 イミグレーションでの 就業ビザ（Zビザ）の取得 ↓ 5. 中国入国後 15 日以内に 「外国人工作許可証」の取得手続 ↓ 6. 中国入国後 30 日以内に 「外国人居留許可証」の取得手続	1. オンライン申請 （アカウント登録とデータアップロード） （予審審査 5 営業日） ↓ 2.「外国人来華工作許可通知」の取得 （紙質資料の審査：A 類 5 営業日、 B 類及び C 類 10 営業日） ↓ 3. 中国駐外国大使館・領事館、中国香港、 マカオまたはイミグレーション [1] での 就業ビザ（Zビザ）の取得 ↓ 4. 中国入国後 15 日以内に 「外国人工作許可証」の取得手続 ↓ 5. 中国入国後 30 日以内に 「外国人居留許可証」の取得手続

1　広東省では入境時にイミグレーションで、「外国人来華工作許可通知」の他に、ビザ申請書、写真などを提出すれば、Zビザが申請可能となっています。ただし、旧パスポートなどの提出を求められることがあるため、事前に必要書類を確認することをお勧めします。

⑸　最高学歴証書と無犯罪記録証明の認証

　新規に工作許可証を取得する場合、最高学歴証書（または職業資格証明）、無犯罪記録証明[注6]（通称「警察証明書」）の入手が必要となっており、いずれも認証を受けなければなりません。

　警察証明書は封筒に封をされた状態で交付されますが、これを開封してしまうと証明書が無効になり、申請者の所在国にある中国の大使館・総領事館、中国国内にある申請者所在国の大使館・総領事館での認証を受けることができないので特に注意する必要があります。

　また、中国国外で取得した最高学歴証書については、申請者の所在国にある中国の大使館・総領事館、中国国内にある申請者所在国の大使館・総領事館または中国教育部の学歴認証機構のいずれかで認証を受ける必要があります。

⑹ まとめ

華南地域における新制度導入直後の運用状況を見ますと、華南各地審査窓口の取り扱いが若干異なっていること、新制度専用のオンライン申請システムが不安定であることなどから、実務上若干混乱が生じていましたが、関連当局の柔軟な対応等もあり、年齢が60歳を大幅に超える申請者などを除き、就労許可を取得または更新できないとの事例はあまり生じていない模様です。

新制度に対応するために、中国現地法人のみならず、日本本社側においても検討すべきことは、中国で就労する駐在員の選任基準、就労期間及び交代方法などを含む海外駐在員管理制度の構築、中国現地法人側で外国人就業許可手続を担当する社員の育成、並びに駐在員個人情報の保護に関する対応策の整備などが挙げられます。

新制度では外国人就労者毎に番号が付与されることから、過去の不法行為などの記録により、就労許可が下りない可能性があります。そこで、海外から新たに中国へ赴任する際の就業許可の新規取得手続だけでなく、「工作許可証」及び「居留許可証」の期間が満了した際の更新手続や変更手続、中国での就労を終了するときの抹消手続などを遅滞なく行う必要があり、就労期間中の社会保険料と個人所得税の納付など、中国の法令遵守を心掛けるべきです。

⚖

注1) 外国人の中国における就業管理に関してはQ11-8の内容を参照してください。

注2) 外国人の中国での就業許可制度の試行実施案に関する通知（国家外国専門家局［2016］151号）

注3) 国家外国専門家局など4部門は151号の試行実施結果を踏まえて「外国人の中国での就業許可制度の全面的な実施に関する通知（［2017］40号）」を2017年3月28日付で公布しました。

注4) 国家外国専門家局、外交部及び公安部の3部門は2017年11月28日付で「外国人材ビザ制度実施弁法」を公布し、外国人専門人材に発給する人材ビザ（Rビザ）の発給条件や有効期限、滞在期限などを緩和すると明らかにしました（外専発［2017］218号）。人材ビザは科学者、ハイテク人材、企業経営者、専門人材、不足人材に対して発給されるもので、条件を満たす外国人には、有効期間5年または10年のマルチビザを発給し、滞在期間は1回180日までで、配偶者と子女にも同じ有効期間のビザが発給されます。Rビザを取得し、中国に入国した後、「外国人工作許可証」の発給を申請することができます。

注5) 就業日数が90日を超えない場合の短期就労ビザの取得手続に関してはQ12-2を参照してください。

注6) 日本国内の都道府県警察本部で警察証明書の発給を申請するときは、提出先国に警察証明書の提出を義務づける根拠規定と現地政府の関連部門から当該証明書の提出を要求されていること

を確認できる場合に限り発給されるため、上記を確認できる「確認資料」が必要となります。ただし、中国における就労許可を目的とした警察証明書の発給申請については、係る「確認資料」の提出が免除されています。なお、地域により中国におけるオンライン申請の事実を証明する書類の提出を求める警察本部もあります。

Q 12-2　外国人の短期就労ビザ

外国人の短期就労ビザ取得制度の概要について説明してください。

A 外国人が中国において短期業務を遂行するためには、関連規定により就業ビザ（Z ビザ）を取得する必要があります。外国人の中国における短期業務遂行に関する規定は 2015 年 1 月から施行されており、その概要及び関連実務については解説の内容を参照してください。

解　説

(1)　関連規定の施行と趣旨

2014 年 11 月 6 日、人力資源社会保障部、外交部、公安部、文化部は、「外国人の入国短期業務遂行に関する取扱い手続（試行）」（以下「短期業務関連手続」といいます）を公布しました。

短期業務関連手続は 2015 年 1 月 1 日より施行されましたが、華南地域では外国人が短期就労ビザを取得する事例は少ない模様です。

短期業務関連手続は、外国人の中国での不法就労行為を取り締まることを目的としており、短期業務関連手続で定めるビザを取得せずに関連業務に従事した場合、入国後に公安機関による処罰[注1]を受ける可能性があります。

(2)　短期業務と非短期業務[注2]

短期業務関連手続が施行される前は、中国国内で 3 か月以上就業する場合、就業許可及び Z ビザを申請しなければならないとされていましたが、短期業務関連手続が施行された後は、滞在期間の長短ではなく業務内容により「短期業務」と「非短期業務」に分類され、短期業務に該当する場合には、中国国内滞在期間が 90 日を超えなくても就業許可及び Z ビザを申請する必要がありま

す。

　一方、非短期業務に該当する場合には、中国国内滞在期間が 90 日を超えなくても M ビザ（**入国後、商業貿易活動に従事する者に対して発行するビザ**）や F ビザ（**入**

短期業務と非短期業務（表 1）

短期業務	非短期業務
下記いずれかの事由で入国し、かつ国内滞在期間が 90 日を超えないもの	下記いずれかの入国事由に該当するもの
① <u>中国国内の提携先（中国語：境内合作方）にて、技術、科学研究、管理、指導等の業務を遂行すること</u> ② 中国国内の体育機構にて訓練（試訓）を行うこと（コーチ、選手を含む） ③ 映画撮影（コマーシャル、ドキュメンタリーを含む） ④ ファッションショー（モーターショーモデル、広告撮影等を含む） ⑤ 渉外営業性公演への従事 ⑥ 人力資源社会保障部門が認定するその他の状況	① <u>購入した機械設備のメンテナンス、据付、テスト、解体、指導及び研修</u> ② <u>中国国内での落札プロジェクトに対する指導、監督、検査の実施</u> ③ <u>中国国内の支店（分公司）、子会社、代表処に派遣され、短期業務の遂行</u> ④ 体育競技への参加（選手、コーチ、チームドクター、マネジャー等を含む [1]） ⑤ 入国し無報酬業務の従事、または海外機構が報酬を提供するボランティア等 ⑥ 文化主管部門が批准書に「渉外営業性公演」と注記しない場合

　1　国際体育組織の要求に従い、中国の主管部門の批准を得て登録カードを所持して入国し試合に参加する等の場合は除外されます。

取得すべきビザ*（表 2）

ビザ種類	入国事由
Z	(1) 上記表 1 の短期業務に該当する場合 [1] (2) 上記表 1 の短期業務及び非短期業務のうち①〜③、⑤に該当し、毎回の入国滞在期間が 90 日を超える場合 [2]
M	上記表 1 の非短期業務のうち、①、②、③、④に該当し、かつ国内滞在期間が 90 日を超えない場合
F	上記表 1 の非短期業務のうち、⑤、⑥に該当し、かつ国内滞在期間が 90 日を超えない場合
ノービザ	現時点において、上記の短期業務に該当しない商用（**経商**）、観光、親族訪問の目的で入国する日本人の場合、滞在期間が 15 日を超えない場合

　*　その他の取得すべきビザについては、外国人入国出国管理条例（2013）の規定を参照してください。
　1　中国との間で相互ビザ免除協定を締結する国家の人員は、入国し短期業務を遂行する場合、入国前に就業証明（工作証明）を取得し、中国の駐外ビザ発行機関で Z ビザ申請を行う必要があります。
　2　これに該当する場合、外国人の中国における就業管理規定（2017 年改正施行）に基づき関連手続の申請を行う必要があります。

第12章　外国人の中国における就労

国後、交流、訪問、考察などの活動に従事する者に対して発行するビザ）を申請する必要があります。

　現時点において、短期業務に該当しない商用（経商）、観光、親族訪問の目的で入国する日本人の場合、滞在期間が 15 日を超えないときにはビザの取得が免除されています。これは、「シンガポール、ブルネイ、日本国民に対する短期ビザ免除取得の措置」に基づくものです。

(3)　短期就労ビザ取得手続のフロー

　外国人が中国において就業日数が 90 日を超えない短期の業務を遂行するためには、図のとおり就業ビザ（Z ビザ）を取得する必要があります。

　また、従来は関連の政府部門から入手する必要があった「招聘確認状」の提出が不要となりました。

短期就労ビザ取得手続のフロー

> オンライン申請（アカウント登録とデータアップロード）
>
> ↓
>
> 「外国人来華工作許可通知」の取得
>
> ↓
>
> 中国駐外国大使館・領事館、中国香港、マカオまたはイミグレーションでの就業ビザ（Z ビザ）の取得
>
> ↓
>
> 短期業務遂行のための滞在期間が 30 日以上の場合は就業類居留証の取得

(4)　非短期業務の遂行に必要な M ビザの取得

　M ビザにはシングルビザ（1 回限り）、ダブルビザ（2 回限り）、マルチビザ（有効期限内であれば入国回数の制限を受けない）の 3 種類に分類されます。

　そのうち、マルチビザは発行日より最長 2 年間の有効期間が与えられ、1 回あたりの滞在期間も最長 90 日まで認められます。

　就業ビザ申請時に提出すべき資料としては、申請書、パスポート原本、写真、

中国国内企業が発行した招聘状などの関連書類がありますが、念のため、事前に必要書類を確認することをお勧めします。

(5)　外国人の短期就労ビザ取得の状況

　短期業務関連手続に定める内容、例えば**表1**における「中国国内の提携先」の定義、短期業務と非短期業務の区別、国内滞在期間 90 日の計算方法などについては依然として不明確であることから、実務運用が安定しておらず、華南地域では外国人が短期就労ビザを取得する事例は少ない模様です。

　これまでノービザで日本人社員を中国に入国させ、ビジネス活動に従事させていた日本の会社または香港の会社が、短期業務関連手続の施行を受けて、事前にマルチ M ビザを取得させるなどの対策に乗り出す例が見受けられます。

　特に、**表1**の「非短期業務」のうち、「中国国内の支店（分公司）、子会社、代表処に派遣され、短期業務の遂行」に該当するケースは、実務上よくあることであり、こうした入国事由に該当する場合は M ビザを取得しなければならないためです。

(6)　まとめ

　現時点においては、短期業務に該当しない商用（**経商**）目的で入国する日本人の場合、滞在期間が 15 日を超えないときにはビザの取得が免除されていますが、係る「商用（**経商**）」の範囲はかなり広く、**表1**の短期業務と非短期業務を遂行するためのビジネス出張の多くは「商用」に該当すると解釈されてもおかしくありません。

　また、短期業務関連手続は外国人の中国での不法就労行為を取り締まることをその目的としており、長期的に見て、ビザ免除の適用範囲は更に制限され、政府当局による管理体制も更に強化され、また細分化されていく可能性があります。

　更に、各地での実務運用が多少異なる可能性もありますので、関連地域の最新情報の入手に努める必要があり、関連主管機関に対し事前に確認作業を行うことが望まれます。

⚖️

注1) 出国入国管理法（2013）、外国人入国出国管理条例（2013）及び外国人の中国における就業管理規定（2017年改正施行）に基づく処罰となります。

注2) 本Qでは、短期業務遂行とは見なされない入国事由を「非短期業務」といいます。

外国人就業許可取得手続開始前の確認リスト[*]

【　　　　　様】　　　年　　　月　　　日記入

1	新規手続　OR　更新手続	□新規手続　　　　　　□更新手続（前回取得時期：　　　年　　　月　　　日）
2	申請者の生年月日	西暦　　　年　　　月　　　日
3	現職場の入社年度	西暦　　　　年度
4	現在の婚姻状況	□既婚（□配偶者の国籍：　　　　　）　　□未婚（□離婚　□配偶者死別）
5	中国現地法人の名称及び電話番号	名称（中国語で）：　　　　　　　　　電話番号：
6	中国現地法人における職位及び主な担当業務	職位：　　　　　　　　　　担当業務：
7	中国現地法人での予定年収	金額：　　　　　（RMB） ※中国大陸以外に賃金支給がある場合：　　　　（通貨単位：　　）
8	最高学歴（学校名及び修学期間）	最終学歴： 学校名： 修学期間：西暦　　　年　　　月　　　日から　　　年　　　月　　　日まで
9	最高学歴取得後の累計勤務年数（現職期間を含む）	累計勤務年数：　　　年 最高学歴取得後の職歴（全て記入） □会社名 　在職期間　　年　　月　　日から　　年　　月　　日まで 　職位　　　　　　　　（業務内容：　　　　　　　　　） □会社名 　在職期間　　年　　月　　日から　　年　　月　　日まで 　職位　　　　　　　　（業務内容：　　　　　　　　　） □会社名 　在職期間　　年　　月　　日から　　年　　月　　日まで 　職位　　　　　　　　（業務内容：　　　　　　　　　） □会社名 　在職期間　　年　　月　　日から　　年　　月　　日まで 　職位　　　　　　　　（業務内容：　　　　　　　　　）

10	中国語レベル試験 (HSK)の受験状況	□有（HSK 　　級取得／ 　　年 　　月取得） 　□無
11	中国大陸における 累計勤務年数	□有（累計 　　年） 　　　　　　　　　　　　　□無
12	国際的に通用する職 業技能証書の有無	□有（取得時期： 　　年 　月 　日） 　　　　□無
13	直近2年間旅券更新 の有無	□有（□中国公安局への登記済 □登記していない）□無
14	直近の就労ビザの 有効期間	西暦 　　年 　月 　日から 　　年 　月 　日まで
15	中国居留許可証番号、 有効期限及び居留事由	□番号： 　　　　　　　　　□有効期限： 　年 　月 　日まで □居留事由： 　　　　　　　（※居留許可証の記載をそのまま転記）
16	申請者の連絡先	携帯： 　　　　　　　　　メール：
17	中国大陸における緊 急連絡先及び関係	氏名： 　　　　　　　　　本人との関係： 携帯： 　　　　　　　　　メール：
18	その他説明事項(あれば)	

＊　外国人就業許可取得手続を開始する前に、日本本社及び中国現地法人の社内確認用として本参考資料を用いることをお勧めします。ただし、駐在員の個人情報の保護には十分注意する必要があります。

索引

サ行

【著者紹介】

尹 秀鍾 (イン・シュウジュン　Yin Xiuzhong)

広東深秀律師事務所代表律師（代表弁護士）。
慶應義塾大学大学院法学研究科民事法学専攻後期博士課程修了、博士（法学）。
西村あさひ法律事務所中国律師、慶應義塾大学法学部非常勤講師など、日本及び
中国の大手法律事務所本部の執務経験を経て、2014 年から深圳で開業、華南地域
の日系企業を中心に法務サービスを提供。

広東深秀律師事務所（http://www.shenxiulawfirm.com　広東省深圳市福田区深南中
路 2010 号東風大厦 905-906 室）。主に渉外民商事法務サービスを提供する法律事
務所。中国語・日本語・英語など多言語に通じ、在中日系企業並びに日本などの
国や地域に投資する中国企業に対しリーガル・サービスを提供。主な業務領域は、
外国企業の対中国投資、M & A、労働法務、事業の再編と撤退、民商事訴訟及び
仲裁、その他中国企業の対外国投資など。

[主要著作]
『中国ビジネスのための法律入門』（共著、中央経済社、2012 年）、山本爲三郎編
『企業法の法理』（共著、慶應義塾大学出版会、2012 年）、「深圳国際仲裁院仲裁規
則の改正―中国国際経済貿易仲裁委員会「分裂」後の渉外仲裁実務を踏まえて」
（JCA ジャーナル 2017 年 3 月号）、「中国における労働者派遣実務と新動向」（JCA
ジャーナル 2016 年 2 月号）、「中国における会社解散請求訴訟問題に関する考察
―裁判例及び訴訟実務を踏まえて」（JCA ジャーナル 2015 年 8 月号）ほか。

[華南地域で開催した主な講演]
「中国の商業賄賂規制とコンプライアンス体制構築のポイント」（香港）、「中国現
地法人の労務リスク管理及びそのポイント」（深圳、恵州）、「中国での内販拡大
に伴う法的リスク」（深圳、広州、珠海、東莞）、「華南における日系企業の再編・
撤退に関する最新実務」（深圳、香港）、「中国での外国人就業許可にかかる最新
政策と留意点」（深圳、香港、東莞、広州）ほか。

中国現地法人の労務管理 Q&A

2018 年 5 月 25 日　初版第 1 刷発行

著　者―――――尹秀鍾
発行者―――――古屋正博
発行所―――――慶應義塾大学出版会株式会社
　　　　　　　　〒 108-8346　東京都港区三田 2-19-30
　　　　　　　　ＴＥＬ〔編集部〕03-3451-0931
　　　　　　　　　　　〔営業部〕03-3451-3584〈ご注文〉
　　　　　　　　　　　〔　〃　〕03-3451-6926
　　　　　　　　ＦＡＸ〔営業部〕03-3451-3122
　　　　　　　　振替 00190-8-155497
　　　　　　　　http://www.keio-up.co.jp/
装　丁―――――鈴木衛
組　版―――――株式会社キャップス
印刷・製本――中央精版印刷株式会社
カバー印刷――株式会社太平印刷社

©2018　Yin Xiuzhong
Printed in Japan ISBN978-4-7664-2521-5